आर. गुप्ता® कृत

हरियाणा सामान्य ज्ञान

– एक परिचय

वस्तुनिष्ठ प्रश्नोत्तर तथा
समसामयिक घटनाचक्र सहित

**हरियाणा की सभी प्रतियोगी
परीक्षाओं हेतु उत्तम पुस्तक**

2020
EDITION

रमेश पब्लिशिंग हाउस, नई दिल्ली

प्रकाशकः ओ॰पी॰ गुप्ता, रमेश पब्लिशिंग हाउस

प्रशासनिक कार्यालयः

12-H, न्यू दरियागंज रोड, आफिसर्स मेस के सामने,
नई दिल्ली-110002 ☎ 23261567, 23275224, 23275124
E-mail: info@rameshpublishinghouse.com
Website: www.rameshpublishinghouse.com

विक्रय केन्द्रः

● बालाजी मार्किट, नई सड़क, दिल्ली-6 ☎ 23253720, 23282525
● 4457, नई सड़क, दिल्ली-6, ☎ 23918938

Book Code: R-1006

ISBN: 978-81-7812-471-1

HSN Code: 49011010

हरियाणा सामान्य ज्ञान

— एक परिचय

व्यक्ति परिचय

हरियाणा मंत्रिमण्डल

मनोहर लाल खट्टर

राज्यपाल	मुख्यमंत्री
सत्यदेव नारायण आर्य	मनोहर लाल खट्टर

कैबिनेट मंत्री

मनोहर लाल खट्टर — मुख्यमंत्री, वित्त, नगर एवं देहात योजना, सामान्य प्रशासन, हाउसिंग, इन्फॉरमेशन टेक्नोलॉजी, राजभवन मामले, जनस्वास्थ्य अभियांत्रिकी, सिंचाई एवं जल संसाधन, योजना एवं पर्यावरण समेत वे सभी मंत्रालय जो किसी मंत्री को आवंटित नहीं हैं।

दुष्यंत चौटाला — उपमुख्यमंत्री, राजस्व एवं आपदा प्रबंधन, आबकारी और कर, विकास एवं पंचायतें, उद्योग और वाणिज्य, सार्वजनिक निर्माण, खाद्य, नागरिक आपूर्ति और उपभोक्ता मामले, श्रम एवं रोजगार, नागर विमानन, पुनर्वास, समेकन।

अनिल विज — गृह, शहरी स्थानीय निकाय, स्वास्थ्य, चिकित्सा शिक्षा एवं शोध, आयुष, तकनीकी शिक्षा, विज्ञान एवं तकनीक।

कंवर पाल गुज्जर — शिक्षा, वन, पर्यटन, संसदीय कार्य, अतिथि सत्कार।

रणजीत सिंह चौटाला — ऊर्जा, नवीन एवं नवीकरणीय ऊर्जा, जेल।

जय प्रकाश दलाल — कृषि एवं किसान कल्याण, पशुपालन एवं डेयरी, मत्स्य, कानून एवं न्याय।

बनवारी लाल — सहकारिता, अनुसूचित जाति एवं पिछड़ा वर्ग कल्याण।

मूलचंद शर्मा — परिवहन, खनन एवं भू-विज्ञान, कौशल विकास एवं औद्योगिक प्रशिक्षण, कला एवं संस्कृति कार्यक्रम।

राज्य मंत्री

ओम प्रकाश यादव — (स्वतंत्र प्रभार) सामाजिक न्याय एवं अधिकारिता, सैनिक एवं अर्ध सैनिक कल्याण।

कमलेश ढांडा — (स्वतंत्र प्रभार) महिला और बाल विकास, अभिलेखागार।

अनूप धानक — पुरातत्व और संग्रहालय (स्वतंत्र प्रभार), श्रम एवं रोजगार (उपमुख्यमंत्री से संबद्ध)।

संदीप सिंह — (स्वतंत्र प्रभार) खेल एवं युवा मामले, प्रिंटिंग एवं स्टेशनरी।

राज्यपाल

धर्मवीर	01.11.1966—14.09.1967
बी॰एन॰ चक्रवर्ती	15.09.1967—26.03.1976
आर॰एस॰ नरुला	27.03.1976—13.08.1976
जैसुखलाल हाथी	14.08.1976—23.09.1977
एच॰एस॰ बराड़	24.09.1977—09.12.1979
एस॰एस॰ सांधावलिया	10.12.1979—27.02.1980
जी॰डी॰ तपासे	28.02.1980—13.06.1984
एस॰एम॰एच॰ बर्नी	14.06.1984—21.02.1988
एच॰ए॰ बराड़	22.02.1988—06.02.1990
धनिकलाल मंडल	07.02.1990—13.06.1995
महावीर प्रसाद	14.06.1995—13.06.2000
बाबू परमानंद	14.06.2000—02.07.2004
मो॰ए॰आर॰ किदवई	07.07.2004 से जुलाई 2009
जगन्नाथ पहाड़िया	जुलाई 2009 से जुलाई 2014
कप्तान सिंह सोलंकी	27-07-2014—25.08.2018
सत्यदेव नारायण आर्य	25-08-2018 से —

मुख्यमंत्री

भगवत दयाल शर्मा	01.11.1966—23.03.1967
राव वीरेन्द्र सिंह	24.03.1967—20.11.1967
राष्ट्रपति शासन	**21.11.1967—21.05.1968**
बंसीलाल	21.05.1968—30.11.1975
बनारसीदास गुप्ता	01.12.1975—29.04.1977
राष्ट्रपति शासन	**30.04.1977—21.06.1977**
देवी लाल	21.06.1977—28.06.1979
भजन लाल	28.06.1979—04.06.1986
बंसीलाल	05.06.1986—19.06.1987
देवी लाल	20.06.1987—02.12.1989
ओमप्रकाश चौटाला	02.12.1989—22.05.1990
बनारसी दास गुप्ता	23.05.1990—12.07.1990
ओमप्रकाश चौटाला	12.07.1990—17.07.1990
हुकुम सिंह	17.07.1990—22.03.1991
ओमप्रकाश चौटाला	22.03.1991—06.04.1991
राष्ट्रपति शासन	**06.04.1991—23.06.1991**

भजन लाल	23.06.1991—10.05.1996
बंसीलाल	11.05.1996—22.07.1999
ओमप्रकाश चौटाला	23.07.1999—04.03.2005
भूपेन्द्र सिंह हुड्डा	05.03.2005—25.10.2014
मनोहर लाल खट्टर	26.10.2014 से —

विधानसभा अध्यक्ष

शन्नो देवी (देश की प्रथम महिलाध्यक्ष)	06.12.1966—07.03.1967
राव वीरेन्द्र सिंह	17.03.1967—23.03.1967
श्रीचन्द	30.03.1967—19.07.1967
मनफूल सिंह	20.07.1967—21.11.1967
रणसिंह	15.07.1968—03.04.1972
बनारसीदास गुप्ता	03.04.1972—15.11.1973
स्वरूप सिंह	16.11.1973—04.04.1977
रणसिंह	04.07.1977—08.05.1978
कर्नल राव रामसिंह	09.05.1978—24.06.1982
सरदार तारा सिंह	09.05.1982—09.07.1987
हरमोहिन्दर सिंह चट्ठा	09.07.1987—09.07.1991
ईश्वर सिंह	09.07.1991—22.05.1996
छत्तर सिंह चौहान	22.05.1996—27.07.1999
अशोक कुमार अरोड़ा	28.07.1999—01.03.2000
सतवीर सिंह कादयान	02.03.2000—20.03.2005
हरमोहिन्दर सिंह चट्ठा	21.03.2005—13.01.2006
रघुवीर कादयान	14.01.2006—27.10.2009
हरमोहिन्दर सिंह चट्ठा	28.10.2009—27.01.2011
कुलदीप शर्मा	28.01.2011— 02.11.2014
कंवर पाल गुज्जर	03.11.2014 से 03.11.2019
ज्ञान चंद गुप्ता	04.11.2019 से —

लोकसभा सदस्य (चुनाव 2019)

	लोकसभा सदस्य	क्षेत्र	पार्टी
1.	संजय भाटिया	करनाल	भाजपा
2.	धर्मबीर	भिवानी-महेन्द्रगढ़	भाजपा
3.	सुनिता दुग्गल	सिरसा (अ.जा.)	भाजपा
4.	कृष्ण पाल	फरीदाबाद	भाजपा
5.	रतनलाल कटारिया	अम्बाला (अ.जा.)	भाजपा

6.	रमेश चन्दर	सोनीपत	भाजपा
7.	इंद्रजीत सिंह राव	गुरुग्राम	भाजपा
8.	डॉ. अरविन्द कुमार शर्मा	रोहतक	भाजपा
9.	बिजेन्द्र सिंह	हिसार	भाजपा
10.	नायब सिंह	कुरुक्षेत्र	भाजपा

राज्यसभा सदस्य

1.	कुमारी सैलजा	कांग्रेस	2.	सुभाष चंद्रा	निर्दलीय
3.	बीरेन्द्र सिंह	भाजपा	4.	देवेंदर पाल वत्स	भाजपा
5.	–				

विधानसभा चुनाव-2019

विधानसभा क्षेत्र		सदस्य
1.	आदमपुर	कुलदीप बिश्नोई (कांग्रेस)
2.	अंबाला कैंट	अनिल विज (भाजपा)
3.	अंबाला सिटी	असीम गोयल (भाजपा)
4.	असंध	शमशेर गोगी (कांग्रेस)
5.	अटेली	सीताराम (भाजपा)
6.	बाढ़ड़ा	नैना चौटाला (जजपा)
7.	बड़खल	सीमा त्रिखा (भाजपा)
8.	बादली	कुलदीप वत्स (कांग्रेस)
9.	बादशाहपुर	राकेश दौलताबाद (निर्दलीय)
10.	बहादुरगढ़	राजेंद्र सिंह जून (कांग्रेस)
11.	बल्लभगढ़	मूलचंद शर्मा (भाजपा)
12.	बरौदा	श्रीकृष्ण हुड्डा (कांग्रेस)
13.	बरवाला	जोगीराम सिहाग (जजपा)
14.	बावल	डॉ. बनवारी लाल (भाजपा)
15.	बवानी खेड़ा	बिशम्भर सिंह (भाजपा)
16.	बेरी	रघुवीर सिंह कादियान (कांग्रेस)
17.	भिवानी	घनश्याम सर्राफ (भाजपा)
18.	डबवाली	अमित सिहाग (कांग्रेस)
19.	दादरी	सोमवीर फौगाट (निर्दलीय)
20.	ऐलनाबाद	अभय सिंह चौटाला (इनेलो)

21. फरीदाबाद — नरेंद्र गुप्ता (भाजपा)
22. फरीदाबाद एनआईटी — नीरज शर्मा (कांग्रेस)
23. फतेहाबाद — दूड़ाराम (भाजपा)
24. फिरोजपुर झिरका — मामन खान (कांग्रेस)
25. गन्नौर — निर्मल रानी (भाजपा)
26. गढ़ी सांपला किलोई — भूपेंद्र सिंह हुड्डा (कांग्रेस)
27. घरौंडा — हरविंदर कल्याण (भाजपा)
28. गोहाना — जगबीर सिंह मलिक (कांग्रेस)
29. गुहला — ईश्वर सिंह (जजपा)
30. गुरुग्राम — सुधीर सिंगला (भाजपा)
31. हांसी — विनोद भ्याना (भाजपा)
32. हथीन — प्रवीण डागर (भाजपा)
33. हिसार — कमल गुप्ता (भाजपा)
34. होडल — जगदीश नैय्यर (भाजपा)
35. इंद्री — रामकुमार कश्यप (भाजपा)
36. इसराना — बलवीर सिंह (कांग्रेस)
37. जगाधरी — कंवर पाल गुर्जर (भाजपा)
38. झज्जर — गीता भुक्कल (कांग्रेस)
39. जींद — डॉ. कृष्णपाल मिड्ढा (भाजपा)
40. जुलाना — अमरजीत ढांडा (जजपा)
41. कैथल — लीलाराम गुर्जर (भाजपा)
42. कलानौर — शकुंतला खटक (कांग्रेस)
43. कालांवाली — शीशपाल सिंह (कांग्रेस)
44. कलायत — कमलेश ढांडा (भाजपा)
45. कालका — प्रदीप चौधरी (कांग्रेस)
46. करनाल — मनोहरलाल खट्टर (भाजपा)
47. खरखौदा — जयवीर सिंह (कांग्रेस)
48. कोसली — लक्ष्मण यादव (भाजपा)
49. लाडवा — मेवा सिंह (कांग्रेस)
50. लोहारू — जयप्रकाश दलाल (भाजपा)
51. महेंद्रगढ़ — रावदान सिंह (कांग्रेस)
52. महम — बलराज कुंडू (निर्दलीय)
53. मुलाना — वरुण चौधरी (कांग्रेस)
54. नलवा — रणबीर गंगवा (भाजपा)

55.	नांगल	डॉ. अभय यादव (भाजपा)
56.	नारायणगढ़	शैली (कांग्रेस)
57.	नारनौल	ओमप्रकाश यादव (भाजपा)
58.	नारनौंद	रामकुमार गौतम (जजपा)
59.	नरवाना	रामनिवास (जजपा)
60.	नीलोखेड़ी	धर्मपाल गोंदर (निर्दलीय)
61.	नूंह	अफताब अहमद (कांग्रेस)
62.	पलवल	दीपक मंगला (भाजपा)
63.	पंचकुला	ज्ञानचंद गुप्ता (भाजपा)
64.	पानीपत सिटी	प्रमोद विज (भाजपा)
65.	पानीपत ग्रामीण	महिपाल डांडा (भाजपा)
66.	पटौदी	सत्य प्रकाश (भाजपा)
67.	पिहोवा	संदीप सिंह (भाजपा)
68.	पृथला	नयनपाल रावत (निर्दलीय)
69.	पुन्हाना	मोहम्मद इलियास (कांग्रेस)
70.	पूंडरी	रणधीर सिंह गोलन (निर्दलीय)
71.	रादौर	बिशनलाल (कांग्रेस)
72.	राई	मोहन लाल (भाजपा)
73.	रानिया	रणजीत चौटाला (निर्दलीय)
74.	रतिया	लक्ष्मण नापा (भाजपा)
75.	रेवाड़ी	चिरंजीव राव (कांग्रेस)
76.	रोहतक	भारत भूषण बत्रा (कांग्रेस)
77.	सढौरा	रेणू बाला (कांग्रेस)
78.	सफीदों	सुभाष गंगौली (कांग्रेस)
79.	समालखा	धर्मसिंह छौक्कर (कांग्रेस)
80.	शाहाबाद	रामकरण काला (जजपा)
81.	सिरसा	गोपाल कांडा (हलोपा)
82.	सोहना	संजय सिंह (भाजपा)
83.	सोनीपत	सुरेंद्र पंवार (कांग्रेस)
84.	थानेसर	सुभाष सुधा (भाजपा)
85.	तीगांव	राजेश नागर (भाजपा)
86.	टोहाना	देवेंद्र बबली (जजपा)
87.	तोशाम	किरण चौधरी (कांग्रेस)
88.	उचाना	दुष्यंत चौटाला (जजपा)
89.	उकलाना	अनूप धानक (जजपा)
90.	यमुनानगर	घनश्याम सर्राफ (भाजपा)

भारत सरकार

✳ **राष्ट्रपति :** श्री रामनाथ कोविंद   ✳ **उपराष्ट्रपति :** श्री एम. वेंकैया नायडू

मंत्रिपरिषद्

नरेन्द्र मोदी : प्रधानमंत्री, कार्मिक, लोक शिकायत और पेंशन, परमाणु ऊर्जा व अंतरिक्ष विभाग एवं वे सभी विभाग जो किसी दूसरे को आवंटित नहीं किए गए हैं।

कैबिनेट मंत्री

- **अमित शाह :** गृह
- **राजनाथ सिंह :** रक्षा
- **नितिन गडकरी :** सड़क, परिवहन एवं राजमार्ग, सूक्ष्म, लघु एवं मध्यम उद्यम
- **डी वी सदानंद गौड़ा :** रसायन एवं उर्वरक
- **निर्मला सीतारमण :** वित्त एवं कार्पोरेट मामले
- **रविशंकर प्रसाद :** विधि एवं न्याय, संचार, इलेक्ट्रॉनिक्स और सूचना प्रौद्योगिकी
- **रामविलास पासवान :** उपभोक्ता मामले, खाद्य एवं सार्वजनिक वितरण
- **नरेंद्र सिंह तोमर :** कृषि एवं किसान कल्याण, ग्रामीण विकास, पंचायती राज
- **हरसिमरत कौर बादल :** खाद्य प्रसंस्करण उद्योग
- **थावरचंद गहलोत :** सामाजिक न्याय एवं अधिकारिता
- **एस जयशंकर :** विदेश
- **रमेश पोखरियाल निशंक :** मानव संसाधन विकास
- **स्मृति ईरानी :** महिला एवं बाल विकास, कपड़ा
- **अर्जुन मुंडा :** आदिवासी मामले
- **डॉ. हर्षवर्धन :** स्वास्थ्य एवं परिवार कल्याण, विज्ञान और प्रौद्योगिकी, पृथ्वी विज्ञान
- **प्रकाश जावड़ेकर :** पर्यावरण, वन एवं जलवायु परिवर्तन, सूचना एवं प्रसारण मंत्री, भारी उद्योग एवं लोक उद्यम का अतिरिक्त प्रभार।

- **पीयूष गोयल :** रेलवे, वाणिज्य एवं उद्योग
- **धर्मेंद्र प्रधान :** पेट्रोलियम एवं प्राकृतिक गैस, स्टील
- **मुख्तार अब्बास नकवी :** अल्पसंख्यक मामले
- **प्रह्लाद जोशी :** संसदीय कार्य, कोयला, खनन
- **महेंद्र नाथ पांडेय :** कौशल विकास और उद्यमिता
- **गिरिराज सिंह :** पशुपालन, डेयरी एवं मत्स्य पालन
- **गजेंद्र सिंह शेखावत :** जल शक्ति

राज्यमंत्री (स्वतंत्र प्रभार)

- **संतोष कुमार गंगवार :** श्रम एवं रोजगार
- **इंद्रजीत सिंह राव :** सांख्यिकी एवं कार्यक्रम कार्यान्वनयन, योजना
- **श्रीपद येसो नाइक :** आयुष (स्वतंत्र प्रभार), (आयुर्वेद, योग, प्राकृतिक चिकित्सा, यूनानी, सिद्ध एवं होम्योपैथी), रक्षा राज्यमंत्री
- **डॉ. जितेंद्र सिंह :** पूर्वोत्तर विकास (स्वतंत्र प्रभार), पीएमओ में राज्य मंत्री (कार्मिक, लोक शिकायत और पेंशन, परमाणु ऊर्जा, अंतरिक्ष)
- **किरण रिजिजू :** खेल एवं युवा मामले (स्वतंत्र प्रभार), अल्पसंख्यक मामले के राज्यमंत्री
- **प्रहलाद पटेल :** पर्यटन एवं सांस्कृति
- **राजकुमार सिंह :** ऊर्जा, नवीन और नवीकरणीय ऊर्जा (स्वतंत्र प्रभार), कौशल विकास एवं उद्यमिता राज्यमंत्री
- **हरदीप सिंह पुरी :** आवास एवं शहरी विकास, नागरिक उड्डयन (स्वतंत्र प्रभार), वाणिज्य एवं उद्योग राज्यमंत्री
- **मनसुख मंडाविया :** जहाजरानी (स्वतंत्र प्रभार), रसायन एवं उर्वरक राज्यमंत्री

राज्यमंत्री

- **फग्गन सिंह कुलस्ते** : इस्पात
- **अश्विनी कुमार चौबे** : स्वास्थ्य एवं परिवार कल्याण
- **अर्जुन राम मेघवाल** : संसदीय मामले, भारी उद्योग एवं लोक उद्यम
- **कृष्णपाल गुर्जर** : सामाजिक न्याय एवं अधिकारिता
- **जन. (रिटा.) वी.के. सिंह** : सड़क परिवहन एवं राजमार्ग
- **राव साहेब दानवे** : उपभोक्ता मामले, खाद्य एवं सार्वजनिक वितरण
- **जी. किशन रेड्डी** : गृह
- **पुरुषोत्तम रूपाला** : कृषि एवं किसान कल्याण
- **रामदास अठावले** : सामाजिक न्याय एवं अधिकारिता
- **साध्वी निरंजन ज्योति** : ग्रामीण विकास
- **बाबुल सुप्रियो** : पर्यावरण, वन एवं जलवायु परिवर्तन
- **संजीव बालियान** : पशुपालन, दुग्ध एवं मत्स्य पालन
- **संजय शामराव धोत्रे** : मानव संसाधन, संचार, इलेक्ट्रॉनिक्स और सूचना प्रौद्योगिकी
- **अनुराग सिंह ठाकुर** : वित्त एवं कार्पोरेट मामले
- **सुरेश चन्ना बासप्पा आंगड़ी** : रेलवे
- **नित्यानंद राय** : गृह
- **रतन लाल कटारिया** : जल शक्ति, सामाजिक न्याय एवं अधिकारिता
- **वी. मुरलीधरनः** विदेश, संसदीय कार्य
- **रेणुका सिंह सरुता** : आदिवासी मामले
- **सोम प्रकाश** : वाणिज्य एवं उद्योग
- **रामेश्वर तेली** : खाद्य प्रसंस्करण
- **प्रताप चंद्र सारंगी** : सूक्ष्म, लघु एवं मध्यम उद्यम, पशुपालन, डेयरी एवं मत्स्य
- **कैलाश चौधरी** : कृषि एवं किसान कल्याण
- **देबाश्री चौधरी** : महिला एवं बाल विकास

भारतीय राज्यों की राजधानी, राज्यपाल एवं मुख्यमंत्री

राज्य	राजधानी	राज्यपाल	मुख्यमंत्री
असम	दिसपुर	जगदीश मुखी	सर्बानंद सोनोवाल
अरुणाचल प्रदेश	ईटानगर	बीडी मिश्रा	पेमा खांडू
आन्ध्र प्रदेश	हैदराबाद	विश्वभूषण हरिचंदन	वाईएस जगनमोहन रेड्डी
उत्तर प्रदेश	लखनऊ	आनंदीबेन पटेल	योगी आदित्यनाथ
उत्तराखंड	देहरादून	बेबी रानी मौर्य	त्रिवेन्द्र सिंह रावत
ओडिशा	भुवनेश्वर	प्रो. गणेशी लाल	नवीन पटनायक
कर्नाटक	बेंगलुरु	वजूभाई वाला	बी.एस. येदियुरप्पा
केरल	तिरुवनन्तपुरम	आरिफ मोहम्मद खान	पिनराई विजयन
गुजरात	गांधीनगर	आचार्य देवव्रत	विजय रूपानी
गोवा	पणजी	सत्यपाल मलिक	प्रमोद सावंत
छत्तीसगढ़	रायपुर	अनुसूइया उइके	भूपेश बघेल
झारखण्ड	रांची	द्रौपदी मुर्मू	रघुवर दास

राज्य	राजधानी	राज्यपाल	मुख्यमंत्री
नगालैंड	कोहिमा	आर. एन. रवि	नेफ्यू रियो
पंजाब	चण्डीगढ़	वीपी सिंह बदनौर	अमरिन्दर सिंह
पश्चिम बंगाल	कोलकाता	जगदीप धनखड़	ममता बनर्जी
बिहार	पटना	फागू चौहान	नीतीश कुमार
मध्य प्रदेश	भोपाल	लालजी टंडन	कमलनाथ
मणिपुर	इम्फाल	नजमा हेपतुल्ला	एन. बिरेन सिंह
महाराष्ट्र	मुम्बई	भगत सिंह कोश्यारी	—
मिजोरम	आइजोल	पी.एस. श्रीधरन पिल्लई	जोरामथंगा
मेघालय	शिलांग	तथागत रॉय	कोनराड के. संगमा
तमिलनाडु	चेन्नई	बनवारी लाल पुरोहित	ई.के. पलानिस्वामी
त्रिपुरा	अगरतला	रमेश बैस	बिप्लब कुमार देब
राजस्थान	जयपुर	कलराज मिश्र	अशोक गहलोत
सिक्किम	गंगटोक	गंगा प्रसाद	प्रेम सिंह तमांग
हरियाणा	चण्डीगढ़	सत्यदेव नारायण आर्य	मनोहर लाल खट्टर
हिमाचल प्रदेश	शिमला	बंडारु दत्तात्रेय	जय राम ठाकुर
तेलंगाना	हैदराबाद	डॉ. टी. सौंदराराजन	के. चन्द्रशेखर राव

केन्द्रशासित प्रदेश, उनके उपराज्यपाल/प्रशासक एवं मुख्यमंत्री

प्रदेश	राजधानी	उपराज्यपाल/प्रशासक	मुख्यमंत्री
पुडुचेरी	पुडुचेरी	किरण बेदी (उपराज्यपाल)	वी. नारायणसामी
अंडमान-निकोबार द्वीप समूह	पोर्ट ब्लेयर	देवेंद्र कुमार जोशी (उपराज्यपाल)	-
दीव व दमन	दमन	प्रफुल्ल खोडा पटेल (प्रशासक)	-
दिल्ली	नई दिल्ली	अनिल बैजल (उपराज्यपाल)	अरविंद केजरीवाल
दादरा व नगर हवेली	सिलवासा	प्रफुल्ल खोडा पटेल (प्रशासक)	-
लक्षदीप	कवरत्ती	दिनेश्वर शर्मा (प्रशासक)	-
चण्डीगढ़	चण्डीगढ़	वीपी सिंह बदनौर (प्रशासक)	-
जम्मू व कश्मीर	श्रीनगर/जम्मू	गिरीश चन्द्र मुर्मू (उपराज्यपाल)	-
लद्दाख	लेह	राधाकृष्ण माथुर (उपराज्यपाल)	-

भारत की जनगणना-2011

भारत में 1881 से प्रारंभ करके हर दसवें साल जनगणना होती रही है। 2011 में हुई जनगणना के अनुसार भारत की कुल जनसंख्या 1,210,854,977 (62.3 करोड़ पुरुष और 58.7 करोड़ महिलाएं) थी।

राज्य तथा केन्द्रशासित प्रदेश

भारत के राज्य	राजधानी	प्रमुख भाषाएं	क्षेत्रफल (वर्ग कि॰मी॰)	जनसंख्या *2011*
1. अरुणाचल प्रदेश	इटानगर	मोंपा, मिजी	83,743	13,83,727
2. आन्ध्र प्रदेश	हैदराबाद	तेलुगू, उर्दू	1,60,229	4,93,86,799
3. असम	दिसपुर	असमिया	78,438	3,12,05,576
4. बिहार	पटना	हिन्दी	94,163	10,40,99,452
5. गोवा	पणजी	कोंकणी, मराठी	3,702	14,58,545
6. गुजरात	गांधीनगर	गुजराती	1,96,024	6,04,39,692
7. हरियाणा	चण्डीगढ़	हिन्दी	44,212	2,53,51,462
8. हिमाचल प्रदेश	शिमला	हिन्दी, पहाड़ी	55,673	68,64,602
9. कर्नाटक	बंगलुरु	कन्नड़	1,91,791	6,10,95,297
10. केरल	तिरुवनंतपुरम	मलयालम	38,863	3,34,06,061
11. मध्य प्रदेश	भोपाल	हिन्दी	3,08,000	7,26,26,809
12. महाराष्ट्र	मुम्बई	मराठी	3,07,713	11,23,74,333
13. मणिपुर	इम्फाल	मणिपुरी	22,327	28,55,794
14. मिजोरम	एज़ल	मिजो, अंग्रेजी	20,987	10,97,206
15. मेघालय	शिलांग	खासी, गारो, अंग्रेजी	22,429	29,66,889
16. नगालैण्ड	कोहिमा	अंगामी, आबो	16,579	19,78,502
17. ओडिशा	भुवनेश्वर	ओडिया	1,55,707	4,19,74,218
18. पंजाब	चण्डीगढ़	पंजाबी	50,362	2,77,43,338
19. राजस्थान	जयपुर	हिन्दी, राजस्थानी	3,42,239	6,85,48,437
20. सिक्किम	गंगटोक	लेपचा, भोटिया	7,096	6,10,577
21. तमिलनाडु	चेन्नई	तमिल	1,30,058	7,21,47,030
22. त्रिपुरा	अगरतला	बंगला, कोकबरक, मणिपुरी	10,491	36,73,917
23. उत्तर प्रदेश	लखनऊ	हिन्दी और उर्दू	2,40,928	19,98,12,341
24. प॰ बंगाल	कोलकाता	बंगला	88,752	9,12,76,115
25. छत्तीसगढ़	रायपुर	हिन्दी	1,35,191	2,55,45,198
26. उत्तराखंड	देहरादून (अस्थाई)	हिन्दी, गढ़वाली	53,483	1,00,86,292
27. झारखंड	राँची	हिन्दी, संथाली	79,714	3,29,88,134
28. तेलंगाना	हैदराबाद	तेलुगू, उर्दू	1,14,840	3,51,93,978

केन्द्रशासित प्रदेश

1. अण्डमान निकोबार	पोर्ट ब्लेयर	हिन्दी, निकोबारी	8,249	3,80,581
2. चण्डीगढ़	चण्डीगढ़	हिन्दी, पंजाबी	114	10,55,450
3. दादर व नगर हवेली	सिलवासा	गुजराती, हिन्दी	491	3,43,709
4. दिल्ली	दिल्ली	हिन्दी, उर्दू, पंजाबी	1,483	1,67,87,941
5. दमन व दीव	पणजी	गुजराती	112	2,43,247
6. लक्षद्वीप	कावारत्ती	मलयालम	32	64,473
7. पुडुचेरी	पुडुचेरी	तमिल, फ्रेंच, तेलुगु, अंग्रेजी, मलयालम	480	12,47,953
8. जम्मू-कश्मीर	श्रीनगर/जम्मू	कश्मीरी, डोगरी	2,22,236[1]	1,25,41,302[2]
9. लद्दाख	लेह	लद्दाखी	—	—

प्रमुख तथ्य

राज्यः

(i) सबसे अधिक जनसंख्या	उत्तर प्रदेश
(ii) जनसंख्या का सबसे अधिक घनत्व	बिहार
(iii) जनसंख्या का सबसे कम घनत्व	अरुणाचल प्रदेश
(iv) क्षेत्रफल में सबसे बड़ा राज्य	राजस्थान
(v) सबसे अधिक साक्षरता	केरल
(vi) सबसे कम जनसंख्या	सिक्किम
(vii) क्षेत्रफल में सबसे छोटा राज्य	गोवा
(viii) सबसे पहले 100% विद्युतीकरण का लक्ष्य पूरा करने वाला राज्य	हरियाणा
(ix) सबसे कम साक्षरता	बिहार

केन्द्रशासित प्रदेशः

(i) क्षेत्रफल में सबसे बड़ा	जम्मू-कश्मीर
(ii) सबसे अधिक जनसंख्या	दिल्ली
(iii) सबसे कम जनसंख्या	लक्षद्वीप
(iv) सबसे पहले 100% साक्षरता प्राप्त करने वाला	लक्षद्वीप
(v) जनसंख्या का सबसे अधिक घनत्व	दिल्ली

---

1. इसमें पाकिस्तान के अवैध कब्जे वाली 78,114 वर्ग कि॰मी॰, पाकिस्तान द्वारा अवैध रूप से चीन को दी गई 5,180 वर्ग कि॰मी॰ और चीन के अवैध कब्जे वाली 37,555 वर्ग कि॰मी॰ भूमि शामिल है।

2. लद्दाख सहित।

समसामयिक घटनाचक्र

विधानसभा चुनाव – 2019

हरियाणा में भाजपा के मनोहर लाल खट्टर ने 27 अक्टूबर, 2019 को लगातार दूसरी बार राज्य के मुख्यमंत्री पद की शपथ ले ली है। 10 विधायकों के साथ भाजपा को समर्थन देने वाली जननायक जनता पार्टी (जजपा) के संयोजक दुष्यंत सिंह चौटाला ने उप मुख्यमंत्री पद की शपथ ली। इससे पूर्व राज्य में 90 सीटों के लिए 21 अक्टूबर को हुए विधानसभा चुनाव की मतगणना 24 अक्टूबर को सम्पन्न हुई। इसमें कोई भी पार्टी अकेले सरकार बनाने लायक बहुमत नहीं प्राप्त कर सकी। इसलिए भाजपा को जजपा के साथ मिलकर गठबंधन सरकार का गठन करना पड़ा। सत्ताधारी भाजपा की सीटें पिछली बार 47 से 7 घट गई। लोकसभा चुनाव की तुलना में भाजपा का वोट शेयर भी 23.29 प्रतिशत घट गया। मुख्यमंत्री मनोहरलाल और उनके दो मंत्रियों को छोड़कर उनकी कैबिनेट के अन्य साथी हार गए। इस चुनाव में कांग्रेस को काफी फायदा

चुनाव परिणाम कुल सीटें 90	
पार्टी	*सीटें*
भाजपा	40
कांग्रेस	31
जजपा	10
इनेलो	1
हलोपा	1
निर्दलीय	7

हुआ है, उसे पिछली बार से 16 सीटें ज्यादा मिली हैं। राज्य में सबसे ज्यादा फायदा जननायक जनता पार्टी (जजपा) को हुआ है। महज 11 माह पहले बनी जजपा को 10 सीटें मिलीं। राज्य में बनी नई भाजपा-जजपा गठबंधन सरकार ने अपना न्यूनतम साझा कार्यक्रम भी जारी कर दिया है। दिल्ली से सटे हरियाणा की सीटों पर मुकाबले दिलचस्प रहे। सोनीपत से कांग्रेस के सुरेंद्र पंवार ने बीजेपी की कविता जैन को हराया। उन्होंने 32 हजार से ज्यादा वोट से जीत हासिल की। कविता मौजूदा विधायक थीं। राई से बीजेपी के मोहनलाल ने कांग्रेस के जयतीरथ को ढाई हजार वोट रो ज्यादा से हराया। बहादुरगढ़ से कांग्रेस के राजेंद्र सिंह ने बीजेपी के नरेश कौशिक को 15 हजार से ज्यादा वोट से हराया। गुड़गांव की 9 सीटों में से बीजेपी ने 4, कांग्रेस ने 4 और अन्य ने एक सीट जीती। 14 नवंबर, 2019 को भाजपा-जजपा गठबंधन सरकार का पहला मंत्रिमंडल विस्तार हुआ। भाजपा से 8, जजपा से 1 व एक निर्दलीय को मंत्रिमंडल में जगह मिली है।

कपिल देव बने राई खेल विश्वविद्यालय के पहले चांसलर

टीम इंडिया के पूर्व कप्तान कपिल देव को सोनीपत के राई स्थित खेल विश्वविद्यालय का पहला कुलाधिपति (चांसलर) बनाया गया। 1983 में भारतीय टीम को पहला विश्व कप दिलाने वाले कपिल देव के कद को देखते हुए प्रदेश सरकार ने मानसून सत्र में ही नियमों में बदलाव कर उन्हें विश्वविद्यालय की कमान सौंपने का रास्ता साफ कर दिया था। नियमानुसार प्रदेश के सभी विश्वविद्यालय के कुलाधिपति राज्यपाल होते हैं, लेकिन खेल विश्वविद्यालय को इससे बाहर रखा गया है। राज्यपाल खेल विश्वविद्यालय के संरक्षक होंगे। कुलपति (वाइस चांसलर) की अलग से नियुक्ति की जाएगी। राई स्थित खेल विश्वविद्यालय देश की तीसरी स्पोर्ट्स यूनिवर्सिटी है, जो किसी राज्य सरकार ने शुरू की है। इससे पहले गुजरात (स्वर्णिम गुजरात स्पोर्ट्स यूनिवर्सिटी) और चेन्नई (तमिलनाडु फिजिकल एजुकेशन एंड स्पोर्ट्स यूनिवर्सिटी) में खेल विश्वविद्यालय संचालित हैं।

1911

हरियाणा सामान्य ज्ञान
–एक दृष्टि में

1 हरियाणा : एक दृष्टि में

- राज्य : हरियाणा
- स्थापना दिवस : 1 नवम्बर, 1966
- क्षेत्रफल : 44,212 वर्ग किमी।
- स्थिति : भारत का उत्तर–पश्चिमी राज्य
- भौगोलिक स्थिति : $27°39'$ से $30°55'5"$ उत्तरी अक्षांश तथा $74°27'8"$ से $77°36'5"$ पूर्वी देशान्तर
- सीमावर्ती राज्य : उत्तर–हिमाचल प्रदेश, दक्षिण और दक्षिण-पश्चिम–राजस्थान, पूर्व–उत्तर प्रदेश, उत्तराखंड और दिल्ली, उत्तर-पश्चिम–पंजाब और चण्डीगढ़

प्रशासनिक ढांचा (फरवरी 2019 तक)

- मण्डल (डिवीजन) : 6 (अम्बाला, हिसार, गुरुग्राम, रोहतक, करनाल एवं फरीदाबाद)
- जिले : 22
- उप-मण्डल : 73
- तहसील : 93
- उप-तहसील : 49
- खण्ड (ब्लॉक) : 140
- गाँव (जनगणना 2011) : 6,841 (गैर आबाद सहित)
- ग्राम पंचायत : 6,083
- पंचायत समितियाँ : 119
- नगर (जनगणना 2011) : 154
- उच्च न्यायालय : पंजाब और हरियाणा उच्च न्यायालय (चण्डीगढ़)
- विधानमण्डल : एक सदनात्मक (विधानसभा),
- विधानसभा सदस्यों की संख्या : 90
- लोकसभा सदस्यों की संख्या : 10
- राज्यसभा सदस्यों की संख्या : 05
- प्रथम राज्यपाल : धर्मवीर
- प्रथम मुख्यमंत्री : भगवत दयाल शर्मा
- क्षेत्रफल की दृष्टि से भारत में स्थान : 21वाँ
- सर्वाधिक क्षेत्रफल वाला जिला : सिरसा (4,277 वर्ग किमी.)

- सबसे कम क्षेत्रफल वाला जिला : फरीदाबाद (741 वर्ग किमी.)
- जनसंख्या (जनगणना 2011 के अनुसार) : 25,351,462
- पुरुष : 13,494,734
- महिलाएं : 11,856,728
- जनसंख्या की दृष्टि से भारत में स्थान : 18वाँ
- भारत की कुल जनसंख्या का प्रतिशत : 2 प्रतिशत
- सबसे अधिक जनसंख्या वाला जिला : फरीदाबाद (18,09,733)
- सबसे कम जनसंख्या वाला जिला : पंचकुला (5,61,293)
- पन्द्रह लाख से अधिक जनसंख्या वाले जिले : 4 (करनाल, हिसार, गुरुग्राम, फरीदाबाद)
- दस लाख से अधिक जनसंख्या वाले जिले : 15 (अम्बाला, सिरसा, जींद, करनाल, सोनीपत, भिवानी, फरीदाबाद, गुरुग्राम, यमुनानगर, हिसार, पलवल, कैथल, पानीपत, रोहतक, नूंह)
- 0-6 वर्ष आयु वर्ग के बच्चों की जनसंख्या : 33,80,721 (13.3 प्रतिशत)
- 0-6 वर्ष आयु वर्ग के बालक शिशुओं की जनसंख्या : 18,43,109
- 0-6 वर्ष आयु वर्ग के बालिका शिशुओं की जनसंख्या : 15,37,612
- दशकीय जनसंख्या वृद्धि दर (2001-2011) : 19.90 प्रतिशत
- सबसे अधिक जनसंख्या वृद्धि दर वाला जिला : गुरुग्राम (73.14 प्रतिशत)
- सबसे कम जनसंख्या वृद्धि दर वाला जिला : झज्जर (8.73 प्रतिशत)
- साक्षर व्यक्तियों की जनसंख्या : 16,598,988
  साक्षर पुरुषों की जनसंख्या : 9,794,067
  साक्षर महिलाओं की जनसंख्या : 6,804,921

- साक्षरता प्रतिशत : 75.6 प्रतिशत
- पुरुष : 84.1 प्रतिशत
- महिलाएं : 65.9 प्रतिशत
- साक्षरता की दृष्टि से भारत के राज्यों/ केन्द्र शासित प्रदेश में स्थान : 22वाँ
- सबसे अधिक साक्षरता दर वाला जिला : गुरुग्राम (84.7 प्रतिशत)
- सबसे कम साक्षरता दर वाला जिला : नूंह (54.1 प्रतिशत)
- राज्य में कार्य सहभागिता दर : 29.62 प्रतिशत
- राजकीय खेल : कुश्ती
- राजकीय पशु : काला मृग
- राजकीय पक्षी : काला तीतर
- मुख्य भाषाएं : हिन्दी व हरियाणवी
- हरियाणवी भाषा में लिखा गया प्रथम उपन्यास : झाड़ूफिरी
- हरियाणा केसरी : पं. नेकीराम शर्मा
- हरियाणा के प्रथम राज्य कवि : उदयभान हंस
- पहली हरियाणवी फिल्म : चन्द्रावल (निर्मात्री–सौभाग्य देवी शंकर)
- राज्य में स्त्री-पुरुष अनुपात (लिंगानुपात) : 879 महिलाएं प्रति हजार पुरुष
- सबसे अधिक लिंगानुपात वाला जिला : नूंह (1000:907)
- सबसे कम लिंगानुपात वाला जिला : गुरुग्राम (1000:854)
- जनसंख्या घनत्व : 573 व्यक्ति प्रति वर्ग किमी.
- सबसे अधिक जनसंख्या घनत्व वाला जिला : फरीदाबाद (2442)
- सबसे कम जनसंख्या घनत्व वाला जिला : सिरसा (303)
- जनसंख्या घनत्व की दृष्टि से भारत के राज्यों में स्थान : 11वाँ
- हवाई अड्डे : भिवानी, नारनौल, करनाल, हिसार, पिंजौर

- पर्वत : उत्तर में शिवालिक पहाड़ियाँ तथा दक्षिण-पश्चिम में अरावली पर्वत श्रेणियाँ

- प्रमुख त्योहार/पर्व : लोहड़ी तथा टिक्का
- भारत का 'बुनकरों का शहर' : पानीपत
- 'पहाड़ियों की रानी' के नाम से प्रसिद्ध : मोरनी हिल्स
- प्रमुख झीलें : बड़खल, सायवी
- प्रमुख नदियाँ : यमुना, घग्घर, मारकण्डा
- एशिया का सबसे बड़ा पशु-फार्म : हिसार
- नेशनल डेयरी रिसर्च इन्सटीट्यूट : करनाल
- प्रतिव्यक्ति आय (2016-17) : ₹ 1,78,890 (वर्तमान मूल्यों के आधार पर)

- महाभारत कालीन कौरव-पांडव युद्ध मैदान : कुरुक्षेत्र
- प्रमुख पर्यटन स्थल : राज्य में 43 पर्यटक परिसर (टूरिस्ट कॉम्पलेक्स) हैं, जिनमें 846 रिहायशी कमरे हैं। हरियाणा में 70 लाख से ज्यादा पर्यटक प्रतिवर्ष आते हैं। इन पर्यटन केन्द्रों में प्रमुख हैं : पिंजौर गार्डन (पिंजौर), फ्लेमिंगों (हिसार), मैना (रोहतक), रेड बिशप (पंचकुला), दमदमा (गुरुग्राम), सुल्तानपुर पक्षी विहार (गुरुग्राम), चीड़ वन के लिए प्रसिद्ध मोरनी हिल्स, सूरजकुंड और बड़खल झील (फरीदाबाद), दबचिक (होडल), जंगल बबलर (धारूहेड़ा), कर्णझील (उचाना), काला तीतर (अबूशहर), ब्लू बर्ड (हिसार), राजहंस (सूरजकुंड), मैगपाई (फरीदाबाद), किंगफिशर (अम्बाला), गौरैया (बहादुरगढ़), शमा (गुरुग्राम), स्काईलार्क (पानीपत), सोहना, ब्लूजे (समालखा), चक्रवर्ती लेक और ओआसिस (उचाना) और पैराकीट (पीपली)।

हरियाणा का वैदिक काल से ही एक गौरवपूर्ण इतिहास रहा है। यह राज्य भरतवंश के शासकों का स्थान रहा है, जिनके नाम पर देश को भारत नाम दिया गया। महाभारत में इस राज्य का उल्लेख है। कुरुक्षेत्र, जहाँ कौरवों व पांडवों के बीच महाभारत का युद्ध हुआ, इसी राज्य में स्थित है। इतिहास में इस राज्य की प्रमुख भूमिका मुगलों के भारत में आने तक और दिल्ली के राजधानी बनने तक रही है।

अंग्रेजों ने 1857 ई॰ के स्वतंत्रता युद्ध को दबाकर अपनी सत्ता पुनः स्थापित कर ली और झज्जर व बहादुरगढ़ के नवाबों, बल्लभगढ़ व रेवाड़ी के राजा राव तुलाराम के राज्य छीन लिए। फिर ये राज्य या तो ब्रिटिश साम्राज्य में मिला दिये गये या नाभा, जींद व पटियाला के शासकों को सौंप दिये गये, इस प्रकार हरियाणा पंजाब राज्य का एक प्रान्त बन गया। 1 नवम्बर, 1966 को आधुनिक हरियाणा राज्य अस्तित्व में आया।

- भारतीय गणतन्त्र में, एक अलग राज्य के रूप में, हरियाणा की स्थापना यद्यपि 1 नवम्बर, 1966 को हुई, किन्तु एक विशिष्ट ऐतिहासिक एवं सांस्कृतिक इकाई के रूप में हरियाणा का अस्तित्व प्राचीन काल से मान्य रहा है। यह राज्य आदिकाल से ही भारतीय संस्कृति और सभ्यता की धुरी रहा है। मनु के अनुसार इस प्रदेश का अस्तित्व देवताओं से हुआ था, इसलिए इसे 'ब्रह्मावर्त' का नाम दिया गया था।

- हरियाणा के विषय में वैदिक साहित्य में अनेक उल्लेख मिलते हैं। इस प्रदेश में की गई खुदाइयों से यह ज्ञात होता है कि सिंधु घाटी सभ्यता और मोहनजोदड़ों संस्कृति का विकास यहीं पर हुआ था।

- इस राज्य को *ब्रह्मावर्त तथा ब्रह्मर्षि प्रदेश* के अतिरिक्त 'ब्रह्मा की उत्तरवेदी' के नाम से भी पुकारा गया है। इस राज्य को आदि सृष्टि का जन्म-स्थान भी माना जाता है। यह भी मान्यता है कि मानव जाति की उत्पत्ति जिन वैवस्तु मनु से हुई, वे इसी प्रदेश के राजा थे।

- महाभारत का विश्व-प्रसिद्ध युद्ध कुरुक्षेत्र में लड़ा गया। यहीं भगवान श्रीकृष्ण ने गीता का उपदेश दिया था।

- हरियाणा के नाम को लेकर विभिन्न मत पाए जाते हैं। 'हरियाली' से हरियाणा या हवण (लूटमार) या हरिथानक्य या 'आरयाना' से हरियाणा बना।

- यौधेय काल में इस उपजाऊ हरी—भरी धरती को बहुधान्यक प्रदेश की संज्ञा भी दी गई।

- भारतीय गणतंत्र में एक अलग राज्य के रूप में हरियाणा की स्थापना 1 नवम्बर, 1966 को हुई। उससे पहले यह पंजाब राज्य का अंग था।
- भरतवंशी शासक सुदास ने हरियाणा प्रदेश से अपना विजय अभियान शुरू किया था।
- मुगल काल में इस प्रदेश में जनपदों का स्थान खापों ने ले लिया था।
- महमूद गजनवी ने थानेश्वर पर 1014 ई. में आक्रमण किया था।
- तुगलक शासक फिरोज तुगलक ने प्रदेश के हिसार जिले में फतेहाबाद नगर बसाया था।
- 1526 ई. में हरियाणा के पानीपत (प्रथम युद्ध) में बाबर और इब्राहीम लोदी के बीच युद्ध हुआ। इसमें बाबर की विजय हुई और उसने मुगल साम्राज्य की नींव डाली।
- अकबर और हेमचन्द्र (हेमू) के बीच पानीपत का प्रसिद्ध द्वितीय युद्ध 1556 ई. में लड़ा गया था। इसमें हेमू की पराजय हुई और मुगल साम्राज्य पूरी तरह से स्थापित हो गया।
- प्रदेश का थानेश्वर नामक नगर प्रसिद्ध राजा हर्षवर्धन की राजधानी था।
- 1756-57 में हरियाणा मराठों के अधिकार क्षेत्र में रहा।
- पानीपत का तृतीय युद्ध 1761 ई. में अहमदशाह अब्दाली तथा मराठों के बीच हुआ। इसमें मराठों की पराजय हुई।
- तोमर शासकों के शासन काल में हरियाणा में व्यापार, कला व संस्कृति की उन्नति की जानकारी यशस्तिलक चम्पू नामक ग्रन्थ से मिलती है।
- अहमदशाह अब्दाली ने अपने देश लौटते समय हरियाणा का उत्तरी भाग अम्बाला, जींद, कुरुक्षेत्र तथा करनाल को सरहिन्द के गवर्नर जैन खाँ को सौंप दिया।
- 1857 के मेरठ-विद्रोह में जिन सैनिकों ने भाग लिया था उनमें से अधिकतर हरियाणा के गुरुग्राम, रोहतक तथा हिसार जिले के थे।
- मेरठ क्रान्ति के समय मेरठ के नायब कोतवाल हरियाणा के वीर सेनानी रावकृष्ण गोपाल थे।
- लाला लाजपत राय ने हरियाणा के हिसार को अपना राजनीतिक और सामाजिक कार्य-क्षेत्र बनाया था।
- प्रथम स्वतंत्रता संग्राम में बल्लभगढ़ के राजा नाहन सिंह ने दिल्ली में क्रान्तिकारी सेनाओं का नेतृत्व किया था।
- 8 अप्रैल, 1919 के दिन महात्मा गांधी पलवल से गिरफ्तार हुए थे।
- 12 जनवरी, 1932 को पंजाब प्रदेश-कांग्रेस के आदेश पर पूरे हरियाणा में स्वतंत्रता दिवस मनाया गया था।
- 1947 में जब भारत आजाद हुआ उस समय हरियाणा पंजाब प्रदेश में शामिल था।
- आजाद हिन्द फौज में हरियाणा के कुल 2849 अफसरों और जवानों ने भाग लिया था, जिनमें से 346 शहीद हुए थे।

————————

3 प्रशासनिक व्यवस्था

हरियाणा राज्य की स्थापना 1 नवम्बर, 1966 को हुई थी। पहले यह प्रदेश पंजाब का एक भाग था। परन्तु 1 नवम्बर, 1966 को इसे अलग से पूर्ण राज्य घोषित कर दिया गया।

हरियाणा की राजधानी हरियाणा में स्थित नहीं है, इस प्रदेश की राजधानी चण्डीगढ़ है जो एक केन्द्रशासित प्रदेश है। यही पंजाब की भी राजधानी है। चण्डीगढ़ से ही हरियाणा का सारा प्रशासन चलता है। हरियाणा के राज्यपाल इसी नगर में हरियाणा राजभवन में रहते हैं तथा प्रदेश का सचिवालय भी यहीं है। मुख्यमंत्री तथा अन्य मन्त्रियों के कार्यालय भी इसी भवन में हैं। सचिवालय के पास ही विधानसभा और उच्च न्यायालय के भवन हैं। प्रदेश में एक सदनीय विधान मंडल, विधान सभा है, जिसके सदस्यों की संख्या 90 है।

इस प्रदेश में छः मण्डल—अम्बाला, हिसार, रोहतक, गुरुग्राम, करनाल तथा फरीदाबाद हैं। फरवरी 2019 तक यहाँ 73 उपमंडल, 93 तहसीलें और 49 उपतहसीलें हैं। प्रदेश में खण्डों की संख्या 140 है। सम्पूर्ण प्रदेश में कुल 6,841 गाँव तथा 154 नगर हैं। आबाद गाँवों की संख्या 6,754 है। मण्डल का प्रशासनिक अधिकारी कमिशनर होता है। जिलों का प्रशासनिक अधिकारी उपायुक्त या डिप्टी कमिश्नर होता है। जिले का शासन-प्रबन्ध उसी की देखरेख में चलता है। जिले में शान्ति बनाये रखने की उसकी विशेष जिम्मेदारी होती है। वह शान्ति बनाये रखने के लिए उचित कार्यवाही करता है। शान्ति व्यवस्था के कार्य में पुलिस अधीक्षक तथा उसके अधीन कर्मचारी उसकी पूरी सहायता करते हैं। जिले में भूमि-कर एकत्र करवाना भी उपायुक्त का कार्य है। इस कार्य में जिले के सभी पटवारी, कानूनगों, तहसीलदार तथा उपमण्डल अधिकारी उसे सहयोग देते हैं। कभी-कभी जिले में कोई अचानक विपत्ति आ जाती है, जैसे बाढ़, अकाल आदि। उपायुक्त ऐसे कठिन समय पर उचित कार्यवाही कर लोगों को राहत प्रदान करता है। जिले का प्रशासन सुचारु रूप से चलाने के लिए उपायुक्त को अनेक अधिकारी अपना सहयोग प्रदान करते हैं। जिले में निष्पक्ष चुनाव हों, इसका दायित्व भी उपायुक्त पर होता है। विकास के कार्यों में भी उपायुक्त दिशा-निर्देशन करता है।

प्रशासनिक ढांचा : एक दृष्टि में (फरवरी 2019 तक)	
प्रदेश में कुल मण्डलों की संख्या	6
प्रदेश में कुल जिलों की संख्या	22

प्रदेश में उपमण्डलों की संख्या	73
प्रदेश में तहसीलों की संख्या	93
प्रदेश में उप-तहसीलों की संख्या	49
प्रदेश में खण्डों (ब्लाकों) की संख्या	140
प्रदेश में गांवों की संख्या	6,841
प्रदेश में नगरों की संख्या	154

हरियाणा : मण्डल, उप-मण्डल, जिला, तहसील, उप-तहसील एवं खण्ड (23/02/2018 तक)

जिला	उप-मण्डल	तहसील	उप-तहसील	खण्ड
1. अम्बाला मण्डल				
अम्बाला	1. अम्बाला, 2. नारायणगढ़, 3. बराडा, 4. अम्बाला छावनी	1. अम्बाला, 2. बराड़ा, 3. नारायणगढ़, 4. अम्बाला कन्टोनमैंट	1. मुलाना, 2. साहा, 3. शहजादपुर	1. अम्बाला-I, 2. अम्बाला-II, 3. बराड़ा, 4. नारायणगढ़, 5. शहजादपुर, 6. साहा
पंचकुला	1. पंचकुला, 2. कालका	1. पंचकुला, 2. कालका, 3. रायपुर रानी	1. बरबाला, 2. मोरनी,	1. बरबाला, 2. पिन्जौर, 3. मोरनी, 4. रायपुर रानी
यमुनानगर	1. जगाधरी, 2. बिलासपुर, 3. रादौर	1. जगाधरी, 2. छछरौली, 3. बिलासपुर, 4. रादौर	1. सढौरा, 2. मुस्तफाबाद, 3. खिजराबाद	1. बिलासपुर, 2. छछरौली, 3. जगाधरी, 4. रादौर, 5. सढौरा, 6. मुस्तफाबाद, 7. खिजराबाद
कुरुक्षेत्र	1. थानेसर, 2. पेहोवा, 3. शाहबाद 4. लाडवा	1. थानेसर, 2. पेहोवा, 3. शाहबाद 4. लाडवा	1. इस्माइलाबाद, 2. बबैन	1. लाडवा, 2. पेहोवा, 3. शाहबाद, 4. थानेसर, 5. बबैन, 6. इस्माइलाबाद, 7. पिपली
2. करनाल मण्डल				
करनाल	1. करनाल, 2. असन्ध, 3. इन्द्री, 4. घरौंडा	1. करनाल, 2. असन्ध, 3. नीलोखेड़ी, 4. इन्द्री, 5. घरौंडा	1. निसिंग, 2. बल्ला, 3. निगधु	1. घरौंडा, 2. इन्द्री, 3. करनाल, 4. नीलोखेड़ी, 5. निसिंग स्थित चीड़ाओं, 6. असन्ध, 7. मुनक, 8. कुंजपुरा
पानीपत	1. पानीपत, 2. समालखा	1. पानीपत, 2. समालखा, 3. इसराना, 4. बापौली, 5. मडलौडा		1. पानीपत, 2. इसराना, 3. मडलौडा, 4. समालखा, 5. बापौली, 6. सनौली खुर्द

जिला	उप-मण्डल	तहसील	उप-तहसील	खण्ड
कैथल	1. कैथल, 2. गुहला, 3. कलायत	1. कैथल, 2. गुहला, 3. फतेहपुर पुण्डरी, 4. कलायत	1. सीवन, 2. राजौंद, 3. ढाण्ड	1. गुहला स्थित चीका, 2. कैथल, 3. पुण्डरी, 4. कलायत, 5. राजौंद, 6. सीवान, 7. ढाण्ड
3. रोहतक मण्डल				
रोहतक	1. रोहतक, 2. महम, 3. सांपला	1. रोहतक, 2. महम, 3. सांपला, 4. कलानौर	1. लाखन माजरा	1. कलानौर, 2. लाखन माजरा, 3. महम, 4. रोहतक, 5. सांपला
झज्जर	1. झज्जर, 2. बहादुरगढ़, 3. बेरी, 4. बादली	1. झज्जर, 2. बहादुरगढ़, 3. बेरी, 4. मातनहेल, 5. बादली	1. साल्हावास	1. झज्जर, 2. बहादुरगढ़, 3. बेरी, 4. साल्हावास, 5. मातनहेल, 6. बादली
सोनीपत	1. सोनीपत, 2. गोहाना, 3. गन्नौर, 4. खरखौदा	1. सोनीपत, 2. गन्नौर, 3. गोहाना, 4. खरखौदा	1. खानपुर कलां, 2. राई	1. गन्नौर, 2. खरखौदा, 3. राई, 4. सोनीपत, 5. मुण्डलाना, 6. कथूरा, 7. गोहाना, 8. मुरथल
भिवानी	1. भिवानी, 2. लोहारू, 3. सिवानी, 4. तोशाम	1. भिवानी, 2. बवानी खेड़ा, 3. तोशाम, 4. लोहारू, 5. सिवानी	1. बेहल	1. बवानी खेड़ा, 2. भिवानी, 3. लोहारू, 4. तोशाम, 5. कैरू, 6. सिवानी, 7. बेहल
चरखी दादरी	1. चरखी दादरी, 2. बादड़ा	1. चरखी दादरी, 2. बादड़ा	1. भौंदकला	1. चरखी दादरी, 2. बादड़ा, 3. भौंदकला, 4. झोंझू
4. गुरुग्राम मण्डल				
गुरुग्राम	1. उत्तर गुरुग्राम, 2. दक्षिण गुरुग्राम, 3. पटौदी	1. गुरुग्राम, 2. पटौदी, 3. सोहना, 4. फरूखनगर, 5. मानेसर	1. वजीराबाद, 2. बदशाहपुर, 3. कड़ीपुर, 4. हरसारू	1. फरूखनगर, 2. गुरुग्राम, 3. पटौदी, 4. सोहना
रेवाड़ी	1. रेवाड़ी, 2. कोसली, 3. बावल	1. रेवाड़ी, 2. बावल, 3. कोसली	1. धारूहेड़ा, 2. डहीना, 3. मनेठी, 4. नाहड़, 5. पहलावास	1. रेवाड़ी, 2. खोल स्थित रेवाड़ी, 3. जाटुसाना, 4. बावल, 5. नाहड़, 6. डहीना
महेन्द्रगढ़	1. महेन्द्रगढ़, 2. नारनौल, 3. कनीना	1. महेन्द्रगढ़, 2. नारनौल, 3. नांगल चौधरी, 4. अटेली, 5. कनीना	1. सतनाली	1. अटेली नांगल, 2. कनीना, 3. महेन्द्रगढ़, 4. नांगल चौधरी, 5. नारनौल, 6. सिहमा, 7. निजामपुर, 8. सतनाली

जिला	उप-मण्डल	तहसील	उप-तहसील	खण्ड
5. फरीदाबाद मण्डल				
फरीदाबाद	1. फरीदाबाद, 2. बल्लभगढ़, 3. बड़कल	1. बल्लभगढ़, 2. फरीदाबाद, 3. बड़कल	1. मोहना, 2. तिगांव, 3. धोज, 4. दयालपुर, 5. गांच्छी	1. बल्लभगढ़, 2. फरीदाबाद, 3. तिगांव
पलवल	1. पलवल, 2. होडल, 3. हथीन	1. पलवल, 2. होडल, 3. हथीन	1. हसनपुर, 2. बहीन	1. पलवल, 2. होडल, 3. हसनपुर, 4. हथीन, 5. पृथला, 6. बडोली
नूंह	1. नूंह, 2. फिरोजपुर झिरका 3. पुन्हाना 4. तावड़ू	1. नूंह, 2. फिरोजपुर झिरका, 3. पुन्हाना, 4. तावड़ू	1. नगीना	1. फिरोजपुर झिरका, 2. नूंह, 3. पुन्हाना, 4. तावड़ू, 5. नगीना, 6. इन्द्री, 7. पिंगवां
6. हिसार मण्डल				
हिसार	1. हिसार, 2. हांसी, 3. बरवाला 4. नारनौंद	1. हिसार, 2. आदमपुर, 3. हांसी, 4. नारनौंद, 5. बरवाला, 6. बास	1. उकलाना मण्डी, 2. बालसमन्द 3. खेरी जलान	1. आदमपुर, 2. बरवाला, 3. हांसी-I, 4. हांसी-II, 5. हिसार-I, 6. हिसार-II, 7. नारनौन्द, 8. अग्रोहा, 9. उकलाना
फतेहाबाद	1. फतेहाबाद, 2. टोहाना, 3. रतिया	1. फतेहाबाद, 2. टोहाना, 3. रतिया	1. भूना, 2. भट्टूकलां, 3. जाखल, 4. कूलां	1. फतेहाबाद, 2. टोहाना, 3. रतिया, 4. भट्टूकलां, 5. भूना, 6. जाखल, 7. नागपुर
सिरसा	1. सिरसा, 2. डबवाली, 3. ऐलनाबाद, 4. कलांवाली	1. सिरसा, 2. डबवाली, 3. ऐलनाबाद, 4. रानिया, 5. नाथूसारी चौपटा, 6. कलांवाली	1. गौरीवाला	1. डबवाली, 2. बढ़ागुढ़ा, 3. ऐलनाबाद, 4. रानिया, 5. सिरसा, 6. औढां, 7. नाथूसारी चौपटा
जींद	1. जींद, 2. सफीदों, 3. नरवाना, 4. उचाना	1. जींद, 2. सफीदों, 3. नरवाना, 4. जुलाना, 5. उचाना, 6. अलेवा	1. पिल्लूखेड़ा	1. जींद, 2. जुलाना 3. पिल्लूखेड़ा, 4. सफीदों, 5. उचाना, 6. नरवाना, 7. अलेवा, 8. उचाना

प्रदेश में पंचायती राज व्यवस्था

1992 में संसद द्वारा पारित पंचायत राज व्यवस्था विधेयक के अनुसार प्रदेश के प्रत्येक जिले में तीन स्तरीय पंचायती राज व्यवस्था लागू की गई। ग्राम पंचायत, पंचायत समिति, जिला परिषद् आदि। ग्राम पंचायत व नगर समितियों का कार्यकाल 5 वर्ष रखा गया है। प्रत्येक 5 वर्ष बाद इन स्वशासन संस्थाओं का प्रत्यक्ष चुनाव राज्य के चुनाव आयोग की देखरेख में होता है। स्वशासन संस्थाएं अपने क्षेत्र के निवासियों के आर्थिक विकास और सामाजिक न्याय के लिए योजनाएँ बनाती हैं और क्रियान्वित करती हैं। इन संस्थाओं को कुछ कर, शुल्क, फीस लगाने और वसूल करने का अधिकार भी प्राप्त है।

ग्राम पंचायत—प्रदेश में प्रत्येक गाँव के लिए ग्राम पंचायत है। ग्राम पंचायत का प्रत्येक सदस्य प्रत्यक्ष चुनाव द्वारा गाँव के मतदाताओं द्वारा चुना जाता है। चुनाव प्रदेश के चुनाव

आयोग की देखरेख में होता है। ग्राम पंचायत का सामान्य कार्यकाल 5 वर्ष का होता है और प्रत्येक 5वें वर्ष नये चुनाव होते हैं। हरियाणा में कुल 6,083 ग्राम पंचायत हैं।

हरियाणा में पंचायती राज संस्थाएं और प्रतिनिधियों की स्थिति (2011)

क्रम सं.	जिला	कुल ग्राम पंचायतें	कुल पंचायत समितियां	कुल पंचायत समिति सदस्य	कुल जिला परिषद् सदस्य
1.	अम्बाला	405	6	119	14
2.	भिवानी*	461	10	211	29
3.	फरीदाबाद	111	2	57	10
4.	फतेहाबाद	245	6	130	17
5.	गुरुग्राम	210	4	86	10
6.	हिसार	309	9	217	28
7.	जींद	300	7	172	24
8.	झज्जर	249	5	118	18
9.	पंचकुला	121	4	40	10
10.	महेन्द्रगढ़	344	5	140	18
11.	रेवाड़ी	351	5	123	16
12.	रोहतक	141	5	107	14
13.	सोनीपत	323	7	177	24
14.	सिरसा	334	7	170	21
15.	यमुनानगर	441	6	122	16
16.	कुरुक्षेत्र	382	5	117	15
17.	कैथल	270	6	141	19
18.	करनाल	372	6	174	22
19.	पानीपत	167	5	111	14
20.	नूंह	308	5	128	18
21.	पलवल	239	4	112	17
		6,083	119	2,772	374

* चरखी दादरी के आंकड़े भी शामिल हैं।

हरियाणा : जिलेवार नगरपालिकाएं/परिषदें (2011)

	जिला	नगरपालिका/परिषद
1.	अम्बाला	1. अम्बाला शहर, 2. नारायणगढ़, 3. महेशनगर/(अम्बाला सदर)
2.	करनाल	1. करनाल, 2. घरौंडा, 3. नीलोखेड़ी, 4. इन्द्री, 5. तरावड़ी, 6. असन्ध
3.	कुरुक्षेत्र	1. थानेसर, 2. लाडवा, 3. शाहबाद मारकण्डा, 4. पेहोवा
4.	रोहतक	1. रोहतक, 2. कलानौर, 3. महम
5.	सोनीपत	1. सोनीपत, 2. गन्नौर, 3. खरखौदा, 4. गोहाना

6.	जींद	1. जुलाना, 2. सफीदों, 3. नरवाना, 4. उचाना, 5. जींद
7.	यमुनानगर	1. यमुनानगर, 2. साढ़ौरा, 3. रादौर, 4. बूड़िया, 5. जगाधरी, 6. छछरौली
8.	कैथल	1. कैथल, 2. पुण्डरी, 3. गुहला चीकर, 4. कलायत
9.	झज्जर	1. झज्जर, 2. बेरी, 3. बहादुरगढ़
10.	रेवाड़ी	1. रेवाड़ी, 2. बावल
11.	पानीपत	1. पानीपत, 2. समालखा
12.	पंचकुला	1. कालका, 2. पिंजौर, 3. पंचकुला
13.	फतेहाबाद	1. फतेहाबाद, 2. टोहाना, 3. जाखल, 4. रतिया
14.	हिसार	1. हिसार, 2. हांसी, 3. उकलान मण्डी, 4. बरवाला, 5. नारनौंद
15.	सिरसा	1. सिरसा, 2. मण्डल डबवाली, 3. कलांवाली, 4. ऐलनाबाद, 5. रानिया
16.	भिवानी*	1. भिवानी, 2. लोहारू, 3. चरखी दादरी, 4. बवानीखेड़ा, 5. तोशाम, 6. सिवानी
17.	गुरुग्राम	1. गुड़गांव, 2. सोहना, 3. पटौदी, 4. हेलीमण्डल, 5. फरुखनगर
18.	फरीदाबाद	1. फरीदाबाद कॉम्प्लैक्स
19.	महेन्द्रगढ़	1. महेन्द्रगढ़, 2. नारनौल, 3. कनीना, 4. अटेली मण्डी
20.	नूंह	1. नूंह, 2. फिरोजपुर झिरका, 3. तावड़ू, 4. पुन्हाना, 5. हथीन
21.	पलवल	1. पलवल, 2. होडल, 3. हसनपुर, 4. हथीन

* चरखी दादरी के आंकड़े भी शामिल हैं।

हरियाणा के जिले : संक्षिप्त परिचय

अम्बाला

जिले के रूप में विकसित : 1 नवम्बर, 1966

मुख्यालय : अम्बाला

क्षेत्रफल : 1574 वर्ग किमी.

उप-मण्डल : अम्बाला, नारायणगढ़, बराडा, अम्बाला छावनी

तहसील : अम्बाला, बराड़ा, नारायणगढ़, अम्बाला कन्टोनमैंट

उपतहसील : मुलाना, साहा, शहजादपुर

खण्ड : अम्बाला-I, अम्बाला-II, बराडा, शहजादपुर, नारायणगढ़, साहा।

विधानसभाई क्षेत्र : नारायणगढ़, मुलाना (अ.जा.), अम्बाला छावनी, अम्बाला शहर।

पर्यटन स्थल : किंगफिशर

जनसंख्या (2011) : 11,28,350

पुरुष : 5,98,703

महिलाएँ : 5,29,647

दशकीय वृद्धि दर (2001-2011) : 11.23 प्रतिशत

जनसंख्या घनत्व : 717 व्यक्ति प्रति वर्ग किमी.

लिंग अनुपात : 885 महिलाएं (1000 पुरुषों पर)

साक्षरता दर : 81.7 प्रतिशत

पुरुष : 87.3 प्रतिशत

महिला : 75.5 प्रतिशत

नगरीय जनसंख्या (2011) : 44.38 प्रतिशत

प्रमुख नगर : अम्बाला, अम्बाला कैंट, नारायणगढ़, बरियाल, करधन

नदियाँ : मारकण्डा, डागरी, घग्घर व उनकी सहायक नदियाँ

प्रमुख खनिज : चूना पत्थर

प्रमुख उद्योग धन्धे : चीनी, सीमेंट, सिलाई मशीन, कृषि यन्त्र, वैज्ञानिक उपकरण इलेक्ट्रॉनिक एवं विद्युत उपकरण, हैण्डलूम वस्त्र आदि।

पंचकुला

जिले के रूप में विकसित : 15 जनवरी, 1995

मुख्यालय : पंचकुला

क्षेत्रफल : 898 वर्ग किमी.

उप-मण्डल : पंचकुला, कालका

तहसील : पंचकुला, कालका, रायपुर रानी

उप-तहसील : बरबाला, मोरनी

खण्ड : बरबाला, पिंजौर, मोरनी, रायपुर रानी

विधानसभाई क्षेत्र : कालका, पंचकुला

पर्यटन स्थल : यादवेन्द्र गार्डन पिन्जौर, मोरनी हिल्स

जनसंख्या (2011) : 5,61,293

पुरुष : 2,99,679

महिलाएँ : 2,61,614

दशकीय वृद्धि दर : (2001-2011) 19.83 प्रतिशत

जनसंख्या घनत्व : 625 व्यक्ति प्रति वर्ग किमी.

लिंग अनुपात : 873 महिलाएं (1,000 पुरुषों पर)

साक्षरता दर : 81.9 प्रतिशत

पुरुष : 87.0 प्रतिशत

महिला : 76.0 प्रतिशत

नगरीय जनसंख्या (2011) : 54.86 प्रतिशत

प्रमुख नगर : पिन्जौर, एच.एम.टी., पिन्जौर, कालका, पंचकुला नगरीय क्षेत्र, रायपुर रानी

नदी : घग्घर

प्रमुख खनिज : चूना पत्थर

प्रमुख उद्योग धन्धे : एच.एम.टी. पिन्जौर एवं सूरजपुर औद्योगिक क्षेत्र इलेक्ट्रॉनिक उपकरण।

यमुनानगर

जिले के रूप में विकसित : 1 नवम्बर, 1989

मुख्यालय : यमुनानगर

क्षेत्रफल : 1,768 वर्ग किमी.

उप-मण्डल : जगाधरी, बिलासपुर, रादौर

तहसील : जगाधरी, छछरौली, बिलासपुर, रादौर

उप-तहसील : सढ़ौरा, मुस्तफाबाद, खिजराबाद

खण्ड : बिलासपुर, छछरौली, जगाधरी, रादौर, सढ़ौरा, मुस्तफाबाद, खिजराबाद

विधानसभाई क्षेत्र : जगाधरी, रादौरा, यमुनानगर, सढ़ौरा (अ.जा.)

पर्यटन स्थल : पंचमुखी हनुमान मंदिर, छछरौली, चित्रा मंदिर, श्री कालेश्वर महादेवमठ यमुनानगर, गुरुद्वारा कपाल मोचन बिलासपुर, पोण्टा सहिब यमुनानगर, हथिनीकुण्ड।

जनसंख्या (2011) : 12,14,205

पुरुष : 6,46,718

महिलाएँ : 5,67,487

दशकीय वृद्धि दर : (2001-2011) 16.57 प्रतिशत

जनसंख्या घनत्वः 687 व्यक्ति प्रति वर्ग किमी.

लिंग अनुपातः 877 महिलाएं (1,000 पुरुषों पर)

साक्षरता दर : 78.0 प्रतिशत

पुरुष : 83.8 प्रतिशत

महिला : 71.4 प्रतिशत

नगरीय जनसंख्या (2011) : 38.93 प्रतिशत

अनुसूचित जाति जनसंख्या (2011) : 3,06,743

प्रमुख नगर : यमुनानगर, जगाधरी, ससौली, जगाधरी रेलवे कारखाना, सढ़ौरा, बिलासपुर, राठौर, फरखपुर, कान्सेपुर, छछरौली।

नदी : यमुना

प्रमुख उद्योग-धन्धे : कागज, चीनी, फर्नीचर, पीतल के बर्तन, रोलिंग मिल, स्टार्च, शराब, चीनी बनाने की मशीनें आदि।

कुरुक्षेत्र

जिले के रूप में विकसित : 23 जनवरी, 1973

मुख्यालय : कुरुक्षेत्र

क्षेत्रफल : 1,530 वर्ग किमी.

उप-मण्डल : थानेसर, पेहोवा, शाहबाद, लाडवा

तहसील : थानेसर, पेहोवा, शाहबाद, लाडवा

उप-तहसील : इस्माइलाबाद, बबैन

खण्ड : लाडवा, पेहोवा, शाहबाद, थानेसर, बबैन, इस्माइलाबाद, पिपली

विधानसभाई क्षेत्र : लाडवा, शाहबाद (अ.जा.), थानेसर, पेहोवा

पर्यटन स्थल : (360 तीर्थ), ब्रह्म सरोवर, ज्योतिसर, कमली वाले बाबा का डेरा, कपाल मोचन, बिरला मंदिर, थानेश्वर महादेव मंदिर, महाकाली मंदिर, लक्ष्मी नारायण मंदिर, पेहोवा, पंचवटी, चन्द्ररूप, गीता भवन, वाल्मीकि आश्रम, कमलनमा तीर्थ, कालेश्वर तीर्थ, प्राची, कुबेर तीर्थ, नरकातरी कमोदा, कुरुक्षेत्र महाभारत युद्ध एवं श्रीमद्भगवद् गीता का जन्म स्थल के रूप में प्रसिद्ध।

जनसंख्या (2011) : 9,64,655

पुरुष : 5,10,976

महिलाएँ : 4,53,679

दशकीय वृद्धि दर : (2001-2011) 16.86 प्रतिशत

जनसंख्या घनत्वः 630 व्यक्ति प्रति वर्ग किमी.

लिंग अनुपात : 888 महिलाएं (1,000 पुरुषों पर)

साक्षरता दर : 76.3 प्रतिशत

पुरुष : 83.0 प्रतिशत

महिला : 68.8 प्रतिशत

अनुसूचित जाति जनसंख्या (2011): 2,15,128

पुरुष : 1,13,311

महिला : 1,01,817

नगरीय जनसंख्या (2011) : 28.92 प्रतिशत

प्रमुख नगर : थानेसर, रतगल, पेहोवा, लाडवा, शाहबाद

नदी : सरस्वती

प्रमुख उद्योग धन्धे : हथकरघा उद्योग, चीनी, कृषि उपकरण, खाद्य उत्पाद, जलभरण।

कैथल

जिले के रूप में विकसित : 1 नवम्बर, 1989

मुख्यालय : कैथल

क्षेत्रफल : 2,317 वर्ग किमी.

उप-मण्डल : कैथल, गुहला, कलायत

तहसील : कैथल, गुहला, फतेहपुर पुण्डरी, कलायत

उप-तहसील : सीवन, राजौंद, ढाण्ड

खण्ड : गुहला स्थित चीका, कैथल, पुण्डरी, कलायत, राजौंद, सीवन, ढाण्ड

विधानसभाई क्षेत्र : कलायत, कैथल, गुहला (अ.जा.), पुण्डरी

पर्यटन स्थल : गुरुद्वारा नीम साहिब, गुरुद्वारा मनजी साहिब, नवग्रह कुण्ड, बाबा लडाना, मेला पुण्डरक।

जनसंख्या (2011) : 10,72,861

पुरुष : 5,70,595

महिलाएँ : 5,02,266

दशकीय वृद्धि दर : (2001-2011) 13.3 प्रतिशत

नगरीय जनसंख्या (2011) : 21.96 प्रतिशत

जनसंख्या घनत्व : 464 व्यक्ति प्रति वर्ग किमी.

लिंग अनुपात : 881 महिलाएं (1,000 पुरुषों पर)	**पुरुष :** 1,31,486
साक्षरता दर : 69.2 प्रतिशत	**महिला :** 1,16,027
पुरुष : 78.0 प्रतिशत	**प्रमुख नगर :** कैथल, चीका, कलायत, पुण्डरी
महिला : 59.2 प्रतिशत	**नदियाँ :** घग्घर व सरस्वती
अनुसूचित जाति जनसंख्या (2011): 2,47,513	**प्रमुख उद्योग धन्धे :** हथकरघा, चीनी, कृषि उपकरण आदि ।

रोहतक

जिले के रूप में विकसित : 1 नवम्बर, 1966

मुख्यालय : रोहतक

क्षेत्रफल : 1,745 वर्ग किमी.

उप-मण्डल : रोहतक, महम, सांपला

तहसील : रोहतक, महम, सांपला, कलानौर

उप-तहसील : लाखन माजरा

खण्ड : कलानौर, लाखन माजरा, महम, रोहतक, सांपला

विधानसभाई क्षेत्र : गढ़ी सांपला किलोई, रोहतक, महम, कलानौर (अ.जा.)

पर्यटन स्थल : तिलयार झील, मैना और नौरंग (महम), शिवालय (चिपलगांव), गऊ कर्ण तालाब, दिनी मस्जिद, शीशे वाली मस्जिद, लाल मस्जिद आदि ।

जनसंख्या (2011) : 10,61,204

पुरुष : 5,68,479

महिलाएँ : 4,92,725

जनसंख्या घनत्व : 608 व्यक्ति प्रति वर्ग किमी.

लिंग अनुपात : 867 महिलाएं (1,000 पुरुषों पर)

दशकीय वृद्धि दर : (2001-2011) 12.88 प्रतिशत

नगरीय जनसंख्या (2011) : 42.01 प्रतिशत

प्रमुख नगर : रोहतक, महम, कलानौर, एच. बी. कालोनी

साक्षरता दर : 80.2 प्रतिशत

पुरुष : 87.7 प्रतिशत

महिला : 71.7 प्रतिशत

अनुसूचित जाति जनसंख्या (2011) : 2,16,889

पुरुष : 1,15,573

महिला : 1,01,316

प्रमुख उद्योग धन्धे : खाद्य उत्पाद, कपास गिनिंग, चीनी, पॉवर लूम ।

करनाल

जिले के रूप में विकसित : 1 नवम्बर, 1966

मुख्यालय : करनाल

क्षेत्रफल : 2,520 वर्ग किमी.

उप-मण्डल : करनाल, असन्ध, इन्द्री, घरौंडा

तहसील : करनाल, असन्ध, नीलोखेड़ी, इन्द्री, घरौंडा

उप-तहसील : निसिंग, बल्ला, निगधु

खण्ड : घरौंडा, इन्द्री, करनाल, नीलोखेड़ी, निसिंग स्थित चीड़ाओं, असन्ध, मुनक, कुंजुपुरा

विधानसभाई क्षेत्र : इन्द्री, नीलोखेड़ी (अ.जा.), करनाल, घरौंडा, असन्ध

पर्यटन स्थल : कर्ण झील, ओसिस (ऊचाना), पुण्का पुल मजार ।

जनसंख्या (2011) : 15,05,324

पुरुष : 7,97,712
महिलाएँ : 7,07,612
दशकीय वृद्धि दर : (2001-2011) 18.14 प्रतिशत
जनसंख्या घनत्व : 597 व्यक्ति प्रति वर्ग किमी.
लिंग अनुपात : 887 महिलाएं (1,000 पुरुषों पर)
साक्षरता दर : 74.7 प्रतिशत
पुरुष : 81.8 प्रतिशत
महिला : 66.8 प्रतिशत

अनुसूचित जाति जनसंख्या (2011): 3,39,604
पुरुष : 1,79,681
महिला : 1,59,923
नगरीय जनसंख्या (2011) : 30.27 प्रतिशत
प्रमुख नगर : करनाल, नीलोखेड़ी, तारौरी, इन्द्री, ऊंचा सिवान, असन्ध, घरोंडा
प्रमुख खनिज : शोरा
नदी : यमुना
प्रमुख उद्योग धन्धे : चीनी, जूता, वनस्पति घी आदि।

पानीपत

जिले के रूप में विकसित : 1 नवम्बर, 1989
मुख्यालय : पानीपत
क्षेत्रफल : 1,268 वर्ग किमी.
उप-मण्डल : पानीपत, समालखा
तहसील : पानीपत, समालखा, इसराना, बापौली, मडलौडा
उप-तहसील : –
खण्ड : पानीपत, इसराना, मडलौडा, समालखा, बापौली, सनौली खुर्द
विधानसभाई क्षेत्र : पानीपत ग्रामीण, पानीपत सिटी, इसराना (अ.जा.), समालखा
पर्यटन स्थल : स्काई लार्क, काला अम्ब, ब्लू खे (समालखा), शिव मंदिर
जनसंख्या (2011) : 12,05,437
पुरुष : 6,46,857
महिलाएँ : 5,58,580
दशकीय वृद्धि दर : (2001-2011) : 24.60 प्रतिशत

जनसंख्या घनत्व : 951 व्यक्ति प्रति वर्ग किमी.
लिंग अनुपात : 864 महिलाएं (1,000 पुरुषों पर)
साक्षरता दर : 75.9 प्रतिशत
पुरुष : 83.7 प्रतिशत
महिला : 67.0 प्रतिशत
अनुसूचित जाति जनसंख्या (2011): 2,06,213
पुरुष : 1,09,695
महिला : 96,518
नगरीय जनसंख्या (2011) : 45.97 प्रतिशत
प्रमुख नगर : पानीपत, असन खुर्द, समालखा
प्रमुख खनिज : गन्धक
नदी : यमुना
प्रमुख उद्योग धन्धे : सूती तथा ऊनी वस्त्र, विद्युत उपकरण, चीनी, पेट्रोलियम रासायनिक पदार्थ, कालीन

सोनीपत

जिले के रूप में विकसित : 22 दिसम्बर, 1972
मुख्यालय : सोनीपत
क्षेत्रफल : 2,122 वर्ग किमी.

उप-मण्डल : सोनीपत, गोहाना, गन्नौर, खरखौदा
तहसील : सोनीपत, गन्नौर, गोहाना, खरखौदा
उप-तहसील : खानपुर कलां, राई

खण्ड : गन्नौर, खरखौदा, राई, सोनीपत, मुण्डलाना, कथूरा, गोहाना, मुरथल

विधानसभाई क्षेत्र : गन्नौर, खरखोडा (अ.जा.), सोनीपत, राई, बड़ौदा, गोहाना

पर्यटन स्थल : चकौर

जनसंख्या (2011) : 14,50,001

पुरुष : 7,81,299

महिलाएँ : 6,68,702

दशकीय वृद्धि दर : (2001-2011) : 13.35 प्रतिशत

जनसंख्या घनत्व : 683 व्यक्ति प्रति वर्ग किमी.

लिंग अनुपात : 856 महिलाएं (1,000 पुरुषों पर)

साक्षरता दर : 79.1 प्रतिशत

पुरुष : 87.2 प्रतिशत

महिला : 69.8 प्रतिशत

अनुसूचित जाति जनसंख्या (2011) : 2,69,935

पुरुष : 1,44,516

महिला : 1,25,419

नगरीय जनसंख्या (2011) : 30.51 प्रतिशत

प्रमुख नगर : सोनीपत, कबीरपुर, बन्देपुर, सादीपुर, लहरारा, गोहाना, गन्नौर, खारखोदा

नदी : यमुना नदी

प्रमुख उद्योग धन्धे : साइकिल, मशीनी उपकरण, सूती वस्त्र, हौजरी, चीनी, सिलाई मशीन, कालीन, हैण्डलूम वस्त्र, हस्तशिल्प उद्योग, ताबें के बर्तन।

झज्जर

जिले के रूप में विकसित : 15 जुलाई, 1997

मुख्यालय : झज्जर

क्षेत्रफल : 1,834 वर्ग किमी.

उप-मण्डल : झज्जर, बहादुरगढ़, बेरी, बादली

तहसील : झज्जर, बहादुरगढ़, बेरी, मातनहेल, बादली

उप-तहसील : साल्हावास

खण्ड : झज्जर, बहादुरगढ़, बेरी, साल्हावास, मातनहेल, बादली

विधानसभाई क्षेत्र : बेरी, झज्जर (अ.जा.), बादली, बहादुरगढ़

पर्यटन स्थल : ठाकुरद्वारा, रूढ़मल मंदिर

जनसंख्या (2011) : 9,58,405

पुरुष : 5,14,667

महिलाएँ : 4,43,738

दशकीय वृद्धि दर : (2001-2011) : 8.90 प्रतिशत

जनसंख्या घनत्व : 523 व्यक्ति प्रति वर्ग किमी.

लिंग अनुपात : 862 महिलाएं (1,000 पुरुषों पर)

साक्षरता दर : 80.6 प्रतिशत

पुरुष : 89.3 प्रतिशत

महिला : 70.7 प्रतिशत

अनुसूचित जाति जनसंख्या (2011): 1,70,448

पुरुष : 90,856

महिला : 79,592

नगरीय जनसंख्या (2011) : 25.39 प्रतिशत

प्रमुख नगर : परनाला, झज्जर, बहादुरगढ़, हसनपुर, सांखोल, बेरी तथा लाडरावास

प्रमुख उद्योग धन्धे : मशीनी उपकरण, ऑटोमोबाईल पार्ट्स, डीजल इंजन, विद्युत पम्प, कम्प्यूटर स्टेशनरी, सिरेमिक तथा इस्पात पाइप।

फरीदाबाद

जिले के रूप में विकसित : 2 अगस्त, 1979

मुख्यालय : फरीदाबाद

क्षेत्रफल : 743 वर्ग किमी.

उप-मण्डल : फरीदाबाद, बल्लभगढ़, बडकल

तहसील : फरीदाबाद, बल्लभगढ़, बडकल

उप-तहसील : मोहन, तिगांव, धोज, दयालपुर, गौंच्छी

खण्ड : फरीदाबाद, बल्लभगढ़, तिगांव

विधानसभाई क्षेत्र : पृथला, फरीदाबाद नीट, बड़खल, तिगांव, फरीदाबाद, बल्लभगढ़

पर्यटन स्थल : राजा नाहरसिंह का किला (बल्लभगढ़)

जनसंख्या (2011) : 18,09,733

पुरुष : 9,66,110

महिलाएँ : 8,43,623

जनसंख्या के अनुसार क्रम : पहला

दशकीय वृद्धि दर : (2001-2011) : 32.54 प्रतिशत

जनसंख्या घनत्व : 2442 व्यक्ति प्रति वर्ग किमी.

लिंग अनुपात : 873 महिलाएं (1,000 पुरुषों पर)

साक्षरता दर : 81.7 प्रतिशत

पुरुष : 88.6 प्रतिशत

महिला : 73.8 प्रतिशत

अनुसूचित जाति जनसंख्या (2011): 2,23,799

पुरुष : 1,19,495

महिला : 1,04,304

नगरीय जनसंख्या (2011) : 79.44 प्रतिशत

प्रमुख नगर : फरीदाबाद, तिलपत

नदी : यमुना

प्रमुख उद्योग धन्धे : मशीन उपकरण, ट्रैक्टर, मोटर साइकिल, इस्पात, ट्यूब, पावरलूम, रासायनिक पदार्थ तथा औषधि।

गुरुग्राम

जिले के रूप में विकसित : 1 नवम्बर, 1966

मुख्यालय : गुरुग्राम

क्षेत्रफल : 2,714 वर्ग किमी.

उप-मण्डल : गुरुग्राम (उत्तर, दक्षिण एवं पटौदी)

तहसील : गुरुग्राम, पटौदी, सोहना, फरुख नगर, मानेसर

उप-तहसील : वजीराबाद, बदशाहपुर, कड़ीपुर, हरसारू

खण्ड : फरुख नगर, गुरुग्राम, पटौदी, सोहना

विधानसभाई क्षेत्र : सोहना, गुरुग्राम, पटौदी (अ.जा.), बादशाहपुर

पर्यटन स्थल : शामा, सुल्तानपुर पक्षी विहार, माता शीतला देवी मंदिर, सराय अलावर्दी, मस्जिद, सोहना का किला।

जनसंख्या (2011) : 15,14,432

पुरुष : 8,16,690

महिलाएँ : 6,97,742

दशकीय वृद्धि दर : (2001-2011) 73.14 प्रतिशत

जनसंख्या घनत्व : 1204 व्यक्ति प्रति वर्ग किमी.

लिंग अनुपात : 854 महिलाएं (1,000 पुरुषों पर)

साक्षरता दर : 84.7 प्रतिशत

पुरुष : 90.5 प्रतिशत

महिला : 78.0 प्रतिशत

अनुसूचित जाति जनसंख्या (2011) : 1,97,937

पुरुष : 1,04,332

महिला : 93,605

नगरीय जनसंख्या (2011) : 68.82 प्रतिशत

प्रमुख नगर : गुरुग्राम, सिलोखरा, झारसा, सुखराली, हेलीमण्डी, पटौदी

नदी : साहिबी

प्रमुख उद्योग धन्धे : वस्त्र उद्योग, पावरलूम वस्त्र उद्योग, कृषि उपकरण, मारुति कार आदि ।

रेवाड़ी

जिले के रूप में विकसित : 1 नवम्बर, 1989

मुख्यालय : रेवाड़ी

क्षेत्रफल : 1,594 वर्ग किमी.

उप-मण्डल : रेवाड़ी, कोसली, बावल

तहसील : रेवाड़ी, बावल, कोसली

उप-तहसील : धारूहेड़ा, डहीना, मनेठी, नाहड़, पहलावास

खण्ड : रेवाड़ी, खोल स्थित रेवाड़ी, जाटुसाना, बावल, नाहड़, डहीना

विधानसभाई क्षेत्र : कोसली, रेवाड़ी, बावल (अ.जा.)

पर्यटन स्थल : जंगल, बाब्लर, (धारूहेड़ा) सेन्ड पाइपर, रावतेज सिंह तालाब, बागवाला तालाब, रेड मस्जिद, हनुमान मंदिर, घण्टेश्वर मंदिर ।

जनसंख्या (2011) : 9,00,332

पुरुष : 4,74,335

महिलाएँ : 4,25,997

दशकीय वृद्धि दर : (2001-2011) : 17.64 प्रतिशत

जनसंख्या घनत्व : 565 व्यक्ति प्रति वर्ग किमी.

लिंग अनुपात : 898 महिलाएं (1,000 पुरुषों पर)

साक्षरता दर : 81 प्रतिशत

पुरुष : 91.4 प्रतिशत

महिला : 69.6 प्रतिशत

अनुसूचित जाति जनसंख्या (2011) : 1,82,606

पुरुष : 95,571

महिलाएँ : 87,035

नगरीय जनसंख्या (2011) : 25.82 प्रतिशत

प्रमुख नगर : रेवाड़ी, धारूहेड़ा, बावल, रेवाड़ी (ग्रा.)

नदी : साहिबी

प्रमुख उद्योग धन्धे : दाल तथा तेल मिलें, धातु उद्योग ।

महेन्द्रगढ़

जिले के रूप में विकसित : 1 नवम्बर, 1966

मुख्यालय : नारनौल

क्षेत्रफल : 1899 वर्ग किमी.

उप-मण्डल : महेन्द्रगढ़, नारनौल, कनीना

तहसील : महेन्द्रगढ़, नारनौल, नांगल चौधरी, अटेली, कनीना

उप-तहसील : सतनाली

खण्ड : अटेली नांगल, कनीना, महेन्द्रगढ़, नांगल चौधरी, नारनौल, सिहमा, निजामपुर, सतनाली

विधानसभाई क्षेत्र : महेन्द्रगढ़, अटेली, नारनौल, नंगल चौधरी

पर्यटन स्थल : धोसी तीर्थस्थल, माधोवाल मंदिर, चामुण्डा देवी मंदिर, भगवान शिव मंदिर, दरगाह हमजापीर आदि ।

जनसंख्या (2011) : 9,22,088

पुरुष : 4,86,665

महिलाएँ : 4,35,423

दशकीय वृद्धि दर : (2001-2011) : 13.48 प्रतिशत

जनसंख्या घनत्व : 486 व्यक्ति प्रति वर्ग किमी.

लिंग अनुपात : 895 महिलाएं (1,000 पुरुषों पर)

साक्षरता दर : 77.7 प्रतिशत
पुरुष : 89.7 प्रतिशत
महिला : 64.6 प्रतिशत
अनुसूचित जाति जनसंख्या (2011): 1,56,314
पुरुष : 82,420
महिला : 73,894

नगरीय जनसंख्या (2011) : 14.42 प्रतिशत
प्रमुख नगर : महेन्द्रगढ़, फनीना, नारनौल, नंगल चौधरी, अटेली
नदी : दोहन नदी
खनिज : लौह अयस्क, चूना पत्थर, संगमरमर, एस्बेस्टस, स्लेट
प्रमुख उद्योग धन्धे : खनन उद्योग

नूंह

जिले के रूप में विकसित : 4 अप्रैल, 2005
मुख्यालय : नूंह
क्षेत्रफल : 1,874 वर्ग किमी.
उप-मण्डल : फिरोजपुर झिरका, नूंह, पुन्हाना, तावडू
तहसील : फिरोजपुर झिरका, पुन्हाना, नूंह, तावडू
उप-तहसील : नगीना
खण्ड : फिरोजपुर झिरका, पुन्हाना, नगीना, नूंह, तावडू, इन्द्री, पिंगवां
विधानसभाई क्षेत्र : फिरोजपुर झिरका, नूंह, पुन्हाना

जनसंख्या (2011) : 10,89,263
पुरुष : 5,71,162
महिलाएँ : 5,18,101
ग्रामीण जनसंख्या (2011) : 88.61 प्रतिशत
नगरीय जनसंख्या (2011) : 11.38 प्रतिशत
साक्षरता दर : 54.1 प्रतिशत
पुरुष : 69.9 प्रतिशत
महिला : 36.0 प्रतिशत
अनुसूचित जाति जनसंख्या (2011) : 75,251
पुरुष : 39,743
महिला : 35,508

हिसार

जिले के रूप में विकसित : 1 नवम्बर, 1966
मुख्यालय : हिसार
क्षेत्रफल : 3,983 वर्ग किमी.
उप-मण्डल : हिसार, हांसी, बरवाला, नारनौंद
तहसील : हिसार, आदमपुर, हांसी, नारनौंद, बरवाला, बास
उप-तहसील : उकलाना मण्डी, बालसमन्द, खेरी जलान
खण्ड : आदमपुर, बरवाला, हांसी-I, हांसी-II, हिसार-I, हिसार-II, नारनौंद, अग्रोहा, उकलाना,
विधानसभाई क्षेत्र : उकलाना (अ.जा.), नालवा, बरवाला, नारनौंद, हांसी, हिसार, आदमपुर

पर्यटन स्थल : ब्लूबर्ड
विश्वविद्यालय : चौधरी चरणसिंह कृषि विश्व-विद्यालय, गुरु जम्बेश्वर विश्वविद्यालय
राष्ट्रीय संस्थान : राष्ट्रीय अश्व शोध केन्द्र, केन्द्रीय भैंस शोध संस्थान
जनसंख्या (2011) : 17,43,931
पुरुष : 9,31,562, महिलाएँ : 8,12,369
दशकीय वृद्धि दर : (2001-2011) : 13.45 प्रतिशत
जनसंख्या घनत्व : 438 व्यक्ति प्रति वर्ग किमी.
लिंग अनुपात : 872 महिलाएं (1,000 पुरुषों पर)

साक्षरता दर : 72.9 प्रतिशत
पुरुष : 82.2 प्रतिशत
महिलाएँ : 62.3 प्रतिशत
अनुसूचित जाति जनसंख्या (2011): 4,08,785
पुरुष : 2,17,338

महिला : 1,91,447
नगरीय जनसंख्या (2011) : 31.73 प्रतिशत
प्रमुख नगर : नारनौंद, हांसी, हिसार, उलखना मण्डी, बरवाला
प्रमुख उद्योग धन्धे : कृषि यन्त्र, सिलाई मशीन, हैण्डलूम वस्त्र, कपास छंटाई

भिवानी

जिले के रूप में विकसित : 22 दिसम्बर, 1972
मुख्यालय : भिवानी
क्षेत्रफल : 4,778 वर्ग किमी. (चरखी दादरी जिले सहित)
उप-मण्डल : भिवानी, तोशाम, लोहारु, सिवानी
तहसील : भिवानी, बवानी खेड़ा, तोशाम, लोहारु, सिवानी
उप-तहसील : बेहल
खण्ड : भिवानी, बवानी खेड़ा, लोहारु, तोशाम, कैरू, सिवानी, बेहल
पर्यटन स्थल : तोशाम के पंचतीर्थ, रेड-रोबिन, दरांगो
जनसंख्या (2011) : 16,34,445 (चरखी-दादरी जिले की भी जनसंख्या शामिल है)
पुरुष : 8,66,672
महिलाएँ : 7,67,773

दशकीय वृद्धि दर : (2001-2011) : 14.70 प्रतिशत
जनसंख्या घनत्व : 342 व्यक्ति प्रति वर्ग किमी.
लिंग अनुपात : 886 महिलाएं (1,000 पुरुषों पर)
साक्षरता दर : 75.2 प्रतिशत
पुरुष : 85.6 प्रतिशत
महिलाएँ : 63.5 प्रतिशत
अनुसूचित जाति जनसंख्या (2011): 3,41,162
पुरुष : 1,81,475
महिलाएँ : 1,59,687
नगरीय जनसंख्या (2011) : 19.80 प्रतिशत
प्रमुख नगर : भिवानी खेड़ा, भिवानी, तोशाम, सिवानी, लोहारु
प्रमुख उद्योग धन्धे : वस्त्र उद्योग, कपास छंटाई व दबाई, हल्के निर्माण उद्योग, तेल मिल

फतेहाबाद

जिले के रूप में विकसित : 15 जुलाई, 1997
मुख्यालय : फतेहाबाद
क्षेत्रफल : 2,538 वर्ग किमी.
उप-मण्डल : फतेहाबाद, टोहाना, रतिया
तहसील : फतेहाबाद, टोहाना, रतिया
उप-तहसील : भूना, भट्टूकलां, जाखल, कूलां
खण्ड: फतेहाबाद, टोहाना, रतिया, भट्टूकलां, भूना, जाखल, नागपुर

विधानसभाई क्षेत्र : टोहाना, रतिया (अ.जा.), फतेहाबाद
जनसंख्या (2011) : 9,42,011
पुरुष : 4,95,360
महिलाएँ : 4,46,651
दशकीय वृद्धि दर : (2001-2011) : 16.85 प्रतिशत
जनसंख्या घनत्व : 371 व्यक्ति प्रति वर्ग किमी.

लिंग अनुपात : 902 महिलाएं (1,000 पुरुषों पर)
साक्षरता दर : 67.9 प्रतिशत
पुरुष : 76.1 प्रतिशत
महिलाएँ : 58.9 प्रतिशत
अनुसूचित जाति जनसंख्या (2011) : 2,84,357

पुरुष : 1,49,111
महिलाएँ : 1,35,246
नगरीय जनसंख्या (2011) : 19.04 प्रतिशत
प्रमुख नगर : फतेहाबाद, तोहाना, रतिया, जाखल मण्डी
प्रमुख उद्योग धन्धे : सूती धागा

सिरसा

जिले के रूप में विकसित : 26 अगस्त, 1975
मुख्यालय : सिरसा
क्षेत्रफल : 4,277 वर्ग किमी.
उप-मण्डल : सिरसा, डबवाली, ऐलनाबाद, कलांवाली
तहसील : सिरसा, डबवाली, ऐलनाबाद, रानिया, नाथूसारी चौपटा, कलावाली
उप-तहसील : गौरीवाला
खण्ड : डबवाली, बढ़ागुढ़ा, ऐलनाबाद, रानिया, सिरसा, ओढ़ां, नाथूसारी चौपटा
विधानसभाई क्षेत्र : कालांवली (अ.जा.), रानिया, ऐलनाबाद, सिरसा, डबवाली
पर्यटन स्थल : काला तीतर
जनसंख्या (2011) : 12,95,189
पुरुष : 6,82,582
महिलाएँ : 6,12,607

दशकीय वृद्धि दर : (2001-2011) : 15.99 प्रतिशत
जनसंख्या घनत्व : 303 व्यक्ति प्रति वर्ग किमी.
लिंग अनुपात : 897 महिलाएं (1,000 पुरुषों पर)
साक्षरता दर : 68.8 प्रतिशत
पुरुष : 76.4 प्रतिशत
महिला : 60.4 प्रतिशत
अनुसूचित जाति जनसंख्या (2011): 3,87,381
पुरुष : 2,02,430
महिलाएँ : 1,84,951
नगरीय जनसंख्या (2011) : 24.74 प्रतिशत
प्रमुख नगर : कलांवाली, रानिया, सिरसा, मण्डी डबवाली, ऐलनाबाद
नदी : घग्घर नदी
प्रमुख उद्योग धन्धे : कपास छंटाई, कागज उद्योग, पावरलूम

जींद

जिले के रूप में विकसित : 1 नवम्बर, 1966
मुख्यालय : जींद
क्षेत्रफल : 2,702 वर्ग किमी.
उप-मण्डल : जींद, सफीदों, नरवाना, उचाना
तहसील : जींद, सफीदों, नरवाना, जुलाना, उचाना, अलेवा
उप-तहसील : पिल्लूखेड़ा
खण्ड : जींद, जुलाना, पिल्लूखेड़ा, सफीदों,

उचाना, नरवाना, अलेवा
विधानसभाई क्षेत्र : नरवाना (अ.जा.), उचाना कलां, जींद, जुलाना, सफीदों
पर्यटन स्थल : हरियल (नरवाना), बुलबुल (जींद), पाण्डू-पिण्डारा, प्राचीन धर्म स्थल— पुष्कर तीर्थ, बराह, धामतन साहिब, जमनी, हत्केश्वर, हन्सडेसर आदि ।
जनसंख्या (2011) : 13,34,152

पुरुष : 7,13,006
महिलाएँ : 6,21,146
दशकीय वृद्धि दर : (2001-2011):12.13 प्रतिशत
जनसंख्या घनत्व : 494 व्यक्ति प्रति वर्ग किमी.
लिंग अनुपात : 871 महिलाएं (1,000 पुरुषों पर)
साक्षरता दर : 71.4 प्रतिशत
पुरुष : 80.8 प्रतिशत
महिला : 60.8 प्रतिशत

अनुसूचित जाति जनसंख्या (2011): 2,82,351
पुरुष : 1,50,940
महिलाएँ : 1,31,411
नगरीय जनसंख्या (2011) : 22.81 प्रतिशत
प्रमुख नगर : जींद, नरवाना, उचाना, जुलाना, साफीडोंन आदि
प्रमुख उद्योग धन्धे : चीनी, सूती वस्त्र, कपास गिनिंग, इस्पात रिरोलिंग, पावरलूम वस्त्र उद्योग, इस्पात ट्यूब आदि।

पलवल

जिले के रूप में विकसित : 13 अगस्त, 2008
मुख्यालय : पलवल
क्षेत्रफल : 1,368 वर्ग किमी.
उप-मण्डल : पलवल, होडल, हथीन
तहसील : पलवल, होडल, हथीन
उप-तहसील : हसनपुर, बहीन
खण्ड : पलवल, होडल, हसनपुर, हथीन, पृथला, बडोली
विधानसभाई क्षेत्र : हथीन, होडल (अ.जा.), पलवल
जनसंख्या (2011) : 10,42,708
पुरुष : 5,54,497
महिलाएँ : 4,88,211
दशकीय वृद्धि दर : (2001-2011) : 25.76

प्रतिशत
जनसंख्या घनत्व : 762 व्यक्ति प्रति वर्ग किमी.
लिंग अनुपात : 880 महिलाएं (1,000 पुरुषों पर)
साक्षरता दर : 69.3 प्रतिशत
पुरुष : 82.7 प्रतिशत
महिला : 54.2 प्रतिशत
नगरीय जनसंख्या (2011) : 22.64 प्रतिशत
पर्यटन स्थल : पंचवटी मंदिर, दबचिक, सती का स्थान
अनुसूचित जाति जनसंख्या (2011): 2,03,123
पुरुष : 1,07,741
महिलाएँ : 95,382

चरखी दादरी

जिले के रूप में विकसित : 1 दिसम्बर, 2016
मुख्यालय : दादरी
उप मंडल : चरखी दादरी, बादड़ा

तहसील : चरखी दादरी, बादड़ा
उप तहसील : भौंद कला
खण्ड : चरखी दादरी, बादड़ा, भौंद कला, झोंझू

---

4 जनसंख्या
(जनगणना 2011 के अनुसार)

2011 की जनगणना के अनुसार हरियाणा की कुल जनसंख्या 2,53,51,462 है। प्रदेश की कुल जनसंख्या में 1,34,94,734 पुरुष और 1,18,56,728 महिलायें हैं।

प्रदेश में 2011 में जनसंख्या का घनत्व 573 व्यक्ति प्रति कि॰मी॰ हो गया है जबकि 2001 में यह 470 व्यक्ति प्रति कि॰मी॰ था। 2001 में हरियाणा की जनसंख्या 2,11,44,564 थी और 2011 में बढ़कर 2,53,51,462 हो गई। इस प्रकार 2001 और 2011 के बीच राज्य की जनसंख्या में 19.90 प्रतिशत की वृद्धि हुई।

इस प्रदेश की कुल जनसंख्या भारत की कुल जनसंख्या की लगभग 2.09 प्रतिशत है। प्रदेश की लगभग तीन-चौथाई जनसंख्या गाँवों में रहती है। सिरसा क्षेत्रफल की दृष्टि से तथा फरीदाबाद जनसंख्या की दृष्टि से सबसे बड़े ज़िले हैं।

जनगणना 2011 : एक दृष्टि में (अंतिम)
(CENSUS 2011 : AT A GLANCE)

- जनसंख्या : 2,53,51,462
- पुरुष जनसंख्या : 1,34,94,734
- महिला जनसंख्या : 1,18,56,728
- जनसंख्या घनत्व : 573 (प्रति वर्ग किमी.)
- दशकीय वृद्धि दर (2001-2011) : 19.90%
- लिंगानुपात : 879
- साक्षरता दर : 75.6%
- पुरुष साक्षरता : 84.1%
- महिला साक्षरता : 65.9%
- साक्षर (कुल) : 1,65,98,988
- साक्षर पुरुष : 97,94,067
- साक्षर महिला : 68,04,921
- सर्वाधिक जनसंख्या वाला जिला : फरीदाबाद (18,09,733)
- सबसे कम जनसंख्या वाला जिला : पंचकुला (5,61,293)
- दस लाख से अधिक जनसंख्या वाले जिलों की संख्या : 15
- सर्वाधिक दशकीय वृद्धि दर वाला जिला : गुरुग्राम (+73.14)
- सबसे कम दशकीय वृद्धि दर वाला जिला : झज्जर (+8.90)
- सर्वाधिक जनसंख्या घनत्व वाला जिला : फरीदाबाद (2442)
- सबसे कम जनसंख्या घनत्व वाला जिला : सिरसा (303)
- सर्वाधिक लिंगानुपात वाला जिला : नूह (906)
- सबसे कम लिंगानुपात वाला जिला : सोनीपत एवं गुरुग्राम (853)
- सर्वाधिक साक्षरता वाला जिला : गुरुग्राम (84.7%)
- सबसे कम साक्षरता वाला जिला : नूह (54.1%)
- सर्वाधिक पुरुष साक्षरता वाला जिला : रेवाड़ी (91.4%)
- सबसे कम पुरुष साक्षरता वाला जिला : नूह (69.9%)
- सर्वाधिक स्त्री साक्षरता वाला जिला : गुरुग्राम (78.0%)
- सबसे कम स्त्री साक्षरता वाला जिला : नूह (36.6%)

प्रदेश की जिलेवार जनसंख्या (प्रतिशत दशकीय वृद्धि दर, लिंगानुपात एवं जनसंख्या घनत्व)

राज्य/जिला	2011 में जनसंख्या			प्रतिशत दशकीय वृद्धि दर		स्त्री-पुरुष अनुपात		जनसंख्या घनत्व	
	व्यक्ति	पुरुष	स्त्री	1991-01	2001-11	2001	2011	2001	2011
हरियाणा	2,53,51,462	1,34,94,734	1,18,56,728	28.43	19.90	861	879	478	573
पंचकुला	5,61,293	2,99,679	2,61,614	50.91	19.83	823	873	522	625
अम्बाला	11,28,350	5,98,703	5,29,647	25.78	11.23	868	885	644	717
यमुनानगर	12,14,205	6,46,718	5,67,487	29.19	16.57	862	877	589	687
कुरुक्षेत्र	9,64,655	5,10,976	4,53,679	23.32	16.86	866	888	540	630
कैथल	10,74,304	5,71,003	5,03,301	21.02	13.55	853	881	408	464
करनाल	15,05,324	7,97,712	7,07,612	23.06	18.14	865	887	506	597
पानीपत	12,05,437	6,46,857	5,58,580	38.58	24.60	829	864	763	951
सोनीपत	14,50,001	7,81,299	6,68,702	22.39	13.35	839	856	603	683
जींद	13,34,152	7,13,006	6,21,146	21.36	12.13	852	871	440	494
फतेहाबाद	9,42,011	4,95,360	4,46,651	24.76	16.85	884	902	318	371
सिरसा	12,95,189	6,82,582	6,12,607	23.59	15.99	882	897	261	303
हिसार	17,43,931	9,31,562	8,12,369	27.11	13.45	851	872	386	438
भिवानी*	16,34,445	8,66,672	7,67,773	22.49	14.70	879	886	298	342
रोहतक	10,61,204	5,68,479	4,92,725	21.00	12.88	847	867	539	608
झज्जर	9,58,405	5,14,667	4,43,738	23.06	8.90	847	862	480	523
महेन्द्रगढ़	9,22,088	4,86,665	4,35,423	19.16	13.48	918	895	428	486
रेवाड़ी	9,00,332	4,74,335	4,25,997	25.34	17.64	899	898	480	565
गुरुग्राम	15,14,432	8,16,690	6,97,742	44.15	73.14	850	854	717	1204
नूह	10,89,263	5,71,162	5,18,101	45.67	38.65	899	907	526	723
फरीदाबाद	18,09,733	9,66,110	8,43,623	58.88	32.54	826	873	1744	2442
पलवल	10,42,708	5,54,497	4,88,211	34.21	25.76	862	880	606	767

* चरखी दादरी जिले के आंकड़े भी शामिल हैं।

हरियाणा : जिलेवार धर्मानुसार जनसंख्या (2011)

जिला	हिन्दू	सिख	मुस्लिम	अन्य धर्म	जोड़
अम्बाला	9,55,096	1,38,202	22,143	12,909	11,28,350
पंचकुला	4,90,702	40,951	23,451	6,189	5,61,293
यमुनानगर	9,84,929	84,455	1,38,569	6,252	12,14,205
कुरुक्षेत्र	8,05,175	1,40,395	15,970	3,115	9,64,655
कैथल	9,74,520	87,558	8,232	3,994	10,74,304
करनाल	13,41,002	1,26,207	31,650	6,462	15,05,324
पानीपत	10,83,936	25,064	86,622	9,815	12,05,437

जिला	हिन्दू	सिख	मुस्लिम	अन्य धर्म	जोड़
सोनीपत	13,90,149	4,484	45,100	10,268	14,50,001
रोहतक	10,43,887	3,916	8,185	5,216	10,61,204
झज्जर	9,45,693	1,042	8,247	3,423	9,58,405
फरीदाबाद	15,88,407	34,572	1,61,680	25,074	18,09,733
पलवल	8,26,342	3,971	2,08,566	3,829	10,42,708
गुरुग्राम	14,08,801	15,097	70,842	19,692	15,14,432
नूंह	2,21,846	592	8,62,647	4,178	10,89,263
रेवाड़ी	8,89,133	1,804	5,713	3,682	9,00,332
महेन्द्रगढ़	9,13,251	1,737	5,660	1,440	9,22,088
भिवानी	16,11,031	2,401	15,515	5,498	16,34,445
जींद	12,76,669	29,103	23,016	5,364	13,34,152
हिसार	17,01,061	12,270	21,650	8,950	17,43,931
फतेहाबाद	7,79,243	1,50,969	8,360	3,439	9,42,011
सिरसा	9,40,255	3,38,962	9,524	6,448	12,95,189
जोड़	2,21,71,128	12,43,752	17,81,342	1,55,240	2,53,51,462

हरियाणा : अनुसूचित जातियों की संख्या (2011)

क्र॰	जिला	कुल	पुरुष	स्त्रियां
1.	पंचकुला	101830	53868	47962
2.	अम्बाला	296246	156874	139372
3.	यमुनानगर	306743	163200	143543
4.	कुरुक्षेत्र	215128	113311	101817
5.	कैथल	247513	131486	116027
6.	करनाल	339604	179681	159923
7.	पानीपत	206213	109695	96518
8.	सोनीपत	269935	144516	125419
9.	जिंद	282351	150940	131411
10.	सिरसा	387381	202430	184951
11.	हिसार	408785	217338	191447
12.	भिवानी*	341162	181475	159687
13.	रोहतक	216889	115573	101316
14.	झज्जर	170448	90856	79592
15.	महेंद्रगढ़	156314	82420	73894

* चरखी दादरी जिले के आंकड़े भी शामिल हैं।

क्र.	जिला	कुल	पुरुष	स्त्रियां
16.	रेवाड़ी	182606	95571	87035
17.	गुरुग्राम	197937	104332	93605
18.	नूंह	75251	39743	35508
19.	फरीदाबाद	223799	119495	104304
20.	पलवल	203123	107741	95382
21.	फतेहाबाद	284357	149111	135246
	कुल	5113615	2709656	2403959

हरियाणा : ग्रामीण तथा नगरीय जनसंख्या : 2011

जिला	ग्रामीण			नगरीय		
	कुल	पुरुष	स्त्रियां	कुल	पुरुष	स्त्रियां
1. पंचकुला	248063	133153	114910	313230	166526	146704
2. अम्बाला	627576	331703	295873	500774	267000	233774
3. यमुनानगर	741376	393957	347419	472829	252761	220068
4. कुरुक्षेत्र	685430	361020	324410	279225	149956	129269
5. कैथल	838293	445931	392362	236011	125072	110939
6. करनाल	1050514	557110	493404	454810	240602	214208
7. पानीपत	650352	349642	300710	555085	297215	257870
8. सोनीपत	996637	538750	457887	453364	242549	210815
9. जींद	1028569	550519	478050	305583	162487	143096
10. फतेहाबाद	762423	400814	361609	179588	94546	85042
11. सिरसा	975941	514177	461764	319248	168405	150843
12. हिसार	1190443	634139	556304	553488	297423	256065
13. भिवानी*	1313123	696212	616911	321322	170460	150862
14. रोहतक	615040	332034	283006	446164	236445	209719
15. झज्जर	715066	384219	330847	243339	130448	112891
16. महेन्द्रगढ़	789233	416358	372875	132855	70307	62548
17. रिवाड़ी	666902	349710	317192	233430	124625	108805
18. गुरुग्राम	472179	251462	220717	1042253	565228	477025
19. नूंह	965157	506086	459071	124106	65076	59030
20. फरीदाबाद	370878	198103	172775	1438855	768007	670848
21. पलवल	806164	428907	377257	236544	125590	110954
हरियाणा	16509359	8774006	7735353	8842103	4720728	4121375

* चरखी दादरी जिले के आंकड़े भी शामिल हैं।

---

5. भौगोलिक स्थिति

हरियाणा प्रदेश का कुल क्षेत्रफल 44,212 वर्ग कि॰मी॰ है। नवगठित हरियाणा में पुराने संयुक्त पंजाब राज्य का 35.18 प्रतिशत भाग आया है। यह प्रदेश क्षेत्रफल की दृष्टि से केरल, त्रिपुरा, मेघालय, गोवा, नगालैंड, मिजोरम, सिक्किम और मणिपुर को छोड़कर भारत के शेष राज्यों से छोटा है। इस प्रदेश की आबादी हिमाचल प्रदेश और जम्मू-कश्मीर से अधिक है।

हरियाणा के जिलों का क्षेत्रफल एवं मुख्यालय

जिला	क्षेत्रफल (वर्ग किमी)	मुख्यालय	जिला	क्षेत्रफल (वर्ग किमी)	मुख्यालय
अम्बाला	1,574	अम्बाला	महेन्द्र गढ़	1,899	नारनौल
भिवानी*	4,778	भिवानी	रोहतक	1,745	रोहतक
फरीदाबाद	741	फरीदाबाद	सिरसा	4,277	सिरसा
फतेहाबाद	2,538	फतेहाबाद	सोनीपत	2,122	सोनीपत
गुरुग्राम	1,258	गुरुग्राम	कैथल	2,317	कैथल
हिसार	3,983	हिसार	पानीपत	1,268	पानीपत
झज्जर	1,834	झज्जर	पंचकुला	898	पंचकुला
जींद	2,702	जींद	रेवाड़ी	1,594	रेवाड़ी
करनाल	2,520	करनाल	यमुनानगर	1,768	यमुनानगर
कुरुक्षेत्र	1,530	कुरुक्षेत्र	पलवल	1,359	पलवल
नूंह	1,507	नूंह	चरखी दादरी	—	चरखी दादरी

* चरखी दादरी जिले का क्षेत्रफल भी शामिल हैं।

प्राकृतिक रूपरेखा

हरियाणा प्रदेश भारत के उत्तर-पश्चिम में 27°39' से 30°55' उत्तर अक्षांश और 74°28' से 77°36' पूर्व रेखांश के बीच में स्थित है। पूर्वी हरियाणा और उत्तर प्रदेश की सीमा पर यमुना नदी बहती है। हरियाणा के उत्तर में शिवालिक पर्वतमाला और हिमाचल प्रदेश है तथा इसके पश्चिम में पंजाब है। दक्षिण में अरावली की पहाड़ियाँ और राजस्थान का रेगिस्तान है इसकी जनसंख्या 2 करोड़ 53 लाख से अधिक है। भारतीय उपमहाद्वीप में हरियाणा की भौगोलिक स्थिति तथा थार रेगिस्तान में ऊपरी वायु उच्चताप के निकट होने के कारण हरियाणा में वर्षा के परिणाम पर काफी असर पड़ता है। इसके कारण प्रदेश के विभिन्न स्थानों में वर्षा कम होती है। हरियाणा का मैदानी भाग समुद्रतल से 700 से 900 फीट ऊँचा है। हरियाणा को चार प्राकृतिक भागों में बाँटा जा सकता है:

1. शिवालिक का पहाड़ी क्षेत्र
2. मैदानी क्षेत्र
3. रेतीला क्षेत्र
4. अरावली की पहाड़ियों का शुष्क मैदानी भूखण्ड

1. *शिवालिक का पहाड़ी क्षेत्र:* शिवालिक पर्वत की श्रेणियाँ हरियाणा राज्य के उत्तरी-पूर्वी भाग में स्थित हैं। ये पहाड़ियाँ अधिक ऊँची नहीं हैं, इन पर्वत श्रेणियों की ऊँचाई 900 मीटर से लेकर 2300 मीटर तक है। इन पहाड़ियों से घग्घर, टांगरी, मारकण्डा तथा सरस्वती नदियां निकलती हैं। इन पहाड़ियों पर ऊँचे-ऊँचे वृक्ष पाये जाते हैं। इस भाग में चूने का पत्थर भी मिलता है जो सीमेण्ट बनाने के काम आता है।

2. *मैदानी क्षेत्र:* मैदानी क्षेत्र प्रदेश का सबसे बड़ा भाग है। यह उत्तर से दक्षिण तक फैला हुआ है। इस भाग में गर्मियों में अधिक गर्मी तथा सर्दियों में अधिक सर्दी पड़ती है। यहाँ वर्षा भी अच्छी होती है। इसीलिए मैदान क्षेत्र में शीशम, पीपल, बड़, आम, नीम तथा जामुन के वृक्ष पाये जाते हैं। इसी भाग में वीवीपुर तथा नजफगढ़ की प्रसिद्ध झीलें स्थित हैं।

3. *रेतीला क्षेत्र:* हरियाणा का पश्चिमी भाग, जो राजस्थान से लगा हुआ है, रेतीला है। इस भाग में जगह-जगह रेत के छोटे-छोटे टीले पाये जाते हैं जिन्हें टिब्बे कहते हैं। यहाँ पर तेज और गर्म हवाएँ चलती हैं। वर्षा कम होती है, इसलिए कीकर, कैर, थोर आदि के वृक्ष तथा काँटेदार झाड़ियाँ पाई जाती हैं जो जलाने के काम आती हैं। महेन्द्रगढ़, भिवानी, सिरसा तथा हिसार जिले के भाग रेतीले हैं।

4. *अरावली की पहाड़ियों का शुष्क मैदानी भूखण्ड:* हरियाणा में स्थित अरावली की शुष्क पहाड़ियाँ यहाँ के दक्षिण में स्थित हैं। ये राजस्थान में स्थित अरावली का ही हिस्सा है। प्रदेश का यह भाग ऊँचा-नीचा व कटा-फटा है। इन पहाड़ियों से चूना तथा स्लेट का पत्थर निकाला जाता है। यहाँ वर्षा कम होती है इसलिए यहाँ कांटेदार झाड़ियाँ तथा कांटेदार वृक्ष पाये जाते हैं। हरियाणा में नूंह जिले में अरावली की पहाड़ियाँ स्थित हैं।

जलवायु

हरियाणा की जलवायु भी उत्तर भारत के अन्य प्रदेशों जैसी ही है। यहाँ गर्मियों में अधिक गर्मी तथा सर्दियों में अधिक सर्दी पड़ती है। मई-जून के महीने में तापमान 50°C और जनवरी माह में तापमान 0°C तक पहुँच जाता है। इस प्रदेश में वर्षा कम और अनिश्चित होती है। प्रदेश की शिवालिक घाटियों में अधिकतम वर्षा 216 सेमी. और दक्षिण क्षेत्र में 25 से 28 सेमी. तक रिकार्ड की गई है।

वर्षा

हरियाणा में वर्षा कम होती है। यहाँ वर्षा प्रमुख रूप से दो मौसमों में होती है– (1) मानसून अवधि में जून से सितम्बर तक तथा (2) जाड़े की ऋतु में दिसम्बर से फरवरी तक। मानसून अवधि की वर्षा जाड़े की ऋतु की वर्षा से अधिक होती है। मानसून अवधि में वर्षा खरीफ की फसल के लिए आवश्यक है तथा जाड़े की ऋतु की वर्षा-यद्यपि थोड़ी ही होती

है लेकिन रबी की फसल के लिए अधिक लाभकारी है। सम्पूर्ण प्रदेश में वर्षा का वार्षिक औसत 45 सेमी० है।

हरियाणा में अम्बाला, कुरुक्षेत्र, यमुनानगर, करनाल, जीन्द, पानीपत, गुरुग्राम, रोहतक, सोनीपत व फरीदाबाद क्षेत्र हरे-भरे क्षेत्र कहलाते हैं।

प्रदेश के उत्तरी-पूर्वी भाग अम्बाला, यमुनानगर, कुरुक्षेत्र, कैथल, करनाल, जीन्द, सोनीपत और पानीपत जिलों में वर्षा अधिक होती है।

प्रदेश के दक्षिण-पश्चिमी भाग सिरसा, हिसार, भिवानी, रिवाड़ी, रोहतक, फरीदाबाद, गुरुग्राम और महेन्द्रगढ़ जिलों में कम वर्षा होती है।

मिट्टी

हरियाणा की कृषि की उपज, कृषि कार्य योग्य मिट्टी, जलवायु व सिंचाई पर निर्भर है। इस प्रदेश में पहाड़ी क्षेत्र सीमित हैं। प्रदेश का अधिकतर भाग मैदानी है। मैदानों की मिट्टी नदियों द्वारा बहाकर लाई हुई मिट्टी है। यह मिट्टी कृषि-कार्य हेतु उत्तम और उपजाऊ है।

हरियाणा की भूमि को तीन भागों में बाँटा जा सकता है– पहाड़ी, मैदानी व रेतीली। इसी कारण यहाँ अनेक प्रकार की मिट्टियाँ पाई जाती हैं। पहाड़ी क्षेत्र की मिट्टी पथरीली है। इस प्रकार की मिट्टी मोरनी की पहाड़ियों पर देखी जा सकती है। मैदानी भाग की मिट्टी उपजाऊ है। यहाँ की मिट्टी पीले भूरे रंग की है। इसे यमुना, सरस्वती आदि नदियों ने लाकर यहाँ बिछाया है। इस मिट्टी में अनेक प्रकार की फसलें उगाई जाती हैं। प्रदेश के दक्षिण-पश्चिमी भाग में दूर-दूर तक रेतीली मिट्टी फैली हुई है। यहाँ की मिट्टी का रंग हल्का भूरा है। इस प्रकार की मिट्टी को पड़ोसी राज्य राजस्थान से चलने वाली हवायें हरियाणा के इस क्षेत्र में लाती हैं। यह मिट्टी उपजाऊ नहीं है।

प्रदेश के पहाड़ी क्षेत्रों में मिट्टी पतली और कठोर है। कॉप मिट्टी केवल नदियों की घाटियों में मिलती है। जिन क्षेत्रों में यमुना व घग्घर नदी की बाढ़ का पानी फैल जाता है, उनमें बारीक कणों वाली उपजाऊ मिट्टी मिलती है।

प्रदेश के यमुनानगर जिले में कई प्रकार की मिट्टी पाई जाती है। उदासीन प्रतिक्रिया वाली मिट्टी भी यहाँ पाई जाती है जिसमें नाइट्रोजन तथा फास्फोरस की कमी होती है।

प्रदेश की प्रमुख नदियाँ

हरियाणा में प्रमुख रूप से आठ नदियाँ हैं–

1. यमुना नदी
2. घग्घर नदी
3. सरस्वती नदी
4. दोहन नदी
5. टांगरी नदी
6. कृष्णावती नदी
7. साहिबी नदी
8. मारकण्डा नदी

उपरोक्त नदियों में यमुना और घग्घर इस प्रदेश की दो प्रमुख नदियाँ हैं। यमुना पूर्वी सीमा पर स्थित है। इस नदी से नहरें निकाली गई हैं जिनसे इस प्रदेश में सिंचाई की जाती

है। मारकण्डा, टांगरी, सरस्वती और घग्घर नदियाँ शिवालिक की पहाड़ियों से निकलती हैं। टांगरी मुलाना के समीप मारकण्डा नदी में मिलती है। मारकण्डा नदी टिथाना के समीप घग्घर नदी में मिलती है। इन सब नदियों का जल लेकर घग्घर नदी राजस्थान की ओर बढ़ती है किन्तु सिरसा जिले के ओटू नामक स्थान पर रेत में लुप्त होने लगती है। राजस्थान में स्थित अरावली की पहाड़ियों से साहिबी नदी निकल कर इस प्रदेश के दक्षिण भाग में बहती है। वहाँ के रेतीले भाग में इस नदी का जल कम हो जाता है। आगे यह एक नाले के रूप में नजफगढ़ झील में गिरती है। अन्य नदियाँ अधिकतर सूखी रहती हैं इनमें से दोहन तथा कृष्णावती मुख्य हैं। ये प्रदेश के दक्षिणी भाग में केवल वर्षा ऋतु में बहती हैं।

प्रदेश की प्रमुख नहरें

1. पश्चिमी व पूर्वी यमुना नहर—हरियाणा की सबसे प्राचीन व प्रमुख नहर पश्चिमी यमुना नहर है। यह नहर जगाधरी पोंटा सड़क पर स्थित ताजेवाला नामक स्थान से यमुना नदी से निकलती है। यहीं से पूर्वी यमुना नहर भी निकलती है। पश्चिमी यमुना नहर की अन्य छोटी-छोटी शाखाएँ भी हैं। इन नहरों से करनाल, पानीपत, सोनीपत, जीन्द व रोहतक जिलों में सिंचाई की जाती है।

2. गुड़गाँव नहर—यह प्रदेश की दूसरी प्रमुख नहर है। गुड़गाँव नहर दिल्ली में ओखला नामक स्थान से यमुना नदी से निकाली गई है। इस नहर के द्वारा गुरुग्राम व फरीदाबाद जिलों में सिंचाई की जाती है।

3. भाखड़ा नहर—यह हरियाणा की प्रमुख नहर है। यह नहर नंगल के समीप सतलुज से निकाली गई है। सिरसा, रोहतक व हिसार जिलों में भाखड़ा नहर द्वारा सिंचाई की जाती है।

4. जवाहर लाल नहर—हरियाणा की यह नहर भाखड़ा नहर से निकाली गई है। यह एक छोटी सी नहर है। इस नहर के द्वारा महेन्द्रगढ़ जिले में सिंचाई का कार्य किया जाता है।

5. भिवानी नहर—प्रदेश की यह नहर भी एक छोटी नहर है, यह भी भाखड़ा नहर से निकलती है। इस नहर के द्वारा भिवानी जिले में सिंचाई कार्य किया जाता है।

प्रदेश की प्रमुख झीलें

प्रदेश में कई झीलें हैं जो यहाँ के प्राकृतिक सौन्दर्य को बढ़ाती हैं। इनमें चार प्रमुख झीलें—दमदमा झील, खलीलपुर झील, सुल्तानपुर झील, कोटला झील, जिला गुरुग्राम में स्थित हैं। सुल्तानपुर झील जो कि फरुखनगर खण्ड में स्थित है, में प्रवासी पक्षी आदि पहुँचते हैं, जिनको दूर-दूर से सैलानी देखने आते हैं।

प्रदेश की एक प्रसिद्ध झील बड़खल झील है, जो कि जिला फरीदाबाद के पश्चिम में फैले विशाल चट्टानी क्षेत्र के मध्य स्थित है और दिल्ली से लगभग 31 कि॰मी॰ तथा दिल्ली-मथुरा राष्ट्रीय राजमार्ग से मात्र 3 कि॰मी॰ की दूरी पर स्थित है। वर्ष 1947 में सिंचाई परियोजना के अन्तर्गत इसका निर्माण किया गया था। जिसका उद्देश्य भूमि के कटाव को रोकना था। दो छोटी पहाड़ियों को जोड़कर 644.5 मीटर लम्बा और 6 मीटर चौड़ा बाँध बना कर इसमें बाढ़ के पानी को रोकने की व्यवस्था की गई। इस प्रकार यह झील देश-विदेश से आने वाले पर्यटकों के लिए आकर्षण का केन्द्र बन गई।

कृषि

हरियाणा ने पिछले कुछ वर्षों के दौरान कृषि क्षेत्र में अभूतपूर्व प्रगति की है। कृषि अर्थव्यवस्था अब निर्वाह की अवस्था से विकसित होकर विपुलता की सीमा तक पहुँच चुकी है। खाद्यान्न उत्पादन में हुई वृद्धि का प्रमुख कारण किसानों द्वारा अपने खेत में तकनीक, संतुलित खाद तथा कीटनाशकों का प्रयोग करना तो है ही साथ ही हरियाणा कृषि विश्वविद्यालय द्वारा विकसित अधिक पैदावार देने वाले बीजों, मार्गदर्शन सुविधाओं तथा खेती के आधुनिक ढंगों को अपनाया जाना हरित क्रान्ति को बढ़ावा देने के प्रमुख पहलू रहे हैं।

हरियाणा की 65 प्रतिशत से अधिक जनसंख्या की जीविका का आधार कृषि है और राज्य के सकल घरेलू उत्पाद में कृषि का योगदान 17.7 प्रतिशत (2017-18) है।

कुल कृषि क्षेत्रफल 1966-67 के 45.99 लाख हेक्टेयर से बढ़कर 2017-18 में 65.78 लाख हेक्टेयर हो गया।

प्रमुख फसलों का उत्पादन क्षेत्रफल (000 हेक्टेयर)

वर्ष	गेहूँ	चावल	गन्ना	कपास	तिलहन	कुल बुवाई का क्षेत्र
1966-67	743	192	150	183	212	4599
1970-71	1129	269	156	193	143	4957
1980-81	1479	484	113	316	311	5462
1990-91	1850	661	148	491	489	5919
2000-01	2355	1054	143	555	414	6115
2005-06	2303	1047	129	584	736	6509
2010-11	2504	1243	85	493	515	6499
2011-12	2531	1234	95	602	546	6489
2012-13	2497	1206	101	593	568	6376
2013-14	2499	1245	101	568	549	6471
2014-15	2601	1287	97	648	510	6471
2015-16	2576	1354	93	615	526	6502
2016-17	2558	1386	102	570	528	6502
2017-18 (अ)	2530	1422	114	699	599	6578

अःअंतरिम

प्रदेश की प्रमुख फसलें

रबी की फसलें

गेहूँ, चना, मटर, जौ, सरसों इत्यादि रबी की प्रमुख फसलें हैं। ये फसलें सर्दी आरम्भ होने पर लगभग अक्टूबर-नवम्बर में बोई जाती हैं। गर्मी के आरम्भ होने पर लगभग अप्रैल-मई में काट ली जाती हैं। ये सर्दी के मौसम की फसलें हैं। ग्रामीण भाषा में इसे आषाढ़ी फसलें कहा जाता है। सरकारी कार्यालयों में इसे रबी की फसल के नाम से पुकारा जाता है।

खरीफ की फसलें

चावल, मक्का, बाजरा व कपास की फसलें जुलाई के आरम्भ में बोई जाती हैं और लगभग सितम्बर के अन्त में काट ली जाती हैं। इस प्रकार ये फसलें वर्षा आरम्भ होने पर बोई जाती हैं तथा सर्दी के आने तक काट ली जाती हैं। ये सावनी फसल के नाम से जानी जाती हैं। सरकारी कार्यालयों में इन्हें खरीफ की फसलें कहते हैं।

हरियाणा की प्रमुख खाद्यान्न उपज गेहूँ, चना, जौ, चावल, बाजरा, ज्वार व मक्का हैं। प्रदेश की प्रमुख व्यवसायिक उपज गन्ना व कपास हैं। प्रदेश की प्रमुख फसलों का जिलेवार विवरण निम्न प्रकार है—

जिले की प्रमुख फसलें	
सिरसा	– कपास, धान, गेहूँ, चना व सरसों।
अम्बाला	– गेहूँ, धान, मक्का व गन्ना।
सोनीपत	– गेहूँ व धान, अन्य–गन्ना, ज्वार, बाजरा, दलहन, तिलहन, सूरजमुखी व खुम्बी।
यमुनानगर	– गेहूँ, गन्ना, चना, मक्का, धान व सूरजमुखी।
रोहतक	– बाजरा, ज्वार, गन्ना, गेहूँ, कपास, जौ व चना।
गुरुग्राम	– बाजरा, ज्वार, गेहूँ, जौ व चना।
कुरुक्षेत्र	– गेहूँ, धान व गन्ना।
फरीदाबाद	– गेहूँ, बाजरा व सरसों।
करनाल	– धान, गन्ना, सूरजमुखी।
कैथल	– गेहूँ व धान।
जींद	– धान, बाजरा, ज्वार, दलहन, कपास, गन्ना, तिलहन, गेहूँ, चना, जौ।
पानीपत	– गेहूँ व धान।
महेन्द्रगढ़	– सरसों, गेहूँ, चना, बाजरा, सूरजमुखी।
रेवाड़ी	– गेहूँ, चावल, गन्ना।
झज्जर	– चना, गेहूँ व चावल।
फतेहाबाद	– गेहूँ, चना व चावल।
पंचकुला	– चावल, गेहूँ व चना।
हिसार	– कपास, बाजरा, मक्का, धान, गेहूँ, चना, सरसों, सूरजमुखी, सोयाबीन, तिलहन, दलहन।

कृषि उत्पादन : हरियाणा का कुल खाद्यान्न उत्पादन वर्ष 1970-71 के 47.71 लाख टन से बढ़कर 2017-18 में 180.32 लाख टन हो गया। गेहूँ और चावल हरियाणा के कृषि उत्पादन में महत्त्वपूर्ण भूमिका निभाते हैं। चावल का उत्पादन जो कि वर्ष 1970-71 में 4.60 लाख टन था 2017-18 में बढ़कर 48.80 लाख टन हो गया। इसी प्रकार गेहूँ का उत्पादन वर्ष 1970-71 के 23.42 लाख टन से बढ़कर 2017-18 में 122.63 लाख टन हो गया। इसी प्रकार अन्य फसलों के उत्पादन में भी तेजी से वृद्धि हुई है।

प्रमुख फसलों का उत्पादन (000 टन)

वर्ष	कुल खाद्यान्न	गेहूँ	चावल	तिलहन	कपास ('000' Bales)	गन्ना
1966-67	2592	1059	223	92	288	5100
1970-71	4771	2342	460	99	373	7070
1980-81	6036	3490	1259	188	643	4600
1990-91	9559	6436	1834	638	1155	7800
2000-01	13295	9669	2695	563	1383	8170
2005-06	13006	8853	3194	830	1502	8310
2010-11	16568	11578	3465	965	1747	6042
2011-12	18370	13119	3757	758	2616	6953
2012-13	16150	11117	3941	968	2378	7500
2013-14	16973	11800	4041	900	2025	7427
2014-15	15236	10354	4006	743	1943	7169
2015-16	16293	11352	4145	855	993	7169
2016-17	18000	12384	4453	965	2041	8223
2017-18 (अ)	18032	12263	4880	1121	1626	9633

अःअंतरिम

कृषि संबंधी महत्त्वपूर्ण तथ्य

1. सोनीपत खुम्बी की फसल के उत्पादन में देश भर में अग्रणी है।
2. हरियाणा की कुल आय का 17.7 प्रतिशत भाग कृषि और इसके संबंधित क्षेत्रों से प्राप्त होता है। यहाँ के करनाल जिले को धान का कटोरा नाम से भी जाना जाता है।
3. बासमती चावल के निर्यात में हरियाणा का देश में प्रथम स्थान है।
4. हरियाणा में वर्ष 2004 से राष्ट्रीय कृषि बीमा योजना लागू कर दी गई है।
5. राज्य में किसानों की समस्याओं के निपटारे के लिए प्रत्येक जिले में 'किसान क्लब' की स्थापना की गई है।
6. हरियाणा में किसानों को सम्मानित करने के लिए राज्य और जिला स्तर पर 'किसान पुरस्कार' की स्थापना की गई है। राज्य स्तर के पुरस्कार में 1 लाख और जिले स्तर के पुरस्कार में 25,000 रुपए प्रदान किए जाते हैं।
7. भारत में गेहूँ का सर्वाधिक उत्पादन उत्तर प्रदेश में होता है। दूसरे व तीसरे स्थान पर क्रमशः पंजाब व हरियाणा हैं।
8. हरियाणा को धान की शानदार खेती के लिए वर्ष 2016 में केंद्र सरकार का कृषि कर्मण पुरस्कार प्राप्त हुआ था।

<table><tr><td>**7**</td><td># सिंचाई एवं विभिन्न परियोजनाएं</td></tr></table>

हरियाणा एक कृषि प्रधान देश है और कृषि के लिए पानी की बहुत आवश्यकता होती है। पानी की आवश्यकता वर्षा से पूरी होती है परन्तु वर्षा के अतिरिक्त अन्य तरीकों से भी कृषि के लिए पानी की आवश्यकता को पूरा किया जाता है। हरियाणा में वर्षा बहुत कम होती है, वर्षा अधिकतर समय पर नहीं होती तथा कभी-कभी सूखा भी पड़ जाता है। वर्षा की कमी को पूरा करने के लिए हम सिंचाई के अनेक साधन अपनाते हैं। राज्य में खेती के लगभग 75 प्रतिशत भाग पर सिंचाई की सुविधाएं उपलब्ध हैं। कुल सिंचित भूमि का 48.36% नहरों द्वारा, लगभग 50% नलकूपों द्वारा और शेष अन्य साधनों द्वारा सींचा जाता है। राज्य में कुल सिंचित निबल क्षेत्र, 3 हजार हेक्टेयर से ज्यादा पहुँच गया है। हरियाणा में सिंचाई के प्रमुख साधन नहरें, कुएँ व नलकूप हैं। प्रदेश के विभिन्न भागों में सिंचाई के भिन्न–भिन्न साधन हैं–

1. उत्तर-पूर्वी भाग में सिंचाई के साधन–हरियाणा के उत्तरी-पूर्वी भाग में शिवालिक की पहाड़ियों की तलहटी का क्षेत्र अम्बाला जिले में है। यहाँ पर वर्षा काफी मात्रा में होती है। यहाँ का मैदानी भाग काफी उपजाऊ क्षेत्र है। यहाँ पर मक्का व चावल की फसल प्रमुख रूप से उगाई जाती है। यहाँ का सिंचाई का प्रमुख साधन वर्षा है। नंगल उठान सिंचाई परियोजना के बन जाने से जिला अम्बाला में नहरी सिंचाई सुविधा उपलब्ध हुई है। इस सिंचाई परियोजना से 75 गांवों की 45,500 एकड़ भूमि को सिंचाई सुविधा उपलब्ध हुई है।

2. मध्यवर्ती भाग में सिंचाई के साधन–हरियाणा का मध्यवर्ती भाग कुरुक्षेत्र, करनाल, जीन्द, रोहतक, पानीपत व सोनीपत जिले का है। इन भागों में वर्षा कुछ अच्छी होती है जिससे इन भागों में मक्का व चावल की फसल आसानी से उगाई जाती है। रबी की फसल की सिंचाई कुएँ, नलकूप या नहरों की सहायता से की जाती है। अतः इस क्षेत्र में सिंचाई के मुख्य साधन वर्षा, नलकूप व नहरें हैं।

3. दक्षिणी पूर्वी भाग में सिंचाई के साधन–प्रदेश का यह भाग गुरुग्राम व फरीदाबाद जिले का है। इस क्षेत्र में वर्षा बहुत कम होती है। अतः यहाँ की मुख्य फसलें मक्का, ज्वार, बाजरा, जौ, गेहूँ, चना है। जिनकी सिंचाई नलकूप व नहरों की सहायता से की जाती है।

4. रेतीले भाग में सिंचाई के साधन–प्रदेश का रेतीला भाग हिसार, सिरसा, महेन्द्रगढ़ व भिवानी जिले का है। यहाँ पर वर्षा न के बराबर होती है। यहाँ के किसान ऊँटों की सहायता से खेती करते हैं। यहाँ की मुख्य फसलें ज्वार, बाजरा, चना, मक्का व गेहूँ है। इन फसलों की सिंचाई नलकूप की सहायता से फौव्वारों द्वारा की जाती है।

प्रदेश की प्रमुख सिंचाई परियोजनाएँ

- नंगल उठान सिंचाई परियोजना
- हथनी कुण्ड बैराज परियोजना

- जे.एल.एन. उठान सिंचाई परियोजना
- नखाना की सिंचाई परियोजना
- जवाहरलाल नेहरु सिंचाई योजना
- लोहारू लिफ्ट सिंचाई योजना
- झज्जर उत्थान सिंचाई योजना
- सांगा उत्थान सिंचाई योजना
- पश्चिमी यमुना नहर योजना
- गुई लिफ्ट सिंचाई योजना
- सेवानी लिफ्ट सिंचाई योजना

सिंचाई संबंधी प्रमुख तथ्य

- हरियाणा में सिंचाई के प्रमुख साधन नहरें, कुएँ व नलकूप हैं।
- हरियाणा में लगभग 3000 हजार हैक्टेयर भूमि में सिंचाई की सुविधाएँ हैं।
- हरियाणा को मुख्यतः पश्चिमी यमुना नहर और भाखड़ा नहर प्रणाली से सिंचाई के लिए पानी मिलता है।
- हरियाणा में कुल सिंचित भूमि का 48.36% नहरों द्वारा, 50% नलकूपों द्वारा और शेष अन्य साधनों द्वारा सींचा जाता है।
- हरियाणा की सबसे लम्बी सिंचाई योजना पश्चिमी यमुना नहर योजना है।
- हरियाणा की प्रमुख नहर प्रणालियाँ हैं–पश्चिमी यमुना नहर, भाखड़ा नहर प्रणाली और गुड़गाँव नहर।
- हथिनी कुंड बैराज परियोजना हरियाणा के यमुनानगर जिले में स्थित है।
- लिफ्ट सिंचाई स्कीमें शुरू करने में हरियाणा का एशिया में प्रथम स्थान है। प्रदेश ने यह कीर्तिमान अपने अस्तित्व में आने के पहले दशक में ही स्थापित कर दिया था।
- लिफ्ट सिंचाई योजना का अर्थ है–पानी को निचले स्तर से ऊपर और शुष्क ढलानों पर चढ़ाना।
- भाखड़ा में से हरियाणा के हिस्से का पानी भाखड़ा मेन लिंक तथा नरवाना ब्रांच से मिलता है।
- सतलुज-यमुना योजक नहर हरियाणा की जीवन रेखा है।
- हरियाणा के रेतीले भाग में नलकूप की सहायता से फव्वारों द्वारा सिंचाई होती है।
- हरियाणा के अहरिवाल क्षेत्र में सिंचाई सुविधा के अन्तर्गत रेवाड़ी लिफ्ट सिंचाई स्कीम प्रारम्भ की गई है।

———————

<table>
<tr><td>8</td><td># उद्योग और खनिज</td></tr>
</table>

उद्योग और खनिज

हरियाणा राज्य की स्थापना 1966 में हुई जिसके बाद उसने उद्योग के क्षेत्र में उल्लेखनीय प्रगति की है। हरियाणा की गिनती देश के प्रमुख औद्योगिक प्रदेशों में की जाती है। यहां के लोगों के कठिन परिश्रम व प्रदेश सरकार के निरन्तर प्रोत्साहन से आज गुरुग्राम, रोहतक, फरीदाबाद, बल्लभगढ़, बहादुरगढ़, हिसार, सोनीपत, पानीपत, अम्बाला व जगाधरी भारत के औद्योगिक मानचित्र पर आ गये हैं। प्रदेश के प्रमुख उद्योग एवं उत्पादक नगर निम्न प्रकार हैं—

प्रमुख उद्योग एवं उत्पादक नगर

उद्योग	उत्पादक नगर	उद्योग	उत्पादक नगर
सीमेन्ट उद्योग	सूरजपुर	ऊन उद्योग	हिसार और पानीपत
शक्कर उद्योग	यमुनानगर, शाहबाद, जगाधरी पानीपत, रोहतक, जीन्द, पलवल, करनाल, हिसार और महम	कपड़ा उद्योग	हिसार, भिवानी फरीदाबाद, पानीपत व रोहतक
		चमड़ा उद्योग	फरीदाबाद व जीन्द
गोला-बारूद उद्योग	यमुनानगर	बर्तन उद्योग (तांबा व पीतल)	रेवाड़ी
कागज उद्योग	फरीदाबाद, जगाधरी सोनीपत, यमुनानगर और धारूहेड़ा	बर्तन उद्योग (चीनी मिट्टी)	गुरुग्राम व बहादुरगढ़
		सिलाई मशीन उद्योग	अम्बाला
औषधि उद्योग	गुरुग्राम व डूंडाहेड़ा	लोहा व स्टील उद्योग	हिसार, गन्नौर, पानीपत व बहादुरगढ़
मोटर वाहन उद्योग	गुरुग्राम, फरीदाबाद व पिंजौर	टायर-ट्यूब उद्योग	बल्लभगढ़ व फरीदाबाद
साइकिल उद्योग	सोनीपत, फरीदाबाद पलवल व जीन्द	इलेक्ट्रोनिक्स उद्योग	पंचकुला, गुरुग्राम, अम्बाला व फरीदाबाद
पेट्रोल एवं पेट्रो– रसायन उद्योग	पानीपत, बावल व करनाल	प्लास्टिक उद्योग	फरीदाबाद
		वनस्पति उद्योग	करनाल व सिरसा
कृषि यन्त्र उद्योग	फरीदाबाद	सेनेटरी उद्योग	बहादुरगढ़
इंजीनियरिंग उद्योग	फरीदाबाद	मारुति कार उद्योग	गुरुग्राम

उद्योग संबंधी प्रमुख तथ्य

- हरियाणा देश में सबसे अधिक ट्रैक्टरों का उत्पादन करता है।
- देश से होने वाले वैज्ञानिक उपकरणों का 35 प्रतिशत सामान अकेले अम्बाला की लघुस्तरीय औद्योगिक इकाइयों द्वारा निर्यात किया जाता है।
- चीनी उत्पादन के लिए प्रसिद्ध सरस्वती शूगर मिल यमुनानगर में स्थित है।
- हरियाणा के यमुनानगर जिले के जगाधरी शहर में रेल कार्यशाला है।
- पानीपत को हाथ से बनी उत्कृष्ट एवं कलात्मक ऊनी दरियों एवं हथकरघे के सामानों के कारण भारत में 'बुनकरों का शहर' कहा जाता है।
- सोनीपत में एटलस साइकिल के निर्माण का कारखाना है। यह विश्व के तीन प्रमुख साइकिल निर्माण प्रतिष्ठानों में से एक है। भारतीय उप-महाद्वीप में एटलस ही एकमात्र ऐसी कंपनी है जिसे साइकिल निर्माण की तकनीकी जानकारी निर्यात करने का श्रेय है।
- यमुनानगर की टिम्बर मार्किट (मण्डी) वर्ष 1947 से पूर्व अब्दुल्लापुर मण्डी के नाम से प्रसिद्ध थी। यह मण्डी 100 वर्ष से भी अधिक पुरानी है।
- सीमेंट फैक्ट्री, चरखी दादरी का निर्माण सन् 1939 में सेठ रामकृष्ण डालमिया ने जर्मनी के इंजीनियरों के सहयोग से किया था।
- हरियाणा के पानीपत जिले में 'अमोनिया प्लांट' स्थापित है।
- मारुति कारों का निर्माण कार्य गुरुग्राम में होता है।
- कपड़ा तथा धागे के निर्माण में 'भिवानी टैक्सटाइल मिल' का प्रमुख स्थान है। 1937 में स्थापित इस मिल का धागा और कपड़ा देश में प्रयोग होने के साथ-साथ अरब देशों में निर्यात किया जाता है।
- हरियाणा में तेलशोधक कारखाना पानीपत जिले के बाहौली क्षेत्र में स्थापित किया गया है।
- हरियाणा के महेन्द्रगढ़ जिले का सरसों के उत्पादन में राज्य में प्रथम स्थान है।
- हरियाणा राज्य लघु उद्योग और निर्यात निगम की स्थापना 19 जुलाई, 1967 को की गई थी। इसका कार्य राज्य में लघु इकाइयों को कीमती कच्चे मालों की सप्लाई करना एवं इन लघु इकाइयों में बनने वाले सामानों को बाजार में बेचना है।
- हरियाणा डिस्टिलरी, यमुनानगर की स्थापना 1969 में की गई थी।
- रेवाड़ी जिले की हीरो होण्डा मोटर साइकिल फैक्ट्री, तिल्ली जूती उद्योग तथा पीतल बर्तन उद्योग देश भर में प्रसिद्ध है।
- देश के सैनीटरी सामानों का एक तिहाई हरियाणा से ही उत्पादित होता है।
- देश में कारों के कुल उत्पादन का 75 प्रतिशत से अधिक हरियाणा में होता है।

हरियाणा में औद्योगिक विकास

1. प्रदेश में उद्योगों के विकास के लिए नई उद्योग नीति तथा औद्योगिक मूल संरचना विकास नीति घोषित की गई है।

2. प्रदेश में बड़े तथा मध्यम स्तर के उद्योगों की संख्या बढ़कर 1254 से ऊपर हो गई है तथा 80,000 लघु इकाइयां सुचारु रूप से कार्य कर रही हैं।

3. मानेसर जिला गुरुग्राम में एक औद्योगिक मॉडल टाऊनशिप की स्थापना की जा रही है, जो 1736 एकड़ क्षेत्र में फैला होगा। इस टाऊनशिप में मारुति उद्योग की सहायक औद्योगिक इकाइयां स्थापित करने के लिए हरियाणा राज्य औद्योगिक विकास निगम द्वारा 40 प्लाट अलाट किये गये हैं।

4. हरियाणा सरकार ने विशेष आर्थिक क्षेत्र अधिनियम (Special Economic Zone Act) पास कर दिया है। इससे राज्य में अधिक संख्या में उद्योगों की स्थापना का मार्ग प्रशस्त हो गया है।

5. कुण्डली में 107 एकड़ क्षेत्र में 30 करोड़ रुपये की लागत से ऐसी लघु औद्योगिक इकाइयां जो अपना 33 प्रतिशत उत्पादन निर्यात करेंगी, के लिए एक निर्यात प्रोत्साहन औद्योगिक पार्क स्थापित किया गया है।

6. गुरुग्राम में एक हाई-टैक टैक्नोलॉजी पार्क की स्थापना की जा रही है। इस सम्बन्ध में सिंगापुर कन्सोरिटियम ऑफ कम्पनी, एक प्राइवेट उद्यमी तथा हुड्डा के साथ समझौता पहले ही हो चुका है। टैक्नोलॉजी पार्क के विकास हेतु हुड्डा इस कम्पनी को 70 एकड़ के लगभग भूमि प्रदान करेगा। इस प्रोजैक्ट की अनुमानित लागत 266 करोड़ रुपये है।

7. राज्य ने निर्यात के क्षेत्र में नई ऊँचाइयों को छुआ है। राज्य का निर्यात वर्ष 2017-18 में बढ़कर 89,006.17 करोड़ हो गया है, जो 2001-2002 में 8,000 करोड़ रुपये था।

8. हरियाणा में नई औद्योगिक नीति 1 जनवरी, 2011 से लागू हो गई है। इस नीति का मुख्य उद्देश्य राज्य में ज्यादा से ज्यादा रोजगार के अवसरों का सृजन और पूंजी निवेश को बढ़ावा देना है।

9. कृषि आधारित खाद्य प्रसंस्करण को बढ़ावा देने के लिए राज्य सरकार द्वारा नरवाना (जींद), साहा (अम्बाला), राई (सोनीपत) और डबवाली (सिरसा) में फूड पार्क स्थापित किए जा रहे हैं।

खनिज

हरियाणा के विभिन्न क्षेत्रों में अनेक खनिज पदार्थ पाये जाते हैं। इस प्रदेश में प्रमुख रूप से स्लेट का पत्थर, चूने का पत्थर, शोरा, चीनी मिट्टी, क्वार्ट्ज, मैंगनीज़, अभ्रक, कच्चा लोहा, संगमरमर, तांबा आदि प्राकृतिक खनिज पदार्थ काफी मात्रा में पाये जाते हैं।

1. जिला महेन्द्रगढ़ में कच्चा लोहा, संगमरमर, चूने का पत्थर, ताम्बा, क्वार्ट्ज, मैंगनीज़, अभ्रक आदि प्राकृतिक खनिज पदार्थ काफी मात्रा में मिलते हैं।

2. जिला गुरुग्राम में भवन-निर्माण की सामग्री बहुतायत में मिलती है। बजरी, रेत, कंकर तथा पत्थर जैसी भवन-सामग्री जिले की जरूरत को पूरा करने के लिए काफी है।

3. जिला रेवाड़ी में कुण्ड नामक स्थान पर स्लेट-पत्थर का विशाल भंडार है। यहाँ की खानों से निकाले गये पत्थर को तराश कर भवन-निर्माण के लिए स्लेटें तैयार की जाती हैं।

4. जिला चरखी दादरी को खनिज के तौर पर प्रकृति ने अपनी देन से वंचित नहीं रखा। जिला चरखी दादरी में प्रकृति ने एक खनिज तो ऐसा प्रदान किया है जो कि भारत भर में एक ही जगह उपलब्ध है। उस खनिज का नाम है ''हिलना पत्थर''। यह पत्थर जिला चरखी दादरी के गाँव कलियाणा में उपलब्ध है।

   भिवानी जिले में चूना बनाने व सीमेंट बनाने के काम आने वाली कंकरी भारी मात्रा में उपलब्ध हैं। अरावली पर्वत की शाखाओं से इमारती पत्थर, सड़क व बांध इत्यादि बनाने के पत्थर की निकासी भी की जाती है। तोशाम तहसील में वर्णित पहाड़ी के अलावा गांव निगाणा कलां, दुल्हेड़ी, धारण व रिवासा में भी अलग प्रकार का पत्थर उपलब्ध है, जिसे 'ग्रेनाइट' के नाम से जाना जाता है।

5. जिला हिसार व करनाल में शोरा उपलब्ध है।

6. जिला रोहतक में चूना पाया जाता है।

7. जिला फरीदाबाद में बजरी पायी जाती है।

प्रमख खनिज

- चूने का पत्थर — महेन्द्रगढ़
- स्लेट का पत्थर — महेन्द्रगढ़ तथा नूंह
- शोरा — हिसार, करनाल, गुरुग्राम
- चूना — रोहतक
- बजरी — फरीदाबाद
- चीनी मिट्टी — गुरुग्राम
- लोहा — महेन्द्रगढ़
- खड़िया मिट्टी — गुरुग्राम
- मारबल — महेन्द्रगढ़
- ऐस्बेस्ट्स — महेन्द्रगढ़

बिजली

9

बिजली विकास की धुरी है। इस धुरी को सुदृढ़ और व्यवस्थित बनाये रखने के लिए यह जरूरी है कि बिजली की बढ़ती हुई मांग के अनुरूप उत्पादन क्षमता में वृद्धि के साथ-साथ, ट्रांसमिशन और वितरण व्यवस्था को मजबूत बनाये रखा जाये। 1 नवम्बर, 1966 को जब हरियाणा एक अलग राज्य के रूप में देश के नक्शे पर उभरा, उस समय राज्य में सुदृढ़ एवं सुचारु ट्रांसमिशन एवं वितरण प्रणाली की व्यवस्था नहीं थी इस कारण यह प्रदेश भाखड़ा परियोजना से अपने हिस्से की प्रतिदिन मिलने वाली 16 लाख यूनिट बिजली का भी पूरा प्रयोग नहीं कर पाता था। यहाँ तक कि इन्द्रप्रस्थ ताप बिजली संयंत्र स्थापित होने के पश्चात् उससे हरियाणा को प्रतिदिन मिलने वाली लगभग 2 लाख यूनिट बिजली भी दूसरे राज्यों द्वारा ही इस्तेमाल की जाती थी।

ऐसी स्थिति में मुख्यमंत्री श्री बंसीलाल के नेतृत्व में सरकार ने उस समय राज्य के हर गांव में बिजली पहुँचाने का एक क्रान्तिकारी कार्यक्रम चलाया, जिसके फलस्वरूप 29 नवम्बर, 1970 को प्रदेश के सभी गाँवों में बिजली पहुँचा दी गई।

बिजली संबंधी प्रमुख तथ्य

- भारत में 100 प्रतिशत ग्रामीण विद्युतीकरण का लक्ष्य सबसे पहले हरियाणा राज्य ने पूरा किया।
- नवम्बर 2018 तक राज्य में बिजली की स्थापित उत्पादन क्षमता 11700.72 मेगावाट थी।
- हरियाणा राज्य में उपलब्ध अधिकांश बिजली तापीय है।
- हरियाणा की तीन बड़ी बिजली परियोजनाएं पानीपत थर्मल एक्सटेन्शन परियोजना, यमुनानगर थर्मल परियोजना और हिसार थर्मल परियोजना हैं।
- राज्य में वर्ष 2017-18 तक विद्युत उपभोक्ताओं की कुल संख्या 62.24 लाख थी। प्रतिवर्ष लगभग 1.5 लाख नए विद्युत कनेक्शन दिए जा रहे हैं।

हरियाणा में बिजली की उपलब्धता

वर्ष	कुल स्थापित क्षमता (मेगावाट में)	कुल बिजली उपलब्धता (लाख किलोवाट)
2005-06	4033.3	232437
2006-07	4051.3	251253
2007-08	4368.0	264656
2008-09	4686.5	272241
2009-10	5201.83	288605
2010-11	5997.83	296623
2011-12	6740.93	326473
2012-13	9839.43	343177
2013-14	10683.61	402779
2014-15	11102.32	438956
2015-16	11053.30	445111
2016-17	11065.0	454659
2017-18	11262.30	506044
2018-19*	11700.72	372519

* (upto Nov. 2018)

10 परिवहन

हरियाणा में परिवहन का मुख्य साधन सड़क मार्ग व रेल मार्ग हैं। यह एक छोटा प्रदेश है इस कारण यहाँ हवाई मार्गों का विकास अधिक नहीं हुआ है। सड़क और रेल दोनों मार्गों में भी मुख्य साधन सड़कें हैं। हरियाणा में लगभग सभी गांवों व कस्बों को पक्की सड़कों से जोड़ने का जो लक्ष्य रखा गया था वह पूरा कर लिया गया है। जब देश सन् 1947 में आजाद हुआ था तो इस प्रदेश में केवल 1,895 कि॰मी॰ लम्बी पक्की सड़कें थीं तथा सन् 1966 में हरियाणा राज्य के गठन के समय 5,100 कि॰मी॰ लम्बी पक्की सड़कें ही बनी थीं। आज इस प्रदेश में पक्की सड़कों का जाल सा बिछा हुआ है तथा हरियाणा ही देश का पहला ऐसा राज्य है जहाँ के सभी गाँव व नगर पक्की सड़कों से जुड़े हैं। चूँकि पक्की सड़कों को विकास की धमनियाँ कहा गया है अतएव हरियाणा में जो विकास प्रक्रिया चल रही है वह निःसन्देह अद्वितीय मानी जा रही है। नवम्बर 2018 तक प्रदेश की सड़कों का विवरण निम्न प्रकार है—

प्रदेश में सड़कों की कुल लंबाई (किलोमीटर में)	26,431
प्रदेश में राष्ट्रीय राजमार्गों की कुल लम्बाई (किलोमीटर में)	2535
प्रदेश में राज्य राजमार्गों की कुल लम्बाई (किलोमीटर में)	1801
प्रदेश में पक्की सड़कों से जुड़े सम्पर्क वाले गांवों की संख्या	7,021
प्रदेश में प्रमुख जिला सड़कें (किलोमीटर में)	1395
प्रदेश में अन्य जिला सड़कें (किलोमीटर में)	20700
प्रदेश में परिवहन बसों की कुल संख्या	3944
प्रदेश में बड़े परिवहन बस डिपो की संख्या	24
प्रदेश में छोटे परिवहन बस डिपो की संख्या	12
प्रदेश में सुविधायुक्त बस स्टैंडों की संख्या	125

नवम्बर 2018 तक हरियाणा परिवहन के पास 3,944 बसें हैं। प्रतिदिन ये बसें लगभग 11.45 लाख कि॰मी॰ का फासला तय करती हुई 10.77 लाख से ज्यादा यात्रियों को अपने गन्तव्य तक ले जाती हैं। हरियाणा परिवहन में लगभग 18,217 कर्मचारी कार्यरत् हैं जो इस परिवहन की गरिमा को नियमित रूप से बनाये हुए हैं। यह इस प्रदेश के लिए अति गौरव की बात है।

सड़क मार्ग

हरियाणा के सभी गाँवों को पक्की सड़कों से जोड़ने का गौरव प्राप्त हुआ है। राज्य में यात्री परिवहन का राष्ट्रीयकरण 1972 ई॰ में हुआ। हरियाणा के सभी जिलों तथा पड़ोसी राज्यों के लिए बस सेवाएँ उपलब्ध हैं।

प्रदेश के राष्ट्रीय राजमार्ग

वह सड़कें जो देश के एक कोने को दूसरे कोने से मिलाती हैं, और केन्द्रीय सरकार के अधीन हैं, राष्ट्रीय राजमार्ग कहलाती हैं। हरियाणा में राष्ट्रीय राजमार्गों की कुल लम्बाई 2,535 किमी. है। वर्तमान में हरियाणा में देश के राष्ट्रीय राजमार्गों का 2.32 प्रतिशत भाग है।

हरियाणा में मेट्रो का परिचालन शुरू

दिल्ली के कुतुबमीनार मेट्रो स्टेशन से गुरुग्राम के हुड्डा सिटी तक लगभग 15 किमी. लंबी मेट्रो लाइन पर ट्रेनों का आवागमन 21 जून 2010 से आरंभ हो गया है। इससे दिल्ली से गुरुग्राम तक का सफर महज 27 मिनट में पूरा करना संभव हो गया है। पहले ही दिन इस रूट पर 30,000 यात्रियों ने सफर किया। यह दिल्ली मेट्रो की दूसरी सबसे लंबी लाइन सेवा है। 6 सितम्बर 2015 को दिल्ली के बदरपुर से मुजेसर (फरीदाबाद) तक भी मेट्रो का परिचालन शुरू हो गया है।

गुरुग्राम में रैपिड मेट्रो की शुरुआत

गुरुग्राम में 14 नवम्बर, 2013 से रैपिड मेट्रो की शुरुआत हो गई है। सिकंदरपुर स्टेशन से इसकी अपनी व्यावसायिक सेवा शुरू हो गई है। यह परियोजना पब्लिक प्राइवेट पार्टनरशिप पर आधारित है। वर्ष 2009 में हरियाणा सरकार ने साइबर सिटी में रैपिड मेट्रो चलाने की अनुमति दी थी।

रेल मार्ग

हरियाणा में सड़क परिवहन की तुलना में रेलमार्गों का निर्माण एवं विस्तार कम हुआ है। 1966-67 में हरियाणा बनने के समय यहाँ 3,245.11 किमी. लंबा रेलमार्ग था जो वर्तमान में बढ़कर 3,737.91 किमी हो गया है। राज्य में देश के कुल रेलमार्गों का 6% भाग पाया जाता है। प्रदेश के प्रमुख रेलवे स्टेशन अम्बाला कैंट, पानीपत, जींद, हिसार, रोहतक, फरीदाबाद, भिवानी तथा रेवाड़ी हैं।

- हरियाणा का प्रमुख रेलमार्ग दिल्ली से होकर राज्य के पूर्वी किनारे के साथ–साथ उत्तर दिशा में सोनीपत, पानीपत, करनाल, कुरुक्षेत्र व अम्बाला से होता हुआ अमृतसर (पंजाब) तक पहुँचता है।
- राज्य का दूसरा प्रमुख रेलमार्ग दिल्ली से बहादुरगढ़, रोहतक, जीन्द, नरवाना, टोहाना व जाखल से होता हुआ फिरोजपुर तक जाता है।
- दिल्ली से निकलने वाला तीसरा प्रमुख रेलमार्ग गुरुग्राम होता हुआ रेवाड़ी पहुँचता है। रेवाड़ी राज्य का सबसे बड़ा रेलवे जंक्शन है। यहाँ से पाँच दिशाओं में रेलमार्ग निकलते हैं।

हवाई मार्ग

हरियाणा में इस समय 6 असैनिक हवाई अड्डे हैं। एक छोटा-सा राज्य होने के कारण हरियाणा में हवाई मार्ग का विकास अधिक नहीं हुआ है। दिल्ली और चण्डीगढ़ के बीच हवाई यात्रा की सुविधा है। सिरसा के पास छोटा-सा हवाई अड्डा बनाया गया है। हिसार, करनाल, भिवानी, नारनौल, जीन्द व पिंजौर में पक्के रन-वे हैं।

11 शिक्षा

हरियाणा को राज्य का दर्जा मिलने के बाद से अब तक यहाँ का शिक्षा स्तर तीव्र गति से बढ़ा है। पूर्ण राज्य बनने से पहले यहाँ केवल 20 प्रतिशत जनसंख्या साक्षर थी। अब हरियाणा की साक्षरता 75.6 प्रतिशत है।

प्रदेश में कुल साक्षर जनसंख्या	1,65,98,988
शिक्षित पुरुषों की संख्या	97,94,067
शिक्षित स्त्रियों की संख्या	68,04,921
विश्वविद्यालय	46
कला तथा विज्ञान महाविद्यालय	297
उच्च/वरिष्ठ माध्यमिक विद्यालय	8,024
माध्यमिक विद्यालय	5,228
प्राथमिक विद्यालय (पूर्व प्राथमिक सहित)	9,974

मान्यता प्राप्त विश्वविद्यालयों/महाविद्यालयों/विद्यालयों की संख्या

संस्था की किस्म	2000-01	2010-11	2014-15	2015-16	2016-17	2017-18
विश्वविद्यालय	4	24	43	43	43	46
कला तथा विज्ञान महाविद्यालय	150	190	238	288	274	297
इंजीनिरयरिंग महाविद्यालय	25	155	156	148	175	127
अध्यापक प्रशिक्षण महाविद्यालय	20	472	472	491	491	491
उच्च/वरिष्ठ मध्यमिक विद्यालय	4,138	6,771	7,571	7,663	7,782	8024
माध्यमिक विद्यालय	1,887	3,439	4,051	4,430	4,986	5,228
प्राथमिक/पूर्व प्राथमिक विद्यालय	11,013	13,073	9,603	9,675	9,968	9,974

प्राप्ति स्थान : तकनीकी/उच्चतर/मौलिक शिक्षा, हरियाणा

हरियाणा में प्रारम्भिक शिक्षा निःशुल्क व अनिवार्य है। बालिकाओं की शिक्षा स्नातक स्तर तक निःशुल्क है। 6 से 11 वर्ष की आयु वर्ग के स्कूल जाने योग्य सभी बच्चों को प्राइमरी स्कूलों की सुविधायें उपलब्ध हैं। प्रदेश में एक कि.मी. की परिधि में एक प्राथमिक स्कूल, 1.45 कि.मी. की परिधि में एक मिडिल स्कूल, 1.77 कि.मी. की परिधि में एक हाई स्कूल तथा 3.19 कि.मी. पर एक उच्चतर माध्यमिक स्कूल खुला हुआ है।

प्रदेश में प्रौढ़ शिक्षा ने महत्त्वपूर्ण प्रगति की है। इस समय 6,000 से भी अधिक प्रौढ़ शिक्षा केन्द्र काम कर रहे हैं। वर्ष 2011 की जनगणनानुसार राज्य की साक्षरता 75.6 प्रतिशत है, जिसमें पुरुष साक्षरता 84.1 प्रतिशत तथा महिला साक्षरता 65.9 प्रतिशत है। साक्षरता की दृष्टि से हरियाणा का देश में 22वाँ स्थान है। राज्य का सर्वाधिक साक्षर जिला गुरुग्राम है, जिसकी साक्षरता 84.7 प्रतिशत है तथा न्यूनतम साक्षर जिला नूंह है जिसकी कुल साक्षरता 54.1 प्रतिशत है। राज्य में पंजाबी भाषा को बढ़ावा देने के उद्देश्य से इसे द्वितीय स्थान पर रखा गया है। राज्य में कुल साक्षर व्यक्तियों की संख्या 1,65,98,988 है, इसमें साक्षर पुरुषों की संख्या 97,94,067 तथा साक्षर महिलाओं की संख्या 68,04,921 है।

हरियाणा : साक्षरता 2011

क्रम सं.	राज्य/ जिला	व्यक्ति	पुरुष	स्त्रियां	दर % में	पुरुष	स्त्रियां
	हरियाणा	**16598988**	**9794067**	**6804921**	**75.6**	**84.1**	**65.9**
1.	पंचकुला	405318	229862	175456	81.9	87.0	76.0
2.	अम्बाला	818025	461288	356737	81.7	87.3	75.5
3.	यमुनानगर	832457	474793	357664	78	83.8	71.4
4.	कुरुक्षेत्र	646893	370828	276065	76.3	83.0	68.8
5.	कैथल	646529	385782	260747	69.2	78.0	59.2
6.	करनाल	978013	564516	413497	74.7	81.8	66.8
7.	पानीपत	786599	464136	322463	75.9	83.7	67.0
8.	सोनीपत	998316	589881	408435	79.1	87.2	69.8
9.	जींद	832758	502049	330709	71.4	80.8	60.8
10.	फतेहाबाद	557578	327471	230107	67.9	76.1	58.9
11.	सिरसा	782897	456968	325929	68.8	76.4	60.4
12.	हिसार	1114311	670200	444111	72.9	82.2	62.3
13.	भिवानी*	1069871	643158	426713	75.2	85.6	63.5
14.	रोहतक	747582	436025	311557	80.2	87.7	71.7
15.	झज्जर	676091	399480	276611	80.6	89.3	70.7
16.	महेन्द्रगढ़	630255	380440	249815	77.7	89.7	64.6
17.	रेवाड़ी	636947	375453	261494	81	91.4	69.6
18.	गुरुग्राम	1111116	638666	472450	84.7	90.5	78.0
19.	नूंह	454897	308435	146462	54.1	69.9	36.6
20.	फरीदाबाद	1272739	734940	537799	81.7	88.6	73.8
21.	पलवल	599796	379696	220100	69.3	82.7	54.2

* चरखी दादरी जिले के आंकड़ी भी शामिल हैं।

12 खेल, भाषा व साहित्य

खेल

खेलों का हमारे जीवन में बढ़ा महत्त्वपूर्ण स्थान है, इससे जीवन में अनुशासन की प्रवृत्ति बढ़ती है। भावी राष्ट्रीय चरित्र के निर्माण में भी खेलों की महत्त्वपूर्ण आवश्यकता है।

हरियाणा का खेलों के क्षेत्र में महत्त्वपूर्ण योगदान रहा है। प्रदेश में खेलों की गतिविधियों को तेज करने के उद्देश्य से सरकार द्वारा अनेक महत्त्वपूर्ण योजनाएँ चलाई जा रही हैं जैसे–खेल संस्थाओं को अनुदान, प्रशिक्षण योजना, कुश्ती केन्द्र, योग केन्द्र, खेल स्टेडियम, ग्रामीण खेल केन्द्र, खेल प्रतिभा खोज योजना, खेल छात्रावास, खेलों का सामान, खेल मैदानों का विकास, राज्य खेल पुरस्कार, प्रशिक्षण, निर्णायकों को पुरस्कार, खेल प्रतियोगिता आदि। हरियाणा में प्रत्येक जिले में कम-से-कम एक अच्छा स्टेडियम बनाने का प्रस्ताव है। खिलाड़ियों को आधुनिक तथा वैज्ञानिक ढंग से प्रशिक्षण देने के लिए गुड़गांव में एक खेल छात्रावास स्थापित किया गया है। इस छात्रावास में रहने वाले खिलाड़ियों को भोजन और आवास की सुविधा निःशुल्क दी जाती है। खेल विंग योजना के अन्तर्गत खिलाड़ियों को एक ही स्थान पर रखकर उन्हें विभिन्न खेलों में समुचित प्रशिक्षण दिया जाता है।

- प्रदेश के सोनीपत जिले के राई नामक स्थान पर मोतीलाल नेहरू नामक खेलकूद स्कूल है। आवासीय पब्लिक स्कूलों की भाँति चलाया जाने वाला यह स्कूल एशिया में अपनी प्रकार की एक अनोखी संस्था है। इसमें योग्यता के आधार पर प्रवेश दिया जाता है। निर्धन और आर्थिक रूप से पिछड़े विद्यार्थियों को छात्रवृत्तियाँ भी दी जाती हैं। यह स्कूल एक बहुमुखी संस्था है जो अपने विद्यार्थियों के व्यक्तित्व के सर्वांगीण विकास के लिए प्रयास करती है।

- राई के खेलकूद स्कूल में कमला नेहरू स्कूल भी स्थित है। यह वर्ष 1974 में स्थापित किया गया था। इसे मोतीलाल नेहरू खेलकूद स्कूल का जूनियर विंग कहा जाता है। इसमें 8 से 11 वर्ष की आयु के बच्चों को प्रवेश दिया जाता है।

- प्रदेश के ग्रामीण क्षेत्रों में भी खेलों के विकास के लिए ग्रामीण खेल-केन्द्र चलाये जा रहे हैं। इन खेल-केन्द्रों की यहाँ के शिक्षा संस्थाओं के पी॰ टी॰ आई॰, खेल अध्यापकों द्वारा देखरेख की जाती है।

- योग को लोकप्रिय बनाने के लिए प्रदेश में कई स्थानों पर योग प्रशिक्षण केन्द्रों की स्थापना भी की गई है।

- बीजिंग ओलंपिक 2008 में हरियाणा के विजेन्द्र कुमार ने मुक्केबाजी प्रतियोगिता में कांस्य पदक प्राप्त किया। वह किसी भी ओलंपिक में मुक्केबाजी में पदक जीतने वाले पहले भारतीय खिलाड़ी हैं।

- लंदन ओलंपिक 2012 में भारत ने 6 पदक जीते। इनमें चार पदक हरियाणा के सुशील कुमार (कुश्ती–रजत), गगन नारंग (निशानेबाजी–कांस्य), सायना नेहवाल (बैडमिंटन–कांस्य), एवं योगेश्वर दत्त (कुश्ती–कांस्य) ने जीते।
- सितम्बर–अक्टूबर 2014 में इंचियोन (द. कोरिया) में हुए 17वें एशियाई खेलों में हरियाणा के खिलाड़ियों ने 2 स्वर्ण, 1 रजत और 6 कांस्य पदक जीतकर भारत के गौरव को बढ़ाया।
- रियो ओलंपिक 2016 में हरियाणा की महिला पहलवान साक्षी मलिक ने कांस्य पदक जीत कर इतिहास रच दिया है। रियो पैरालिंपिक्स खेलों में हरियाणा की ही दीपा मलिक ने गोला फेंक प्रतियोगिता में रजत पदक जीता।
- भारतीय क्रिकेट में हरियाणा ने महत्त्वपूर्ण योगदान दिया है। कपिल देव क्रिकेट को हरियाणा की एक उत्कृष्ट देन हैं। क्रिकेट की बाइबिल कही जाने वाली खेल पत्रिका 'विजडन' ने कपिलदेव को वर्ष 2002 में 'शताब्दी का सर्वश्रेष्ठ भारतीय क्रिकेटर' का पुरस्कार प्रदान किया।
- अगस्त-सितम्बर 2018 में जकार्ता, इंडोनेशिया में हुए 18वें एशियाई खेलों में भारत ने कुल 69 पदक जीते। इसमें बजरंग पुनिया, विनेश फोगाट, नीरज चोपड़ा सहित हरियाणा के कई खिलाड़ियों ने पदक जीत कर भारत का गौरव बढ़ाया।

हरियाणा के प्रमुख खिलाड़ी और उनके खेलों का विवरण निम्न प्रकार है–

खिलाड़ी	खेल	खिलाड़ी	खेल	खिलाड़ी	खेल
कपिलदेव	क्रिकेट	मास्टर चंदगीराम	कुश्ती	नरेन्द्र सिंह	जूडो
नवाब पटौदी	क्रिकेट			अजय रात्रा	क्रिकेट
चांदराम	धावक	कृष्ण गोदारा	कुश्ती	राम मेहर	कबड्डी
गीता जुत्शी	धावक	अशन कुमार सांगवान	कुश्ती	ममता खरब	हॉकी
सुरेश यादव	धावक			सीमा अंतिल	निशानेबाजी
नीलम जेसिंह	धावक	ओमप्रकाश नरवाल	कुश्ती	कर्णम मल्लेश्वरी	भारोत्तोलन
श्रीचन्द	धावक				
बहादुर सिंह	गोलाफेंक	तेजबीर सिंह	कुश्ती	बबीता कुमारी	कुश्ती
गिरवर सिंह	मुक्केबाजी	सतीश कुमार	जूडो	विनेश फोगाट	कुश्ती
सुनीता शर्मा	जिमनास्टिक	संदीप कोठिया	हैंडबाल	अखिल कुमार	मुक्केबाजी
निर्मला गुलिया	जिमनास्टिक	भूपिन्दर कौर	हॉकी	विजेन्द्र	मुक्केबाजी
संध्या	जिमनास्टिक	प्रीतम ठकरान	हॉकी	जितेन्द्र	मुक्केबाजी
रोहताश सिंह दहिया	कुश्ती	कुलदीप सिवाच	हॉकी	साक्षी मलिक	कुश्ती
				दीपा मलिक	भाला फेंक

हरियाणा के खिलाड़ियों ने 35वें राष्ट्रीय खेलों के दौरान 40 स्वर्ण, 40 रजत तथा 27 कांस्य पदक सहित कुल 107 पदक जीते। यह प्रतियोगिता केरल में 31 जनवरी, 2015 से 3 फरवरी, 2015 तक आयोजित की गई थी और हरियाणा ने अन्तिम पदक तालिका में तीसरा स्थान प्राप्त किया है। राज्य के खिलाड़ियों को प्रोत्साहित करने के लिए उन्हें उनकी उपलब्धियों के आधार पर नकद पुरस्कार एवं सरकारी नौकरी प्रदान की जाती है।

भाषा व साहित्य

हरियाणा की अनेक क्षेत्रों में महत्त्वपूर्ण भूमिका रही है। साहित्य के क्षेत्र में भी इस प्रदेश की देन कम नहीं है। भगवद्गीता जैसे अमर ग्रन्थ का अवतरण, जहाँ इसकी कुरुक्षेत्र की युद्धस्थली में हुआ वहाँ युद्ध साहित्यकार हिन्दी साहित्य के आदि कवि चन्दबरदाई और भक्त कवि सूरदास को भी हरियाणा की देन मानते हैं। प्राचीन कवियों में इस क्षेत्र में पुष्पदन्त, सन्त उधोदास, वीरभान, जैन कवि मालदेव, महात्मा हरिदास, सन्त नित्यानन्द, बनारसीदास, जैन कवि सुन्दरदास, निश्चलदास, बनवारीदास, कवि उम्मेद और मस्तराम आदि अनेक ऐसे उल्लेखनीय नाम हैं जिनकी रचनाओं से हिन्दी साहित्य का विकास और समृद्धि हुई है। मुस्लिम सन्तों में भी शेख-यू-अलीशाह कलन्दर, मुहम्मद अफजल, शेख अब्दुल कदूस, सनत सादुल्ला, शेख बहाउद्दीन चिश्ती, गुलाम नीलामी, नूर मुहम्मद तथा जन कवि हस्नो आदि ने अपने भावों को हिन्दी व ब्रजभाषा के माध्यम से प्रकट किया और हिन्दी साहित्य के विकास में महत्त्वपूर्ण योगदान दिया।

- प्रदेश के कुछ कवियों और साहित्यकारों ने हिन्दी और पंजाबी दोनों भाषाओं में रचनायें की। ऐसे कवि व साहित्यकारों में प्रमुख हैं–दीदार सिंह, भाई सन्तोष सिंह, साहिब सिंह मृगेन्द्र, बगासिंह, उज्ज्वल सिंह व जोगिन्द्र सिंह। कुरुक्षेत्र जिले के शाहबाद के प्रसिद्ध शिक्षाविद् एवं साहित्कार जोगिन्द्र सिहं ने हिन्दी, पंजाबी व उर्दू में बराबर प्रशंसनीय साहित्य प्रस्तुत किया है।

- हिन्दी के विकास में हरियाणा के जिन लेखकों ने योगदान दिया उनमें सर्वश्री बालमुकुन्द गुप्त, माधव प्रसाद मिश्र और राधाकृष्ण मिश्र के नाम उल्लेखनीय हैं। इनकी हिन्दी साहित्य के इतिहास में अन्यन्त महत्त्वपूर्ण और उपयोगी देन है। बालमुकुन्द गुप्त मूलतः उर्दू के पत्रकार थे किन्तु बाद में वे व्याख्यान वाचस्पति दीनदयाल शर्मा की प्रेरणा से हिन्दी लेखन की ओर प्रवृत्त हुए। बालमुकुन्द गुप्त के बाद हरियाणा के साहित्य सेवियों में श्री माधव प्रसाद मिश्र का नाम उल्लेखनीय है। उन्होंने कविता से अपना साहित्यिक जीवन प्रारम्भ किया और धीरे-धीरे अनेक महत्त्वपूर्ण रचनाओं का लेखन किया। श्री माधव के छोटे भाई राधाकृष्ण मिश्र भी हिन्दी के उच्चकोटि के लेखक थे।

- हिन्दी के प्रसिद्ध कहानीकार श्री विश्म्भरनाथ कौशिक का सम्बन्ध भी हरियाणा से रहा है। उनका जन्म अम्बाला छावनी (हरियाणा) में हुआ था और बाद में उनका परिवार कानपुर जाकर बस गया। कहानी और उपन्यास लेखन के अतिरिक्त वे 'चाँद' नामक मासिक पत्रिका में 'दुबे की चिट्ठियाँ' नाम से व्यंग्य तथा हास्य स्तम्भ भी लिखा करते थे।

- भिवानी के पं॰ नेकीराम शर्मा हरियाणा केसरी के नाम से प्रसिद्ध थे। यद्यपि वे एक अच्छे वक्ता और नेता थे परन्तु उन्होंने अपने सामाजिक जीवन का आरम्भ पहले लेखन से ही किया था। उन्होंने भिवानी से 'सन्देश' नामक पत्र भी हिन्दी में निकाला था। आपके लेख 'अभ्युदय' तथा 'वेंकटेश्वर समाचार' आदि पत्रों में प्रकाशित होते थे।

- भिवानी के कवि तुलसीदास शर्मा दिनेश ने पुरुषोत्तम महाकाव्य भक्त भारती मतवाली मीरा, श्याम सतसई तथा सत्याग्रही प्रह्लाद आदि अनेक काव्यों की रचना की। मुनीमी जैसे कार्य को करते हुए भी उन्होंने सरस्वती की कठोर साधना की यह एक महत्त्वपूर्ण और आश्चर्यजनक बात है।

- गुरुग्राम जिले के बादशाहपुर नामक ग्राम में जन्मे श्री अयोध्या प्रसाद गोयलीय भी हरियाणा के प्रमुख साहित्कार थे। उन्होंने उर्दू शायरी से हिन्दी के पाठकों को परिचित कराया। वे काफी वर्षों तक हिन्दी की प्रतिष्ठित प्रकाशन संस्था भारतीय ज्ञानपीठ के मंत्री रहे।

- हरियाणा राज्य की स्थापना होते ही भाषा विभाग हरियाणा के 31 मार्च, 1967 में आयोजित प्रथम वार्षिक समारोह के अवसर पर प्रदेश के राज्यकवि का चुनाव होना भी प्रारम्भ हुआ। इस समारोह में उदयभानु हंस को हरियाणा का प्रथम राज्यकवि चुना गया।

- उदयभानु हंस के पश्चात् श्री खुशीराम राम शर्मा वशिष्ठ को हरियाणा का राज्यकवि बनाया गया। वे हिन्दी के उत्कृष्ट कवि होने के साथ-साथ एक अच्छे पत्रकार और समालोचक भी हैं। उन्होंने प्रेमोपहार रण निमन्त्रण, गुरुगोविन्द सिंह और युद्ध चरित नामक उल्लेखनीय कृतियों की रचना की।

- हिसार के जनकवि भाई परमानन्द ने भूदान आन्दोलन में सक्रिय भाग लिया और हरियाणा में भूदान की पदयात्रा में उन्होंने अपने रसीले गीतों द्वारा जनमानस तक आचार्य विनोबा भावे के संदेश को पहुँचाया। हिन्दी में ईश्वर चन्द्र पांडेय और सिरसा के लीलाधर दुखी भी प्रदेश के प्रमुख कवियों की श्रेणी में आते हैं।

- हरियाणा की लोककला के उत्थान और विकास के क्षेत्र में श्री राजाराम शास्त्री ने हरियाणा लोकमंच के माध्यम से कार्य किया है। उनका 'झाड़ू फिरी' हरियाणवी भाषा का पहला उपन्यास है। इसके अतिरिक्त श्री जसवन्त सिंह टोहनवी, लोककवि बस्तीराम, लक्ष्मीचन्द सांगी और धनपत सिंह के नाम भी इस क्षेत्र में उल्लेखनीय हैं। यदि वे सब विभूतियाँ अपनी रचनाओं और सांगों के माध्यम से हिन्दी को न अपनातीं तो हरियाणा में हिन्दी का वह प्रचार कदापि न होता जो आज दिखाई देता है। डॉ॰ रणजीत सिंह गुरुकुल महाविद्यालय, ज्वालापुर के स्नातक और हिन्दी के प्रमुख लेखक हैं। कवियों में सर्वश्री बलदेवराज शान्त, ओमप्रकाश आदित्य, जैमनी हरियाणवी, दीपचन्द निर्मोही और विष्णुदत्त कविरत्न के नाम अविस्मरणीय हैं।

———————

13 सामाजिक व सांस्कृतिक जीवन

हरियाणा में 2011 के आंकड़ों के अनुसार 2,21,71,128 हिन्दू, 12,43,752 सिख, 17,81,342 मुसलमान, 52,613 जैन, 50,353 ईसाई व 7,514 बौद्ध, व अन्य धर्मो के लोग निवास करते है। प्रदेश में हिन्दुओं में प्रमुखतः ब्राह्मण, राजपूत, जाट, गूजर, सैनी, खत्री, अहीर, खाती, रोड व हरिजन हैं। प्रदेश में अधिकांशतः 36 गोत्रों में बँटे हुए गौड़वंशीय ब्राह्मण हैं, दूसरे स्थान पर जाट जाति के लोग हैं। प्रदेश में सामाजिक दृष्टि से जाट, गूजर, राजपूत, अहीर, सुनार व सैनी आदि के लोगों का एक ही स्तर है। कृषि के कार्य के अतिरिक्त ये लोग सेना व पुलिस में भी हैं। हरियाणा के प्रायः सभी ग्रामीण इलाकों में रहने वाले अनुसूचित जाति के लोग अधिकांश रूप से शिल्पी हैं। मुसलमानों की मुख्य जातियाँ पठान, मेव, रंगरेज व लोहार आदि इस प्रदेश में निवास करती हैं।

वेशभूषा

प्रदेश के पुरुषों की पारम्परिक वेशभूषा इस प्रकार है –

धोती	—	धोती
कुड़ता	—	गोल बाँहों का पुराने रिवाज का कुर्ता
कमीज	—	कालरदार कमीज
खंडवा	—	पगड़ी
साफा	—	पगड़ी (सैनिक फैशन की)
पागड़ी	—	मारवाड़ी ढंग की पगड़ी
पाग	—	राजपूती ढंग की बड़ी पगड़ी
कमरी	—	आधी अस्तीन की कटि तक की कमरी, जो अब भी कई बुजुर्ग पहनते हैं।
अंगरखा	—	गण्यमान्य लोगों का नीचे तक झूलता कलीदार पहनवा, पुराने दरबारी ढंग का।
दोहर	—	हाथ के कते बारीक दोहरे सूत की मजबूत बड़ी चादर, जो जाड़ों में ओढ़ी जाती है।
खेस	—	मोटे सूत की मोटी चादर, जो शीतकाल में ओढ़ी जाती है।
टोपी	—	गांधी टोपी जैसी टोपी, जिसे पुराने लोग पहनते थे।
रूई की कमरी	—	रूई डालकर सिलाई गई कमरी, इसे लोग जाड़े में पहनते हैं। इसी को मिरजई भी कहते हैं।

लोई	–	लोई

प्रदेश की स्त्रियों की पारम्परिक वेशभूषा –

घाघरी	–	घाघरा
दामण	–	काले या लाल सूती कपड़े का घाघरा
बोरड़ा	–	खद्दर के कपड़े पर फूल छपा घाघरा
लैह	–	नीले कपड़े पर पीले पाट की कढ़ाई वाले कपड़े का घाघरा
गुलडां की लैह	–	बंधाई पद्धति से रंगा हुआ खद्दर से बना घाघरा
कैरी	–	नीले खद्दर पर लाल टीकों वाले कपड़े का घाघरा
खारा	–	चार नीले तथा चार लाल धागों की बुनाई वाले खद्दर से बना बिना कली का घाघरा
चांदतारा	–	खद्दर पर दूज के चांद और तारे की छपाई वाले कपड़े से बना घाघरा
कमरी	–	वास्केटनुमा पूरी या आधी आस्तीनों की कमरी। इसे पहले विवाहित स्त्रियाँ ही पहनती थीं।
आंग्गी	–	अंगिया
समीज	–	कमीज के नीचे पहना जाने वाला वस्त्र
जम्फर	–	जम्फर, जो आजकल लोकप्रिय है
सिलवार	–	सलवार, नई पीढ़ी इसे तेजी से अपना रही है
ओढ़णा	–	गोट-गोटा लगी ओढ़नी
दुकानियाँ	–	खद्दर का गहरे लाल रंग का पीले धागों से कढ़ा ओढ़ना
छ्यामा	–	पीले पाट का कढ़ा ओढ़ना
सोपली	–	गहरे लाल रंग की किनारें पर छपी ओढ़नी।
डिमास या डिमाच	–	रेशमी ओढ़ना जो कि विवाह में चढ़ाया जाता था।
गुमटी	–	सूती रंगीन कपड़े पर रेशमी बूँदियों कढ़ी ओढ़नी।
लहरिया	–	बँधाई पद्धति की रंगाई से तैयार किया गया ओढ़ना।
बोल	–	सूती कपड़े पर रेशमी पट्टीदार कढ़ाई का ओढ़ना।
पीलिया	–	लाल किनारियों का बीच से पीला पतले कपड़े का बंधी रंगाई से तैयार ओढ़ना। इसे बच्चा होने पर पीहर से देते हैं।
चूंदणी	–	लाल पल्लों और बीच में नीली रंगाई वाली पतली ओढ़नी।
मौडिया	–	नीले या काले पल्लों की रंगाई का बारीक ओढ़ना।
कंघ	–	पक्के लाल रंग का ओढ़ना। इनकी कई तरह की कढ़ाई होती थी। जलसे की कढ़ाई मिर्चों के पेड़ों की कढ़ाई, बटनों की कढ़ाई और फिर्कीदार कढ़ाई लोकप्रिय थी। इस कढ़ाई के आधार पर ही कंध का नामकरण

	होता था।
फुलकारी	— कंघ पर पीले पाट या ऊन की डब्बीनुमा फुलकारियों के ओढ़ने।
	इसके अतिरिक्त घाघरों की अन्य किस्में भी हैं जैसे–'ढाक पात्ता', 'पीपल पात्ता', 'नई चाल', 'गेहूँ दाणा' और 'तेरी मेरी सलाह'।
फरगल	— जाड़े में बच्चों को पहनाया जाने वाला टोप, जिसकी रंग-बिरंगी झालर कमर तक पीछे लटकती रहती है।
झुगला	— छोटे बच्चों का पहनावा।
सौड़	— खद्दर की रजाई।
सौड़िया	— खद्दर का गदेला।
रिजाई	— रजाई

आभूषण

हरियाणा के पारम्परिक आभूषण निम्नलिखित हैं–

1. पात्ती	8. झाँजण चूड़ी
2. फूल पात्ती	9. रमझोल
3. तात्ती	10. छोटी नेवरी
4. छैल कड़े	11. बड़ी घूंघरुओं की नेवरी
5. गिटियाँ के	12. बिछुए
6. गजरियाँ	13. बांकड़ी
7. कड़ी	

(पाँव में पहने जाने वाले सारे गहने चाँदी के होते हैं।)

हाथों के आभूषण :

1. आरसी (अँगूठे की)	8. पछेल्ली
2. अँगूठी	9. काँगणी
3. हथफूल	10. छन कंगण
4. पौहची	11. टाड (बाजू पर पहनी जाती है)
5. कड़ूल्ला	12. टाडिया (बाजू पर पहनी जाने वाली सोने की टाड)
6. गजरा	
7. छन्न	13. बाजूबन्ध

गले के आभूषण :

1. हंसला	— (चाँदी या सोने की)
2. हंसली	— (चाँदी या सोने की)
3. मोहनमाला	— (सोने की)

4. गलश्री	–	(सोने की)
5. कण्ठी	–	(सोने की)
6. जंजीरा	–	(सोने या चाँदी की)
7. गुलूबन्ध	–	(सोने का)
8. झालरा	–	(गिन्नियों का या चाँदी के रुपयों का)
9. बटन	–	(चाँदी या सोने के)
10. हार	–	(चाँदी का)
11. माला	–	(सोने की)

मुँह और सिर के आभूषण :

1. फूल	–	(चाँदी या सोने का) सिकर के ऊपर बाँधा जाता है।
2. सिंगार पट्टी	–	(चाँदी या सोने की) सिर के ऊपर बाँधी जाती है।
3. बेस्सर	–	(सोने की) माथे पर बँधती है।
4. ताग्गा	–	(सोने-चाँदी दोनों का) माथे के लिए।
5. बोरला	–	(सोने या चाँदी का, नगीने जड़कर बनाया जाता है) माथे के बीच में लगाया जाता है।
6. टीक्का	–	(सोने का) माथे पर लटकता है।
7. क्लफ	–	(सोने या चाँदी की) बालों में लगाई जाती है।
8. बूजनी	–	(कानों में पहनी जाती है) सोने या चाँदी की।
9. ढेडे	–	कानों के लिए चाँदी के।
10. कर्णफूल	–	(सोने या चाँदी के) कानों में पहने जाते हैं।
11. बाली	–	(सोने या चाँदी की) कानों के लिए।
12. डांडें	–	(चाँदी के) कानों के पास लटकते हैं।
13. छाज	–	(चाँदी के) माथे पर लटकता है।
14. नांथ	–	(सोने की) नाक में पहनी जाती है।
15. पुरली	–	(सोने की) नाक में पहनी जाती है।
16. कोक्का	–	(सोने का) नाक में पहना जाता है।
17. लोंग	–	(सोने की) नाक में पहनी जाती है।

अन्य आभूषण :

1. गोफ	–	(पुरुषों का) गले का जेवर।
2. कठला	–	(पुरुषों का) गले का सोने का जेवर।
3. मुरकी	–	(पुरुषों का) कानों का जेवर।
4. जंजीरा	–	(पुरुषों का) कान का जेवर।
5. पत्तरी	–	(स्त्री-पुरुष) दोनों के लिए गले का जेवर।
6. तगड़ी	–	(स्त्रियों का) कमर का जेवर
7. नाड़ा	–	चाँदी का झब्बेदार जेवर, जो घाघरे के नाड़े के साथ बाँधा जाता है।
8. पल्लू	–	चाँदी का जेवर, जो स्त्रियों के ओढ़ने के पल्ले में

____

बाँधा जाता है।

प्रदेश के लोकगीत

हरियाणा प्रदेश के ग्रामीण समाज में अनेक प्रकार के रीति-रिवाज हैं। इन्हीं रीति-रिवाजों से जुड़े हैं विभिन्न प्रकार के लोकगीत। इन्हीं लोक-गीतों से लोकमानस अपने मन के प्यार, तकरार, हँसी और ठिठोली को प्रकट करता है।

ये लोकगीत रस्म और मौसम के अनुरूप होते हैं। बरसात में सावन के गीत, कार्तिक में भजन-कीर्तन और फागुन के महीने में मस्ती भरे गीत गाये जाते हैं। इसी प्रकार बच्चे के जन्म के समय मातृत्व की गरिमा देने वाले और विवाह के समय मंगल-गीत गाये जाते हैं। इस प्रकार हरियाणा में सभी विषयों से जुड़े लोकगीत प्रचुर मात्रा में गाये जाते हैं। किन्तु मुख्य विषय हैं—जन्म, विवाह, तीर्थ-व्रत, पर्व-त्यौहार, सावन और फागुन, बैल और खेती, हास्य-विनोद, हर्षोल्लास आदि। कुछ संस्कारों के अवसर के लोकगीत हैं— पुत्रजन्म की बधाई, दाई, जच्चा, लगन, हल्दी, विवाह के गीत, बनड़ा, घोड़ी के गीत आदि। तीज, होली और बारहमासा के गीत अपने ढ़ंग के अनोखे हैं। इनके अलावा ननद-भौजाई, देवरानी-जेठानी, सास-बहु, पीहर-ससुराल और भाई-बहन के सम्बन्धों की सूक्ष्म अनुभूतियों, उनके बीच हास-परिहास के सूक्ष्म और तीखे चित्रों के गीतों की भरमार है। हरियाणा में पुत्र के जन्म-संस्कार के अवसर पर मंगलमय 'पीलिया' लोकगीत गाया जाता है।

प्रदेश के लोकनृत्य

हरियाणा के लोकनृत्य यहाँ की सांस्कृतिक परम्पराओं के प्रतीक हैं और विभिन्न अवसरों पर किये जाने वाले लोकनृत्य प्रदेश के लोगों की उमंग, उत्साह व उल्लास को भी दर्शाते हैं। कुछ नृत्य पुरुषों द्वारा किये जाते हैं और कुछ स्त्रियों द्वारा, कुछ में स्त्री-पुरुष साथ-साथ सम्मिलित रूप से नृत्य करते हैं। प्रदेश में पुरुषों व स्त्रियों द्वारा किये जाने वाले नृत्य-

1. धमाल नृत्य—प्रदेश में पुरुषों का धमाल नामक नृत्य बहुत प्रसिद्ध नृत्य है। बीनों, खंजरी, तुम्बे, घड़वे, खड़ताल, ढोलक और बाँसुरी की ध्वनि-ताल पर थिरकता यह नृत्य महेन्द्रगढ़, झज्जर में लोकप्रिय है और चांदनी रात में खुले मैदान में इसका आयोजन किया जाता है।

2. मंजीरा नृत्य–मंजीरा नृत्य मेवात में बड़े-बड़े नक्कारों, डफ और मंजीरों के साथ होता है।

3. लूर नृत्य–प्रदेश के बांगर क्षेत्र में होली के मौसम में लूर नृत्य होता है।

4. डमरु–हरियाणा में पुरुषों द्वारा किया जाने वाला डमरु नृत्य भी बहुत प्रसिद्ध है।

5. छठी नृत्य–छठी नृत्य का आयोजन प्रदेश में शिशु के जन्म के छठे दिन स्त्रियों द्वारा रात्रि में किया जाता है। इस समारोह के अन्त में उबले चने और गेहूँ बांटे जाते हैं।

6. घोड़ी नृत्य–घोड़ी नृत्य का आयोजन प्रमुख रूप से शादी के अवसरों पर किया जाता है। यह व्यवासायिक आधार पर भी किया जाता है। इस नृत्य में गत्ते और रंगीन कागज से बनाया हुआ घोड़े का मुखोटा प्रयोग किया जाता हैं।

7. छड़ी नृत्य–भादों माह की नौमी के दिन गुगापीर की पूजा के बाद इस नृत्य का आयोजन किया जाता है। यह नृत्य पुरुषों द्वारा किया जाता है।

8. तीज का नृत्य–यह नृत्य तीज के त्यौहार के अवसर पर एक विशेष स्थान पर किया जाता है। इस अवसर पर स्त्रियाँ सुन्दर-सुन्दर परिधान धारण करती हैं तथा नृत्य व गायन का आयोजन करती हैं।

9. फाग नृत्य–इस नृत्य का आयोजन प्रदेश में होली से दो सप्ताह पूर्व किया जाता है। यह नृत्य रात्रि में स्त्रियों द्वारा किया जाता है। कहीं-कहीं इसका आयोजन पुरुषों द्वारा भी किया जाता है। इस नृत्य की यह विशेषता है कि पुरुष, स्त्रियों के नृत्य को नहीं देख सकता है।

10. खोड़िया नृत्य–इस नृत्य का आयोजन घर में लड़के के विवाह समारोह पर किया जाता है। बारात के जाने के बाद स्त्रियाँ नृत्य व गायन करती हैं।

प्रदेश के लोकनाट्य

हरियाणा का लोकनाट्य अति समृद्ध है। 16वीं शताब्दी के आरम्भ में रासलीला और रामलीला की शुरुआत हुई। इन्हीं लीलाओं का बदला रूप सांग, भजन, संगीत, तमाशा और नकल में मिलता है।

हरियाणा का जनोल्लास सांगों में प्रस्फुटित होता है। सांग रात्रि में प्रायः रात-रात भर होते हैं। पं॰ दीपचंद सांगी, सांगों के युग प्रवर्तक थे। सुप्रसिद्ध सांगों के नाम हैं, सीला सेठानी, हरिश्चन्द्र, नल-दमयन्ती, मीराबाई, सत्यवान-सावित्री, सेठ ताराचंद आदि।

हरियाणा के प्रसिद्ध लोकप्रिय सांग-गीत हैं: पूरन भगत, शाही लकड़हारा, रूप-बसन्त, हकीकत राय आदि।

हरियाणा के प्रमुख स्वांगी

- किशनलाल भाट
- पं॰ नेतराम
- अलीबख्श
- सरूपचन्द्र
- पं॰ लखमीचन्द्र
- जमुवां मीर
- अहमद बख्श
- अम्बाराम
- दीपचन्द्र
- बाजे भगत
- मांगेराम
- रामकिशन व्यास
- बंसीलाल
- रामलाल
- बालकराम
- हरदेवा
- धनपत सिंह
- सुल्तान सिंह

15 धार्मिक एवं तीर्थ स्थल

कैथल

- गुरुद्वारा नीम साहिब
- गुरुद्वारा मंजी साहिब
- नवग्रह कुण्ड
- बाबा लदाना

कुरुक्षेत्र

- ब्रह्म सरोवर
- सन्निहित तीर्थ
- ज्योतिसर सरोवर
- बाबा काली कमली वाले का डेरा
- चन्द्रकूप
- गौड़ीय मठ
- गीता भवन
- वाल्मीकि आश्रम
- राजघाट गुरुद्वारा
- बाण गंगा
- कमल नाभ तीर्थ
- कालेश्वर तीर्थ
- गुरुद्वारा नौंवी पातशाही
- प्राची तीर्थ
- कुबेर तीर्थ
- मारकाण्डेय तीर्थ
- गुरुद्वारा छठी पातशाही
- नरकातारी (अनरक तीर्थ)
- कमोधा
- आपगा (ऋग्वेद आपया)
- पेहोवा

पलवल

- सती का स्थान (होडल)
- पंचवटी मंदिर

जींद

- पाण्डू-पिण्डारा प्राचीन धर्मस्थल
- रामराय
- सफीदों
- हंसडैहर
- हटकेश्वर
- जामनी
- धमतान साहिब
- पुष्कर तीर्थ
- बराह
- ढोरी तीर्थ स्थल
- पूण्डरीक सरोवर
- देवसर
- पहाड़ी
- धनाना
- इमलोटा

यमुनानगर

- गुरुद्वारा कपाल मोचन
- श्री कालेश्वर महादेव मठ

रोहतक

- अस्थल बोहर
- पिंजौर

अन्य प्रमुख तीर्थस्थल

- तोशान के पंचतीर्थ (भिवानी)
- कपाल मोचन (सोम सरोवर) तीर्थ (बिलासपुर)
- सूर्यकुण्ड (बिलासपुर)
- पिंजौर, गुरुद्वारा लाखन माजरा (रोहतक-जींद रोड पर)
- इमलोटा (दादरी)
- ढोसी तीर्थस्थल (नारनौल)
- पूण्डरीक सरोवर (पूण्डरीक)

प्रमुख मन्दिर

- स्थानेश्वर महादेव मन्दिर–थानेसर
- देवीकूप (भद्रकाली मन्दिर)–कुरुक्षेत्र रेलवे स्टेशन के निकट सांसा रोड पर
- दुखभंजनेश्वर मन्दिर–कुरुक्षेत्र
- नारायण मन्दिर–कुरुक्षेत्र
- लक्ष्मी नारायण मन्दिर–कुरुक्षेत्र
- सर्वेश्वर महादेव मन्दिर–कुरुक्षेत्र
- बिरला मन्दिर–कुरुक्षेत्र–पेहोवा सड़क पर
- भगवान शिव मन्दिर (माधोवाला मन्दिर)–नारनौल
- ग्यारह रुद्री शिव मन्दिर–कैथल
- अम्बकेश्वर महादेव मन्दिर–कैथल
- हनुमान मन्दिर–कैथल
- देवी तालाब का शिव मन्दिर–पानीपत
- शिव मन्दिर–करनाल
- अदिति का मन्दिर–अमीन गाँव (कुरुक्षेत्र)
- पंचवटी मन्दिर (पलवल)
- दाऊजी का मन्दिर–वंचारी गाँव (फरीदाबाद से 55 किमी. दूर)
- शिव मन्दिर बाधोत–बाधोत गाँव (महेन्द्रगढ़ से लगभग 40 किमी. दूर)
- चामुण्डा देवी का मन्दिर–नारनौल
- घण्टेश्वर मन्दिर–रेवाड़ी
- हनुमान मन्दिर–रेवाड़ी
- माता शीतला देवी का मन्दिर–गुरुग्राम
- डीघल गांव का शिवालय–झज्जर
- राधेश्याम मन्दिर–पूण्डरीक
- गीता मन्दिर–पूण्डरीक
- शिव मन्दिर–पूण्डरीक
- पुराना शिव–पार्वती मन्दिर–पूण्डरीक
- रूढ़मल मन्दिर–बेरी (झज्जर)
- ठाकुरद्वारा–कुतानी गाँव (झज्जर से 23 किमी. दूर)
- चिट्टा हनुमान मन्दिर–यमुनानगर
- भगवान परशुराम सर्वधर्म मन्दिर– जगाधरी
- पंचम कालीन जैन मन्दिर–बूड़िया (यमुनानगर)
- आदि बद्री नारायण मन्दिर–कठगढ़ गाँव (जगाधरी से 35 किमी दूर)
- पंचमुखी, हनुमान मन्दिर–जगाधारी से 23 किमी दूर
- शिव मन्दिर–किलोई गाँव (रोहतक)
- मनसा देवी का मन्दिर (मनीमाजरा के निकट और चण्डीगढ़ से 9 किमी दूर)

प्रमुख मज़ारें, दरगाहें व मस्जिदें

प्रमुख मस्जिदें

हरियाणा की प्रमुख मस्जिदें इस प्रकार हैं:

- शीशे वाली मस्जिद–रोहतक
- दीनी मस्जिद–रोहतक
- लाल मस्जिद–रोहतक (भिवानी स्टैण्ड पर स्थित)
- सराय अलावरदी गांव की मस्जिद– गुरुग्राम
- काज़ी की मस्जिद–दुजाना गाँव (झज्जर)
- लाल मस्जिद–रेवाड़ी

प्रमुख मजारें व दरगाहें

- बू अलीशाह की दरगाह–पानीपत
- शेख अनामअल्ला की मजार–पानीपत
- गौस अलीशाह की मजार–पानीपत
- हमजा पीर की दरगाह–धरसूं गाँव (नारनौल से 10 किमी दूर)
- पीर मुबारक शाह की दरगाह–कलियाणा गाँव (चरखी दादरी)
- मीरशाह (बाबा शाहखान) की मजार–फतेहाबाद
- शेख चेहली का मकबरा–थानेसर
- बाबा शाह कमाल की मजार–कैथल
- पीर जमाल की मजार–गोहाना
- दरगाह चार कुतुब–हांसी
- पक्का पुल के पाँच पीरों की मजार– मधबन (करनाल के निकट)
- मीरां साहब का मकबरा–करनाल
- मामू-भांजा की दरगाह–सोनीपत
- पीर नौगजा की दरगाह–(शाहबाद और अम्बाला के बीच)

विविध तथ्य

- 'बू-अलीशाह कलंदर की दरगाह' पानीपत, के बारे में ऐसी धारणा है कि यहाँ पर श्रद्धालुओं द्वारा माथा टेकने पर ही अजमेर के ख्वाजा का उर्स पूरा होता है।
- हरियाणा में चिश्ती सम्प्रदाय की स्थापना शेख फरीद (फरीदुद्दीन शकर गंज) ने की थी।
- सूफी संत शेख चेहली शाहजहाँ के शासनकाल में ईरान से चलकर भारत में हजरत कुतुब जलालुद्दीन से मिलने थानेसर आए थे।
- शाहबाद और अम्बाला के बीच में स्थित पीर नौगजा की दरगाह पर मनोकामना पूरी होने पर पीर को घड़ी चढ़ाई जाती है।
- कुरुक्षेत्र जिले में ज्योतिसर सरोवर स्थल पर भगवान श्रीकृष्ण ने अर्जुन को गीता का उपदेश दिया था।
- गुरुग्राम में स्थित माता शीतला देवी का मंदिर महाराज भरतपुर द्वारा सन् 1650 में बनवाया गया था।
- यमुनानगर के चिट्टा हनुमान मंदिर में हनुमान जी की प्रतिमा श्वेत रूप में स्थापित है।
- कुरुक्षेत्र जिले में वाल्मीकि आश्रम के पास बाबा लक्ष्मण गिरि महाराज ने जीवित समाधि ली थी।
- प्रसिद्ध सूफी संत शेख चेहली के मकबरे को हरियाणा का ताजमहल कहा जाता है।
- रेवाड़ी की ऐतिहासिक लाल मस्जिद का निर्माण अकबर के शासनकाल में हुआ था।
- थानेसर स्थित सूफी संत शेख चेहली के मकबरे को पुरातत्त्वीय स्थल और अवशेष अधिनियम, 1958 के अधीन राष्ट्रीय महत्त्व का स्मारक घोषित किया गया है।
- पानीपत के निकट काला अम्ब स्थान को हरियाणा सरकार 'वार-हीरो मेमोरियल' के रूप में विकसित कर रही है।

16 प्राचीन नगर

हरियाणा के शहरों के प्राचीन नाम

वर्तमान नाम	प्राचीन नाम	वर्तमान नाम	प्राचीन नाम
कैथल	कपिलस्थल	जींद	जयन्तपुरी
थानेसरा	स्थाण्वीश्वर	सोनीपत	शोणप्रस्थ
जगाधरी	युगन्धर	पलवल	अपलवा
कालका	कालकूट	हांसी	आशी
गोहाना	गवन मोहाना	महम	महेस्थ
औरंगाबाद	प्रकृतनाक	अम्बाला	अम्बाला
पिन्जौर	पंचमपुर	कुरुक्षेत्र	शर्यणावत
अग्रोहा	अग्रोदका	रोहतक	रोहिताश
बहादुरगढ़	शरफाबाद	महेन्द्रगढ़	कान्नौड़
पेहोवा	पृथूदक	सिरसा	शैरीषकम
सफीदों	सर्पदमन	रेवाड़ी	रेवावाड़ी
नारनौल	नरराष्ट्र	फतेहाबाद	इकदार
असन्ध	असन्धिवत		

कुरुक्षेत्र

भारतीय विचारधारा की जन्म-स्थली कुरुक्षेत्र आर्य संस्कृति का एक सबसे प्रसिद्ध केन्द्र है। विश्वास किया जाता है कि हिन्दू समाज और धर्म ने एक निश्चित रूपरेखा यहाँ पर धारण की। पवित्र सरस्वती नदी इस क्षेत्र में बहती थी। इसी नदी के तट पर महर्षि वेदव्यास ने अमर काव्य ''महाभारत'' की रचना की थी। वेदों, उपनिषदों और पुराणों का प्रादुर्भाव यहीं हुआ। यहीं भगवान कृष्ण ने अर्जुन को गीता का प्रेरणादायक संदेश दिया। यही कारण है कि इसे भारत के प्रमुख तीर्थ स्थानों में माना जाता है।

कुरुक्षेत्र दिल्ली से उत्तर की ओर 160 किलोमीटर व करनाल से 39 कि॰मी॰ और अम्बाला से दक्षिण की ओर 40 कि॰मी॰ की दूरी पर स्थित है।

थानेसर (स्थाण्वीश्वर)

बौद्ध तथा जैन साहित्य में जिस ''थूण'' या ''थूणा'' ग्राम का उल्लेख है वही आगे चलकर स्थाण्वीश्वर नगर (थानेसर) कहलाया। स्थाण्वीश्वर नगर की गणना उन कुछ नगरों में की जाती

है, जिन्हें प्राचीन भारत में राजधानी होने का गौरव मिला। यह श्रीकंठ जनपद की राजधानी थी।

पानीपत

इस ऐतिहासिक नगर के नामकरण के बारे में कहा जाता है कि महाभारत की लड़ाई के समय पाण्डवों ने जिन पांच गांवों की दुर्योधन से मांग की थी, उनमें से एक पनपथ भी था। बाद में यही पनपथ समय के थपेड़ों की मार सहते हुए पानीपत बन गया।

दिल्ली से 90 किलोमीटर दूर शेरशाह सूरी मार्ग पर बसे इस नगर का अपना एक ऐतिहासिक महत्त्व है। यहां तीन प्रमुख लड़ाइयां लड़ी गईं, जिन्होंने भारतीय इतिहास को नया मोड़ दिया।

रेवाड़ी

रेवाड़ी नगर देश की राजधानी दिल्ली से 82 किलोमीटर दूर दक्षिण-पश्चिम में स्थित है। इस नगर का इतिहास दिल्ली जितना पुराना बताया जाता है। जनश्रुति के अनुसार महाभारत काल में राजा रेवत ने इस नगर की स्थापना की थी।

हिसार

राष्ट्रीय राजमार्ग नम्बर-10 पर हिसार नगर स्थित है। एक ऐतिहासिक उल्लेख के अनुसार सन् 1354 में तुगलक वंश के सुल्तान फिरोजतुगलक ने एक दुर्ग के रूप में हिसार की स्थापना की थी।

इस जिले के उत्तर में पंजाब राज्य, पूर्व में जीन्द व रोहतक जिलों की तथा पश्चिम में सिरसा जिला तथा राजस्थान राज्य की सीमाएं लगती हैं।

शाहबाद मारकण्डा

यह नगर जी॰टी॰ रोड पर कुरुक्षेत्र से 23 कि॰मी॰ की दूरी पर, मारकण्डा नदी के किनारे पर बसा हुआ है। सन् 1192 में तरावड़ी की लड़ाई के पश्चात् शहाबुद्दीन मुहम्मद गौरी के जनरल ने इस नगर की स्थापना की थी।

लाडवा

लाडवा नगर कुरुक्षेत्र से लगभग 20 कि॰मी॰ दूर कुरुक्षेत्र-यमुनानगर सड़क पर स्थित है। इस नगर के पास एक सरोवर है जिसके किनारे पर एक देवी का मन्दिर है और जहाँ प्रति वर्ष बड़ा भारी मेला लगता है।

यमुनानगर

यमुनानगर पश्चिमी यमुना नहर के तट पर स्थित है। इसके पूर्व में उत्तर प्रदेश तथा दक्षिण में कुरुक्षेत्र जिला स्थित है।

यमुनानगर 1 नवम्बर, 1989 को जिला बना। इससे पहले यह जिला अम्बाला का ही भाग था। यह नगर प्राचीन समय से ही टिम्बर मार्किट के लिए प्रसिद्ध रहा है।

जगाधरी

यह नगर यमुनानगर जिले के अन्तर्गत आता है। कहते हैं कि इसका पुराना नाम राजा योगेन्द्र के नाम पर योगेन्द्री था। महाभारत काल में योगेन्द्र एक योद्धा, एक राज्य, एक स्थान या एक पर्वत को कहा जाता था। कुछ समय के अन्तराल पर योगेन्द्री का नाम धीरे-धीरे बिगड़कर जगाधरी पड़ गया।

बिलासपुर

यह नगर जगाधरी से 35 कि॰मी॰ दूर स्थित है। इस नगर का सम्बन्ध महाभारत के रचयिता ऋषि वेदव्यास से माना जाता है। एक किंवदन्ती के अनुसार यहाँ पर ऋषि वेदव्यास की कुटिया थी जिसके नाम पर इसका नाम व्यासपुर रखा गया और बिलासपुर इसी का अपभ्रंश है।

सुध

कनिंघम ने चीनी यात्री ह्यूनसांग द्वारा पुरातन नगर श्रुध्न का जो वर्णन किया है उसके आधार पर सुध गांव के अवशेषों की पहचान श्रुध्न नगर के रूप में की गई है। श्रुध्न उत्तर भारत का एक प्रसिद्ध नगर था और पूर्वकालीन तथा मध्यकालीन तथा पाली साहित्य में बार-बार इसका वर्णन किया गया है। पाणिनी की अष्टाध्यायी में भी इसका संदर्भ पाया जाता है।

पंचकूला

पंचकूला नवनिर्मित नगर अम्बाला-कालका राष्ट्रीय राजमार्ग एवं अम्बाला-कालका रेलवे लाइन पर चण्डीगढ़ के समीप स्थित है। पंचकूला में हिन्दुस्तान मशीन टूल्ज लिमिटेड की सहायक औद्योगिक सम्पदा है जिसमें ट्रैक्टर के कलपुर्जों का निर्माण होता है।

जीन्द

जीन्द नगर ऐतिहासिक एवं धार्मिक दृष्टि से अत्यन्त महत्त्वपूर्ण है। किंवदंतियों के अनुसार यहाँ पर स्थित सुविख्यात जयन्ती देवी मन्दिर के नाम से इस नगर का नाम जीन्द पड़ा है। पाण्डवों ने महाभारत का युद्ध लड़ने से पहले अपनी सफलता के लिए ''विजय देवी-जयन्ती देवी'' मन्दिर का निर्माण करके श्रद्धापूर्वक देवी की आराधना की।

एक नवम्बर, 1966 को हरियाणा के अलग राज्य के अस्तित्व में आने पर इसे जिले का दर्जा मिला। जनवरी 2014 में इसे राष्ट्रीय राजधानी क्षेत्र (एनसीआर) में शामिल कर लिया गया है।

महेन्द्रगढ़

कानौडिया ब्राह्मणों द्वारा आबाद किये जाने के कारण महेन्द्रगढ़ नगर पहले कानौड के नाम से जाना जाता था। कहा जाता है कि इसे बाबर के एक सेवक मलिक महमूद खान ने बसाया था। सत्रहवीं शताब्दी में मराठा शासक तांत्या टोपे ने यहाँ एक किले का निर्माण करवाया था। 1861 में पटियाला रियासत के शासक महाराज नरेन्द्र सिंह ने अपने पुत्र मोहिन्दर सिंह के सम्मान में इस किले का नाम महेन्द्रगढ़ रख दिया था और नारनौल निजामत का नाम बदल कर महेन्द्रगढ़ निजामत रखा गया।

1948 में महेन्द्रगढ़ जिले के गठन के बाद से जिलों के पुनर्गठन व नए जिले बनने की वजह से महेन्द्रगढ़ जिले की भौगोलिक सीमाओं में अनेक बार परिवर्तन किये गये हैं।

बल्लभगढ़

बल्लभगढ़ एक ऐतिहासिक नगर है। जनश्रुति के अनुसार एक निर्धन किसान बल्लभसिंह ने इस नगर की नींव रखी थी। दैवी कृपा से उस किसान को काफी मात्रा में स्वर्ण भण्डार मिला। बताया जाता है कि उसने तथा उसके उत्तराधिकारियों ने सात पीढ़ियों तक आस-पास के 200 गांवों पर राज किया। यह नगर इस समय फरीदाबाद जिले के अन्तर्गत है।

पलवल

पलवल एक प्राचीन ऐतिहासिक नगर है। माना जाता है कि अत्यन्त बलशाली दानव पुल्लाम्बासुर को द्वापर काल में मारा गया था। पलवल उस समय पुल्लाम्बासुर की राजधानी थी। उसके नाम पर इस नगर की स्थापना हुई। समय के साथ-साथ पुल्लाम्बासुर नाम ने पलवल का रूप ले लिया। यह नगर पहले फरीदाबाद जिले के अन्तर्गत आता था, लेकिन वर्ष 2008 में इसे जिले का दर्जा दे दिया गया है।

होडल

होडल एक प्राचीन नगर है, इसका सम्बन्ध महाभारत काल से जुड़ा हुआ है। पाण्डव वन नामक स्थान के अवशेष अब भी यहीं पर हैं, कहते हैं पाण्डवों ने अज्ञातवास का समय इस क्षेत्र में बिताया था। महाभारत काल के बाद यहाँ ओड जाति आकर बस गई। ओडों के रहने से इस स्थान का नाम ओडल पड़ गया जो बदलते-बदलते होडल हो गया। यह नगर पलवल जिले में शामिल है।

गुरुग्राम

हरियाणा राज्य के दक्षिणी छोर पर स्थित गुरुग्राम (गुड़गांव) का पुराना नाम भी गुरुग्राम था। गुरुग्राम नगर के साथ ही गुरुग्राम गांव लगता है, जिसे प्राचीन काल से गुरुगांव कहते हैं। महाभारत काल में राजा युधिष्ठिर ने गुरुग्राम गांव को अपने धर्मगुरु द्रोणाचार्य को उपहार स्वरूप दिया था और आज भी उनके नाम पर एक तालाब के भग्नावशेष तथा एक मन्दिर प्रतीक के तौर पर विद्यमान हैं। इसी गुरुग्राम के साथ ही गुरुग्राम नगर की स्थापना हुई। यह जिला दिल्ली से 32 किलोमीटर दूर दक्षिण दिशा में है।

कैथल

कैथल शब्द का उल्लेख प्राचीन इतिहास में मिलता है। यहाँ के पुराने ऐतिहासिक स्थल, धार्मिक स्थान और जगह-जगह सदियों पूर्व बने भवनों के खण्डहर अतीत की महत्त्वपूर्ण यादें संजोए हुए हैं।

कैथल 1 नवम्बर, 1989 में हरियाणा के एक जिले के रूप में अस्तित्व में आया इससे

पूर्व यह करनाल जिले और फिर कुरुक्षेत्र जिले का उपमण्डल भी रहा। यहाँ की एक प्राचीन दुर्ग, प्रथम शासिका रजिया बेगम की कब्र व दो प्राचीन दरगाहें प्रसिद्ध हैं।

करनाल

शेरशाह सूरी मार्ग पर दिल्ली और चण्डीगढ़ से समान दूरी पर स्थित करनाल की नींव महाभारत के महान योद्धा एवं दानवीर राजा कर्ण द्वारा रखी गई बताई जाती है।

विश्व के मानचित्र में ''धान का कटोरा'' तथा ''हरियाणा का पैरिस'' जैसी आधुनिक उपमाओं से अलंकृत होकर करनाल जिला समय के साथ-साथ प्रगति की ओर अग्रसर है। जनवरी 2014 में इसे राष्ट्रीय राजधानी क्षेत्र (एनसीआर) में शामिल कर लिया गया है।

करनाल का ऐतिहासिक महत्त्व भी बहुत है। मध्यकाल में यहां से लगभग 15 कि॰मी॰ दूर तराइन (आधुनिक तरावड़ी) के स्थान पर लड़े गये युद्धों के परिणामस्वरूप भारत के इतिहास के अध्यायों में नवीन पृष्ठों का समावेश हुआ।

फरीदाबाद

देश की राजधानी दिल्ली से 30 कि॰मी॰ दूर मथुरा राष्ट्रीय राजमार्ग पर स्थित फरीदाबाद इस समय देश का दसवां बड़ा औद्योगिक परिसर है। 2 अगस्त, 1979 को यह जिला हरियाणा के 12वें जिले के रूप में अस्तित्व में आया। ऐसा माना जाता है सन् 1607 ई॰ में जहाँगीर के खजांची बाबा फरीद ने इस नगर की नींव रखी थी। बाबा फरीद ने यहाँ एक किला, एक तालाब तथा एक मस्जिद बनवाई। बाद में यह बल्लभगढ़ के शासक के पास उसकी जागीर के तौर पर रहा। यहाँ के शासकों ने सन् 1857 के प्रथम स्वतंत्रता संग्राम में भाग लिया, जिस कारण से अंग्रेजों ने फरीदाबाद को अपने अधिकार में ले लिया। सन् 1947 में स्वतंत्रता प्राप्ति के समय फरीदाबाद अविकसित क्षेत्र था। देश के विभाजन के बाद पश्चिमी पंजाब के उत्तरी पश्चिमी सीमा प्रान्त से विस्थापित परिवार फरीदाबाद में आकर बस गये। इन लोगों ने इस नगर में व्यापक स्तर पर उद्योग धन्धे स्थापित करके इसे औद्योगिक नगरी का गौरव प्रदान किया। यहाँ के कारखानों में सुई से लेकर ट्रैक्टर, घरेलू सामान से लेकर सुरक्षा सामान, टैक्सटाइल से लेकर पेन्ट्स एवं फार्मेसी के समान से लेकर इलेक्ट्रॉनिक्स का सामान तैयार होता है।

सिरसा

सिरसा हरियाणा का एक प्राचीन नगर है, 'शिरीष' वन को साफ करके बसाए जाने के कारण इस स्थान का नाम महाभारत काल में शैरीषकम था। धीरे-धीरे यह शब्द शिरीष बना और वहाँ से बिगड़ते हुए बाद में सिरसा के नाम से जाना गया। इस नगर से यौधेयों और कुषाणों के काल की बहुत-सी मुद्राएं मिली हैं।

सोनीपत

महाभारत काल में जब युधिष्ठिर ने दुर्योधन से जो पाँच पत या प्रस्थ मांगे थे सोनीपत उनमें से एक है। यहाँ के पुराने खण्डहरों से लगता है कि यह पहले बड़ा वैभवशाली नगर रहा होगा।

नगर के समीप से खुदाई में सूर्य, यक्ष, यक्षिणी तथा आदिशिव और उनके वाहन नन्दी की मूर्तियाँ प्राप्त हुई हैं। कहा जाता है कि रामायण काल का पात्र श्रवणकुमार अपने माता-पिता को तीर्थ स्थलों के दर्शनों के लिए ले जा रहा था तो उसने यहाँ के सुन्दर वातावरण को देखकर आगे जाने से मना कर दिया था। इस समय सोनीपत हरियाणा का एक प्रमुख औद्योगिक जिला है।

गोहाना

गोहाना नगर का नाम प्राचीन काल में गवभ भवाना था जिसे बाद में पृथ्वीराज चौहान ने गोहाना नाम दिया। यह नगर इस समय सोनीपत जिले के अंतर्गत आता है।

बहादुरगढ़

प्राचीनकाल में बहादुरगढ़, शरफाबाद के नाम से जाना जाता था। यह नगर झज्जर जिले के अन्तर्गत आता है तथा एक प्रमुख औद्योगिक नगर है।

रोहतक

रोहतक नगर प्रदेश के प्राचीन नगरों में से एक है। यह माना जाता है कि इस नगर की स्थापना रोहताश भ्रम ने की थी। जनश्रुति के अनुसार यह नगर प्राचीन काल में रोहीडा जंगल को काटकर बसाया गया था। इसी का नाम रोहीतक हुआ, और धीरे-धीरे रोहतक कहा जाने लगा। इस समय यह जिला हरियाणा के प्रसिद्ध नगरों में से एक है।

अम्बाला

अम्बाला नगर की स्थापना 14वीं शताब्दी में अम्बा नामक राजपूत ने की थी। ऐसा भी माना जाता है कि यहां आम की पैदावार अधिक होती थी इस कारण इसे अम्बवाला कहा जाता था जो अब बिगड़कर अम्बाला बन गया। यह जिला वर्तमान समय में शीशे के समस्त वैज्ञानिक उपकरणों के उत्पादन के कारण प्रसिद्ध है।

झज्जर

झज्जर का इतिहास लगभग एक सहस्र वर्ष पुराना है। इस नगर का नाम झज्जर, छज्जू नामक व्यक्ति के नाम पर रखा गया माना जाता है। हरियाणा राज्य में सबसे ज्यादा पानी इसी नगर में पाया जाता है। वर्तमान समय में यह नगर राज्य का जिला भी है।

फर्रुखनगर

गुरुग्राम जिले में स्थित फर्रुखनगर नामक एक छोटा सा नगर है। इस नगर से डेढ़ मील की दूरी पर स्थित पुरानी राजपूताना-मालवा रेलवे लाइन, नमक बाहर ले जाने के लिए बनाई गई थी। पहले यहाँ बड़ी मात्रा में नमक बनाया जाता था और बाहर भेजा जाता था।

दिल्ली दरवाजा और शीशमहल इस नगर की दर्शनीय पुरानी इमारतें हैं जिन्हें दलेल खां ने ही बनवाया था। एक अष्टकोणी बावली भी है।

ऐतिहासिक कस्बे व गांव

प्रसिद्ध ऐतिहासिक कस्बे

गोहानाः यह एक प्राचीन कस्बा है जो जिला सोनीपत में स्थित है।

चरखी दादरीः सन् 1192 ई॰ में मौहम्मद गौरी ने महाराज पृथ्वीराज चौहान को पराजित करके उन्हें मौत के घाट उतार दिया था तब उनका छोटा पुत्र कुंवर बिल्वराज चौहान (वीर बिल्हप) अजमेर से पारिवारिक कलह के कारण अपने कुछ वीर साथियों और परिवारजनों को लेकर सुरक्षित स्थान की खोज में निकला और इस नगर की स्थापना की। यहाँ पर पानी की एक बड़ी झील थी जिसमें मेंढक (दादुर) अधिक थे। उन्हीं के कारण इस नगर का नाम दादरी पड़ा। वर्ष 2016 में चरखी दादरी को हरियाणा का 22वां जिला बना दिया गया है।

लोहारूः यह कस्बा भिवानी जिले में स्थित है। इस कस्बे के पूर्व में महेन्द्रगढ़, उत्तर में हिसार, पश्चिम में राजस्थान का चुरू जिला और दक्षिण भाग में राजस्थान के झुंझुनुं जिले की सीमायें लगती हैं। वर्तमान में लोहारू को जिला भिवानी के एक उपमण्डल का दर्जा प्राप्त है।

तोशामः तोशाम एक ऐतिहासिक पृष्ठभूमि वाला क्षेत्र है जो भिवानी, सिवानी एवं लोहारू के कुछ गांवों को मिलाकर आज एक उपमण्डल के रूप में विकसित हुआ है। 27 अप्रैल, 1993 को तोशाम को उपमण्डल का दर्जा प्रदान किया गया।

सढौराः सढौरा नामक प्रसिद्ध ऐतिहासिक कस्बा यमुनानगर जिले के अन्तर्गत आता है। मध्य काल में इसकी गिनती लाहौर व दिल्ली जैसे नगरों के साथ होती थी। सढ़ौरा की नगरपालिका सौ वर्ष पुरानी है।

बहादुरगढ़ः बहादुरगढ़ कस्बा दिल्ली से 32 कि॰मी॰ की दूरी पर राष्ट्रीय राजमार्ग न॰ 10 पर स्थित है। यह कस्बा रेल व सड़क मार्ग से जुड़ा हुआ है। इसका पुराना नाम शरफाबाद था।

महमः महम रोहतक जिले का एक महत्त्वपूर्ण कस्बा है। यहाँ पर एक ऐतिहासिक चबूतरा है जहाँ 24 गांवों की पंचायतें इक्ट्ठी होकर क्षेत्र की समस्याओं के बारे में महत्त्वपूर्ण निर्णय व न्याय करती हैं। यह कस्बा रोहतक से 30 कि॰मी॰ दूर राष्ट्रीय राजमार्ग नं॰ 10 पर हिसार की ओर है।

ऐलनाबादः यह कस्बा सिरसा से 42 कि॰मी॰ दूर दक्षिण-पश्चिम में राजस्थान की सीमा के समीप स्थित है। यह एक व्यापारिक केन्द्र रहा है।

रानियांः यह कस्बा सिरसा-जीवन नगर मार्ग पर सिरसा के पश्चिम में 21 कि॰मी॰ की दूरी पर स्थित है। यह एक प्रसिद्ध व्यापारिक केन्द्र है।

नारायणगढ़ः नारायणगढ़, जिला अम्बाला की तहसील एवं उपमण्डल है। इस कस्बे को सिरमौर (हिमाचल प्रदेश) के राजा लक्ष्मीनारायण ने बसाया था।

तावड़ूः तावड़ू सोहना से 17 कि॰मी॰ दूर पर्वतीय रास्ते से होते हुए हरियाणा राजस्थान मार्ग पर स्थित है।

बूड़ियाः यमुनानगर से बारह कि॰मी॰ दूर स्थित बूड़िया एक प्राचीन व ऐतिहासिक कस्बा है। इस कस्बे की नींव मुगल सम्राट् हुमायूं के शासनकाल में रखी गई थी। बूड़िया कस्बा हिन्दू काल में सूप, संकू तथा श्राधना के नाम से जाना जाता था। इतिहास के अनुसार अकबर महान् के नौ रत्नों में एक बीरबल यहां का निवासी था।

बेरीः बेरी जिला झज्जर का एक प्राचीन कस्बा है। यह तालाबों, विशाल हवेलियों तथा मन्दिरों के लिए प्रसिद्ध रहा है। बेरी में नवनिर्मित व प्राचीनतम 80 मन्दिर हैं। इनमें से एक मन्दिर (भीमेश्वरी देवी) तो महाभारत काल से अपना सम्बन्ध रखता है। बेरी के हर मन्दिर का अपना कोई न कोई इतिहास है। इनमें लाल रूढ़मल मन्दिर भी अतीत की धरोहर है।

कलायतः नरवाना कैथल पर यह प्राचीन स्थान है। यहाँ एक बहुत बड़ा सरोवर है और विभिन्न भव्य मन्दिर हैं। यह स्थान कपिलमुनि के आश्रम के नाम से जाना जाता है।

गुहलाः यह कैथल जिले की एक महत्त्वपूर्ण तहसील है। तैमूर की सेना ने घग्घर के जिस पुल को पार कर आक्रमण किया था, वह आज भी स्मृति॰स्थल के रूप में विद्यमान है।

पुण्डरीः कैथल जिले में स्थित, यह कस्बा कुरुक्षेत्र की 48 कोस की परिधि में आता है। पुण्डरक नाम का यहाँ एक सरोवर है जिसके नाम पर इस स्थान का नाम पुण्डरी पड़ा। यह एक प्राचीन तथा प्रसिद्ध तीर्थ माना जाता है।

प्रसिद्ध ऐतिहासिक गांव

खेड़ी गुज्जरः यह एक पुराना ऐतिहासिक स्थल है जो कि सोनीपत के लगभग 24 कि॰मी॰ उत्तर-पश्चिम में स्थित है। किसी समय यह यमुना के किनारे पर स्थित था।

अकबरपुर बारोटाः यह गांव सोनीपत से लगभग 12 कि॰मी॰ दूर दक्षिण में स्थित है। गांव में एक दरवाजा है, जो कि ''अकबरी दरवाजा'' के नाम से प्रसिद्ध है। होली वाले दिन गांव में गुरुनानक देव का मेला लगता है।

आदि बद्रीः बिलासपुर (जिला यमुनानगर) के उत्तर में लगभग 18 कि॰मी॰ की दूरी पर शिवालिक की पहाड़ियों में यह पौराणिक गांव बसा है। ऐसा विश्वास है कि यह सरस्वती नदी का उद्गम स्थान है।

बसन्तूरः बसन्तूर गांव छछरौली (जिला यमुनानगर) के उत्तर पूर्व में बसा है। इसका सम्बन्ध राजा शान्तनु से माना जाता है।

कुन्जपुराः यह स्थान करनाल जिले में स्थित है। कुन्जपुरा नवाब नजाकतखां की राजधानी रहा है। यहां छोटी.छोटी ईंटों से बना हुआ एक किला है जहां अब सैनिक स्कूल चल रहा है।

बस्तलीः यह हरियाणा के करनाल जिले में स्थित एक गांव है। कहा जाता है कि महर्षि वेदव्यास का आश्रम यहीं पर था। उन्होंने यहीं बैठकर महाभारत की रचना की थी।

तरावडीः यह स्थान करनाल जिले में स्थित है। मध्यकाल में सन् 1191 व 1192 में गौर के शासक मुहम्मद गौरी तथा अजमेर के शासक पृथ्वीराज चौहान के बीच युद्ध यहीं पर हुए थे। अन्ततः मुहम्मद गौरी की जीत हुई थी।

गांव सीहीः फरीदाबाद के निकट गांव सीही महान् भक्त कवि सूरदास की जन्म स्थली माना जाता है। एक जनश्रुति के अनुसार सीही में महाराजा जन्मेजय ने अपने पिता राजा परिक्षित की मृत्यु का प्रतिशोध लेने के लिए सर्पदाह यज्ञ करवाया था।

सराय अलावरदीः यह गांव गुरुग्राम के समीप स्थित है। इस गांव का अपना एक अनजाना इतिहास है। पहले यहाँ एक प्रसिद्ध सराय थी। लोगों का कहना है कि समय की गति के साथ इस क्षेत्र के शासक बदलते रहे हैं लेकिन एक बादशाह अलावरदी ने बड़ी प्रसिद्धि पाई, संभवतः इसी के नाम पर इस गांव का नाम अलावरदी पड़ा।

गांव दुजानाः यह गांव झज्जर जिले में स्थित है। दुर्जनशाह नामक फकीर के नाम पर इस गांव का नाम दुजाना पड़ा। बाद में यही दुजाना रियासत के नाम से प्रसिद्ध हुआ। इस गांव में अनेक प्राचीन मस्जिदें व पुरानी इमारतें हैं जो अतीत की सांस्कृतिक धरोहर हैं। यहां के खण्हर आज भी बताते हैं कि दुजाना की रियासत बेमिसाल थी। यहां की इमारतें बेमिसाल थीं।

अमीनः जिला कुरुक्षेत्र का यह एक अति प्राचीन गांव है तथा इसका वर्तमान नाम अर्जुन के पुत्र अभिमन्यु के नाम का अपभ्रंश रूप है। कहा जाता है कि इस स्थल पर अभिमन्यु ने चक्रव्यूह को भेदा था। परम्परानुसार यह स्थान आज भी अभिमन्यु खेड़ा के नाम से जाना जाता है। इसी स्थान पर अदिति ने भगवान को पुत्र के रूप में पाने के लिए दस हजार वर्षों तक तप किया था। यह गाँव जिला कुरुक्षेत्र में थानेसर से 8 कि॰मी॰ दक्षिण-पूर्व में एक टीले पर बसा हुआ है।

छायंसाः यह गांव फरीदाबाद जिले में बल्लभगढ़ से आसावरी, मझावली और दयालपुर होते हुए लगभग 16 कि॰मी॰ की दूरी पर स्थित है।

फरलः फरल एक अति प्राचीन गांव है। महाभारत एवं पुराणों का प्रसिद्ध फलकीवन इसी स्थान पर था और संभवतः इस नाम के आधार पर यह स्थान आगे चल कर फरल कहलाने लगा। फलकीवन एवं फलकी तीर्थ दोनों दृष्ट्वती नदी के तट पर थे। इस वन में पाण्डवों के वंशज अधिसोम कृष्ण ने दो वर्ष तक तप किया था। यह तीर्थ देवताओं को भी बहुत प्रिय था। यहाँ पर उन्होंने सहस्त्र वर्षों तक तप किया था। मिश्रक नामक तीर्थ भी यहीं पर था। यह तीर्थ मिश्रक इसलिए कहलाता है, क्योंकि मुनि व्यास ने देवताओं के लिए भी कभी तीर्थों को यहां एकत्रित किया था। यहां पितृपक्ष की सोमवती अमावस्या को विशेष रूप से भारी मेला लगता है और हजारों श्रद्धालु इस तीर्थ पर स्नान करने आते हैं। कहते हैं कि इस तीर्थ का मन में स्मरण कर लेने से ही पितर तृप्ति प्राप्त कर लेते हैं। यहां पर पिण्डदान का अति महत्त्व है।

कौलः इस गांव का सम्बन्ध सम्भवतः हम महाभारत में वर्णित कुलंपुन तथा वामनपुराण के कुलोन्तारण तीर्थ के साथ जोड़ सकते हैं। इस तीर्थ की स्थापना विष्णु ने अति प्राचीन काल में वनों और आश्रमों के उद्धार के लिए की थी। महाभारत के समय यह तीर्थ प्रसिद्ध नहीं था। किन्तु पौराणिक काल में इसका पर्याप्त महत्त्व हो गया था। यह एक ऐतिहासिक कस्बा माना जाता है।

सीवनः यह कैथल तहसील में एक बड़ा गांव है। संभवतः महाभारत और पुराणों में वर्णित कुरुक्षेत्र के वनों में से शिववन इसी के समीप था। शिववन के नाम पर ही इस स्थान का नाम पड़ा होगा। यहां के तालाब से दो शिलापट्ट प्राप्त हुए हैं। इनमें से एक पर त्रिविक्रम विष्णु की मूर्ति है। विष्णु के दोनों ओर उसके आयुधपुरुष शंख और चक्र हैं। उनके साथ ही लक्ष्मी और भूमि की मूर्तियां हैं, जिनके हाथों में क्रमशः कमल और चामर हैं। त्रिविक्रम के सिर के दोनों ओर ब्रह्मा, महेश और इन्द्र के चित्र उत्कीर्ण हैं। सबसे ऊपर एक पंक्ति में सप्तर्षि हैं। इनके हाथों में प्रदक्षिणा क्रम में गदा, कमल, शंख और चक्र हैं। ये दोनों मूर्तियां कैथल के काशीपुरी देवालय में प्रतिष्ठित हैं।

नारनौलः महेन्द्रगढ़ का जिला मुख्यालय नारनौल अपने आप में अनेक ऐतिहासिक गाथाएं समेटे हुए है। नारनौल के ऐतिहासिक स्मारक अपने कलात्मक, सौन्दर्य, ऐतिहासिक साक्ष्यों और सांस्कृतिक धरोहर के रूप में बेजोड़ हैं। इनमें उच्चकोटि की प्राचीन निर्माण कला का अनोखा समावेश है। नगर के विभिन्न भागों में बिखरे पड़े इन स्मारकों के बारे में यद्यपि बहुत कम ठोस प्रमाण उपलब्ध हैं, परन्तु इस बात के अनेक प्रमाण मिलते हैं कि इस नगर ने रईसों सामन्तों और नवाबों की जागीर के रूप में कई उतार-चढ़ाव देखे हैं।

गांव कुतानीः झज्जर से 23 कि॰मी॰ दूर पूर्व दिशा में बसे हुए गांव कुतानी में दुर्ग सरीखी एक हवेली और संलग्न ठाकुर द्वारा नवाबी इतिहास की अनेक रहस्यमयी घटनाओं के साक्षी हैं।

----

18 प्राचीन स्मारक, किले, महल, तालाब एवं संग्रहालय

इब्राहिम लोदी का मकबराः यह स्थान (इब्राहिम लोदी की कब्र) पानीपत के तहसील कार्यालय के निकट है। सन् 1526 में इब्राहिम लोदी ने बाबर के साथ युद्ध किया था, जिसमें उसकी पराजय हुई और वह मारा गया। युद्ध स्थल पर ही इब्राहिम लोदी को दफनाया गया।

काला अम्बः पानीपत से 8 कि॰मी॰ दूर "काला अम्ब" में सन् 1761 में पानीपत का तीसरा युद्ध अहमदशाह अब्दाली और मराठा सरदार शिवराम भाऊ के मध्य हुआ था। युद्ध में मराठा सेना की पराजय हुई। कहा जाता है कि इस स्थान पर एक आम का वृक्ष था, पानीपत के तीसरे युद्ध में मराठों का इतना खून बहा कि आम का वृक्ष भी काला पड़ गया। तभी से इस स्थान को "काला अम्ब" नाम से जाना जाता है। इस स्थान को हरियाणा सरकार 'वार-हीरो मैमोरियल' के रूप में विकसित कर रही है।

काबुली बागः पानीपत के निकट काबुली बाग में एक मकबरा तथा तालाब बना हुआ है। यह बाग बाबर ने पानीपत की प्रथम लड़ाई में विजय की खुशी तथा अपनी सबसे प्रिय रानी मुसम्मत काबुली बेगम की याद में बनवाया था।

सलारगंज गेटः यह दरवाजा पानीपत नगर के मध्य में स्थित है, जो नवाब सलारगंज के नाम से प्रसिद्ध है। यह दरवाजा प्राचीन वास्तुकला का उत्कृष्ट नमूना है।

होडल की सराय, तालाब व बावड़ीः होडल में भरतपुर के राजा सूरजमल ने एक सुन्दर सराय, तालाब व एक बावड़ी बनवाई थी। आज भी इनके खण्डहर यहां देखने को मिलते हैं। होडल के किशोरीबाई तालाब को सती का तालाब भी कहते हैं। यहां पर सती का मेला लगता है।

पलवल का किला, तालाब व मीनारः मुगलकाल में पलवल में "मटिया किला" बनवाया गया था। यह किला अब खण्डहर में परिवर्तित हो चुका है। शेरशाह सूरी के समय में पलवल तहसील के गांव मूलवाना में बनवाई गई मीनार तथा गांव अमरपुर में डेढ़ सौ वर्ष पुराना गोल मकबरा मुसलमानों का कला के प्रति समर्पण का द्योतक है। इस तहसील के गांव जैनपुर में पक्की ईंटों से बना एक तालाब है।

बल्लभगढ़ के तालाब, छतरी व किलाः बल्लभगढ़ के राजा अनुरूप सिंह की विधवा ने अपने पति की स्मृति में सन् 1818 में एक तालाब व छतरी बनवाई। बल्लभगढ़ के राजा अजय सिंह की विधवा ने भी अपने पति की याद में एक छतरी और तालाब का निर्माण करवाया था। इसके द्वारा बनवाई छतरी आज भी मौजूद है। यहाँ पर राजा बलराम ने एक किले का निर्माण करवाया जो आज भी खण्डहरनुमा स्थिति में मौजूद है।

गांव सराय ख्वाजा की सरायः फरीदाबाद जिले के गांव सराय ख्वाजा में लगभग तीन सौ वर्ष पुरानी एक सराय है। इस सराय के नाम पर ही गांव का नाम सराय ख्वाजा पड़ा। यह सराय परिख्वाजा ने बनवाई थी।

किशोरी महल व बाराखम्बा छतरीः पलवल के होडल नगर में स्थित किशोरी महल का निर्माण 1754 से 1764 में हुआ। किशोरी राजा सूरजमल की धर्मपत्नी थी। राजा सूरजमल ने अपने शासन के दौरान बहुत-सी ऐतिहासिक इमारतों का निर्माण करवाया था, जिनमें शाही महल, कचहरी एवं बाराखम्बा छतरी महत्त्वपूर्ण हैं।

कुन्जपुरा व तरावड़ी के किलेः जिला करनाल में स्थित कुन्जपुरा नामक स्थान पर छोटी-छोटी ईंटों से बना हुआ एक किला है जहाँ अब सैनिक स्कूल चल रहा है। करनाल के तरावड़ी नामक स्थान पर भी एक किला है जो आज भी विद्यमान है।

सोहना का किलाः जिला गुरुग्राम में स्थित सोहना नगर 18वीं शताब्दी में सोहन सिंह नामक राजा द्वारा बसाया गया था। उसी के काल में यहाँ पर एक किले का निर्माण करवाया गया जो खण्डहर के रूप में आज भी विद्यमान है।

जीन्द का किलाः सन् 1775 में गजपत सिंह ने जीन्द को जीतकर यहाँ पर एक विशाल किले का निर्माण करवाया और वह जीन्द नगर के पहले राजा बने। आज भी ऐतिहासिक किले के भग्नावशेष मीलों दूर से दिखाई देते हैं।

बागवाला तालाबः यह तालाब पुराने तहसील कार्यालय रेवाड़ी के समीप स्थित है। इसका निर्माण राव गूजरमल के पुत्र नन्द राम अहीर ने करवाया था। इस समय यह तालाब सूखा है तथा जीर्णावस्था में है।

राव तेज सिंह तालाबः यह तालाब रेवाड़ी के पुराने टाऊन हॉल के समीप स्थित है। इसका निर्माण राव तेज सिंह द्वारा सन् 1810 से 1815 के बीच किया गया था। इस विशाल तालाब में भूमिगत नालियों द्वारा पानी भरने की व्यवस्था है। तालाब में स्त्री-पुरुषों के स्नान के लिए अलग-अलग घाट हैं।

कोस मीनारः जिस प्रकार आजकल सड़कों पर अगले नगर या गन्तव्य की दूरी बताते 'मील पत्थर' लगे हैं। वे शेरशाह सूरी के काल में 'कोस मीनार' कहलाते थे। जब शेरशाह सूरी ने ऐतिहासिक जी॰टी॰ रोड का निर्माण करवाया था उस समय उसने जनता की सुविधा

के लिए प्रत्येक कोस पर इस तरह की एक-एक मीनार खड़ी की थी। एक अनुमानित नाप के अनुसार प्रत्येक कोस में लगभग 2 मील की दूरी शामिल होती है। इस समय हरियाणा में पड़ने वाले जी॰टी॰ रोड के अंश पर 88 'कोस मीनार' हैं।

रजिया बेगम का मकबरा: कैथल नगर के निकट बाबालदाना रोड पर भारत की साम्राज्ञी रजिया सुल्तान का मकबरा है। यद्यपि आज यह मकबरा खण्डहर हो चुका है, लेकिन इसके ऐतिहासिक महत्त्व को देखते हुए जब भी कैथल के इतिहास का जिक्र आता है तो इस मकबरे की भी चर्चा अवश्य होती है।

जल महल: ऐतिहासिक स्मारक जल महल नारनौल नगर के दक्षिण में आबादी से बाहर स्थित है। इसका निर्माण सन् 1591 में नारनौल के जागीरदार शाह कुली खान ने करवाया था। इतिहास प्रसिद्ध पानीपत के द्वितीय युद्ध में शाह कुली खान ने हेमू को पकड़ा था। इसी उपलक्ष्य में अकबर ने प्रसन्न होकर शाह कुली खान को नारनौल की जागीर सौंपी थी। जल महल का निर्माण लगभग ग्यारह एकड़ के विशाल भूखण्ड पर किया गया है। यह विशाल तालाब के बीच स्थित है, लेकिन स्मारक तक पहुँचने के लिए पुल बना हुआ है।

राय मुकन्द दास का छत्ता (बीरबल का छत्ता): नारनौल की सघन आबादी के बीच स्थित इस ऐतिहासिक स्मारक का निर्माण शाहजहाँ के शासनकाल में नारनौल के दीवान राय मुकन्द दास ने करवाया था। यह स्मारक नारनौल के मुगलकालीन ऐतिहासिक स्मारकों में सबसे बड़ा है। भवन के भीतर से पानी की निकासी, फव्वारों की व्यवस्था तथा भूमिगत में प्रकाश व पानी की निकासी व्यवस्था देखने योग्य है। इस पांच मंजिल के भवन का आकार चौकोर है जिसके बीच में बड़ा चौक है। अकबर के शासनकाल में यहाँ बीरबल का आना-जाना था, इसलिए इस स्मारक को बीरबल का छत्ता के नाम से जाना जाता है।

इब्राहिम खान का मकबरा: नारनौल नगर के दक्षिण में घनी आबादी के बीच स्थित इब्राहिम खान का मकबरा एक विशाल गुम्बद के आकार का है। इसका निर्माण इतिहास प्रसिद्ध सम्राट् शेरशाह सूरी ने अपने दादा इब्राहिम खान की याद में करवाया था।

चोर गुम्बद: नारनौल नगर की उत्तरी पश्चिमी दिशा में एक ऊँचाई वाले स्थान पर निर्मित ऐतिहासिक स्मारक चोर गुम्बद का निर्माण जमाल खान नामक एक अफगान ने अपनी ही समाधि-स्थल के रूप में करवाया था। यद्यपि यह यादगार के रूप में बनवाया गया था, परन्तु नगर के बाहर स्थित होने के कारण इस स्थान पर चोर-उच्चके शरण लेने लगे थे, जिसके फलस्वरूप इसका नाम कालान्तर में चोर गुम्बद पड़ गया।

मिर्जा अली जां की बावड़ी: नारनौल नगर को बावड़ियों और तालाबों का नगर कहा जाता है। यद्यपि नगर की बहुत प्राचीन बावड़ियों का अस्तित्व अब नहीं रहा है, परन्तु मिर्जा अली जां की बावड़ी आज भी विद्यमान है। यह नारनौल नगर के पश्चिम में आबादी से बाहर स्थित है। इस ऐतिहासिक बावड़ी का निर्माण मिर्जा अली जां द्वारा करवाया गया था।

शाह विलायत का मकबराः नारनौल नगर में शाह विलायत का मकबरा इब्राहिम खान के मकबरे के एक ओर स्थित है । यह मकबरा आकार में बड़ा है और एक महाविद्यालय जैसा लगता है जिसमें तुगलक से लेकर ब्रिटिशकाल तक ही परम्परागत वास्तुकला को सजाया गया है । इसकी मौलिकता बाद में हुए निर्माण कार्यों के कारण पूरी तरह नहीं रखी जा सकी है ।

शाह कुली खान का मकबरा, बगीचा और त्रिपोलियाः आइ-ने-अकबरी और लतीफ की यात्रा का सचित्र व्याख्यान हमें बताता है कि शाह कुली खान ने नारनौल नगर में सुन्दर बाग और बड़े टैंक खुदवाये तथा शानदार इमारतें भी बनवायी थीं । बाद में उसने अपने लिए एक सुन्दर मकबरा बनवाया । उसने एक सुन्दर बगीचा बनवाया और इसका नाम आराम-ए-कौसर रखा । जिसकी आज केवल चार दीवारें, एक कुआं तथा मुख्यद्वार स्थल बचे हैं । सन् 1578 में बने इस बगीचे के अन्दर इन दिनों कृषि की जाती है । शाह कुली खान ने 1589 में अपने बाग के मुख्य द्वार पर त्रिपोलिया दरवाजा बनवाया था ।

माधोगढ़ का किलाः महेन्द्रगढ़ से 15 किलोमीटर दूर सतनाली सड़क मार्ग पर अरावली पर्वत श्रृंखला की पहाड़ियों के बीच सबसे ऊँची चोटी पर एक किला स्थित है । यह माधोगढ़ का ऐतिहासिक किला है । पर्वत की तलहटी में माधोगढ़ गांव बसा है । यद्यपि इस किले के निर्माण के सम्बन्ध में कोई ठोस प्रमाण उपलब्ध नहीं हैं, परन्तु ऐसा माना जाता है कि इसका निर्माण राजस्थान के सवाई माधोपुर के शासक माधोसिंह ने करवाया था ।

तावड़ू का किलाः सोहना से 17 कि॰मी॰ दूर पर्वतीय रास्ते से होते हुए हरियाणा राजस्थान मार्ग पर स्थित तावड़ू नामक गांव में स्थित इस प्राचीन किले के विभिन्न कक्षों, उप-कक्षों तथा अन्य स्थलों से 'तावड़ू' के इतिहास की जानकारी मिलती है । इस किले के चारों ओर ऊँची-ऊँची दीवारें बनी हुई हैं । यही किला बाद में राजा नाहर सिंह का किला बना । इस समय तावड़ू स्थित इस किले को वहाँ का 'थाना' बना दिया गया है ।

तावड़ू के गुम्बदः तावड़ू गांव में जगह-जगह अनेक 'गुम्बद' बने हुए हैं । इनका बड़ा महत्त्व था । प्राचीनकाल में राजाओं द्वारा इन गुम्बदों का निर्माण कुछ निश्चित लक्ष्य के लिए किया गया था । यहाँ उनकी सुविधाजनक आवासीय व्यवस्था होने के अतिरिक्त ऐश्वर्यपूर्ण विश्राम की भी व्यवस्था हुआ करती थी । राजाओं का दरबार स्थल भी प्रायः इन्हीं गुम्बदों में हुआ करता था । आज भले ही ये गुम्बद संरक्षण और उपयोग के लिए एकान्त में पड़े हैं, लेकिन इन्हें देखने से इनके प्राचीन कालीन महत्त्व का पता चलता है ।

द्वारका व जोखी सेठ द्वारा बनवाई हवेलीः झज्जर जिले की बेरी तहसील में बसे हुए डीघल गांव में बहुत साल पहले द्वारका व जोखी सेठ भाइयों ने एक दो मंजिल हवेली का निर्माण करवाया, जो आज भी मौजूद है । 'महल' के नाम से प्रसिद्ध इस हवेली में ऊँची मेहराब देकर किले जैसी शैली का प्रवेश द्वार बनाया गया है ।

डीघल गांव का बैठक भवनः रामे सेठ नामक प्रसिद्ध साहूकार ने डीघल गांव में सन् 1880 के आसपास एक कलात्मक बैठक भवन का निर्माण करवाया। जो आज भी उसकी कलात्मक अभिरुचि व उसके खानदान की समृद्धि का प्रतीक माना जाता है।

राजा नाहर सिंह का किलाः यह किला बल्लभगढ़ में स्थित है। इस किले को बनवाने की योजना राजा बल्लू के शासनकाल में बनाई गई थी जिसे उनके पुत्र किशन सिंह ने पूरा किया। यह किला वर्तमान में अम्बेडकर चौक से नाहर सिंह मार्किट तक तथा कन्या विद्यालय के जोहड़ से लेकर बल्लभगढ़ नगर निगम कार्यालय तक विस्तृत है। आज भी किले के चारों ओर की खाई जोहड़ की तरह दिखाई देती है। इसका नक्शा भरतपुर के किले को देखकर बनवाया गया था।

बीरबल का रंगमहलः यमुनानगर से 12 कि॰मी॰ दूर बूड़िया नामक एक प्राचीन कस्बे के समीप बीरबल ने अपने रहने के लिए जंगलों में आबादी से दूर रंगमहल का निर्माण करवाया था, जो उस समय आमोद-प्रमोद का प्रमुख स्थान रहा होगा। बीरबल मुगल सम्राट अकबर के नवरत्नों में से एक था। यह रंगमहल अब एक खंडहर बन चुका है।

तोशाम की बारादरीः भिवानी जिले में स्थित तोशाम नामक स्थान की पहाड़ी पर यह बारादरी स्थित है। यह बारादरी पृथ्वीराज की कचहरी के नाम से प्रसिद्ध है। इस बारादरी के निर्माण में चूने और छोटी ईंटों का प्रयोग किया गया है। इस भवन की विशेषता यह है कि इसमें एक भी चौखट का प्रयोग नहीं किया गया है और इसमें 12 द्वार इस तरह से स्थापित किये गये हैं कि केन्द्रीय कक्ष में बैठा हुआ व्यक्ति चारों ओर देख सकता है। इसके प्रत्येक कक्ष का द्वार पांच मीटर ऊँचा है और इसके चारों ओर जनता के बैठने के लिए एक चबूतरा बना हुआ है।

महम की बावड़ीः रोहतक जिले के महम कस्बे के एक छोर पर एक बावड़ी बनी हुई है। यह मुगल स्थापत्य कला का नमूना है। यह बावड़ी शाहजहां के शासनकाल में सद्दोकलाल ने 1656 ई॰ में बनवाई थी। इस बावड़ी की लम्बाई 275 फुट तथा चौड़ाई 295 फुट है। इसकी चार मंजिलें हैं तथा अन्दर जाने के लिए 108 सीढ़ियाँ हैं। उसके बाद चौक आता है और उसके बाद कुआं है। चार मंजिलों पर दोनों तरफ ऊपर जाने के लिए पोड़ियां बनी हुई हैं। कुएं की दीवार पर सफेद रंग का पत्थर लगा हुआ है जिस पर एक शेर लिखा हुआ है, जिससे प्रतीत होता है इसे शैदुनाथ के कलाल महम निवासी जाति से सम्बन्ध रखने वाले एक व्यक्ति ने बनवाया था जो कि शहंशाह आलम के जमाने से ताल्लुक रखता था। इसमें एक सुरंग भी है, जिसके बारे में कहा जाता है कि यह दिल्ली तक थी और बाद में इस सुरंग को बन्द करवा दिया गया। बाहर से आने वाले व्यक्ति इसे अवश्य देखते हैं।

गऊ कर्ण तालाब, रोहतकः गऊ कर्ण नामक तालाब रोहतक जिले में स्थित है, यहाँ पर हर वर्ष तीज के त्योहार के दिन एक मेले का आयोजन किया जाता है। पहले लोग इस तालाब में स्नान व तैराकी करते थे लेकिन अब क्योंकि यह तालाब मिट्टी से भर चुका है इसलिए स्नान व तैराकी तो नहीं होती लेकिन यहाँ एक व्यायामशाला है।

इस गऊ कर्ण तालाब में यात्रियों के ठहरने के लिए अलग-अलग जगह बनाई हुई हैं। यदि कोई भी यात्री वहां चला जाए तो उसको प्रसाद व भोजन आदि करवाया जाता है। गऊ कर्ण तालाब के आस-पास दूर तक पशु-पक्षी आदि का शिकार करना मना है। तालाब पूर्व दिशा में है और चारों तरफ से पक्का बना हुआ है। तालाब के साथ पश्चिम दिशा में मन्दिर है जिसमें गऊ कर्ण महाराज की तस्वीर बनी हुई है जिसमें उन्हें तपस्या आदि करते हुए दिखाया गया है और साथ ही बहुत सारे साधुओं की समाधियां बनी हुई हैं। गऊ कर्ण महाराज के नाम पर ही यह स्थान गऊ कर्ण तालाब के नाम से प्रसिद्ध है।

लूदेसर गांव का शहीदी स्मारकः सिरसा से 28 कि.मी. दूर लूदेसर गांव में एक शहीदी स्मारक है जो देश के लिए कुर्बान हुए शहीदों की अमर गाथा कह रहा है। हरियाणा सरकार की ओर से इसकी देखभाल की जाती है।

चनेटी गांव का स्तूपः जगाधरी से पूर्व की ओर लगभग 3 कि.मी. की दूरी पर तथा सुध नगर से लगभग इतनी ही दूरी पर स्थित चनेटी नामक गांव में दक्षिण-पश्चिम की ओर लगभग 100 मीटर की परिधि में एक 20 मीटर के दायरे वाला ईंटों का विशाल टीला है, जो 8 मीटर ऊंचा है, जिसमें पीली और पक्की ईंटें लगी हुई हैं। गोलाकार में बना यह स्तूप नीचे से चौड़ा है तथा जैसे-जैसे ऊपर की ओर जाता है इसकी चौड़ाई कम होती जाती है। चीनी यात्री ह्यूनसांग द्वारा दिये गये वर्णन से यह आभास होता है कि स्तूप अशोक स्तूप का अवशेष है।

कुरुक्षेत्र का श्री/ष्ण संग्रहालयः सन् 1987 में "श्रीकृष्ण संग्रहालय" की स्थापना कुरुक्षेत्र में की गई। 1991 में यह संग्रहालय अपने वर्तमान भव्य व दर्शनीय स्वरूप में बनकर तैयार हुआ। "श्रीकृष्ण संग्रहालय" कुरुक्षेत्र-पेहोवा मार्ग पर ब्रह्मसरोवर व सन्निहित सरोवर के मध्य काली कमली वाले मैदान में स्थित है। यह मुख्यतः श्रीकृष्ण एवं महाभारत के सद्चरित्रों के माध्यम से जन-साधारण में आध्यात्मिक चेतना के पुनर्जागरण के साथ-साथ श्रीकृष्ण के आदर्शों के प्रति लोकाकर्षण उत्पन्न करता है। यह संग्रहालय श्रीकृष्ण व महाभारत से सम्बन्धित विभिन्न प्रसिद्ध शैलियों की कलाकृतियों के संग्रह का अनूठा एवं अभिनव प्रयास है।

आध्यात्मिक संग्रहालयः पानीपत नगर में सभी धर्मों के धार्मिक स्थान निर्मित हैं। उनमें भी विशेष कर यहां की सुप्रसिद्ध आश्रम रोड पर स्थित प्रजापिता ब्रह्मकुमारी ईश्वरीय विश्वविद्यालय का भव्य भवन पानीपत निवासियों के लिए विशेष आकर्षण का केन्द्र बना हुआ है। यह तिमंजिला भवन बहुत ही सुन्दर ढंग से निर्मित है। इस संग्रहालय में मुख्यतः आठ पैनल निर्मित हैं। परमात्मा दर्शन, सृष्टि दर्शन, आत्म दर्शन, जीवन दर्शन, स्वर्णिम युग दर्शन, राजयोग दर्शन, एकता दर्शन, संगमयुग दर्शन।

———————

19 पर्यटक स्थल

प्रदेश के प्रमुख पर्यटक स्थल

स्काई लार्कः पर्यटन विभाग ने पर्यटकों की सुविधा के लिए पानीपत नगर में जी॰टी॰ रोड पर स्काई लार्क कॉम्पलैक्स बनवाया है। यहाँ 20 कमरे, दो बार रूम, पैट्रोल पम्प, प्राइवेट गिफ्ट शॉप, लॉन के अतिरिक्त एक भव्य कान्फ्रैंस हॉल की भी सुविधा है।

ब्लूजेः पानीपत से 18 किलोमीटर दूर समालखा नगर में 'ब्लूजे' नामक पर्यटन स्थल है, जहाँ पर सैलानियों की सुविधा के लिए 8 कमरों के अतिरिक्त बार-रूम, प्राईवेट गिफ्ट शॉप, होटल व मोटल सुविधा है।

काला अम्बः पानीपत से 8 किलोमीटर दूर सनौली रोड़ पर स्थित 'काला अम्ब' नामक ऐतिहासिक युद्ध स्थल पर पर्यटन विभाग ने सैलानियों की सुविधा के लिए एक कैफ्टेरिया की सुविधा उपलब्ध करवाई हुई है। यहाँ पर पर्यटकों की सुविधा के लिए कमरों, लॉन व कैटरिंग की सुविधा भी है।

कर्णझील तथा ओयसिसः पर्यटकों की सुविधा के लिए जिला करनाल में पर्यटन विभाग ने शेरशाह सूरी मार्ग पर अम्बाला की ओर लगभग 8 किलोमीटर दूर पश्चिमी यमुना नहर के दोनों ओर लगभग 56 केनाल भूमि पर कर्णझील तथा "ओयसिस" नामक पर्यटन स्थल विकसित किये हुए हैं।

ज्योतिसरः यह पर्यटक स्थल कुरुक्षेत्र रेलवे स्टेशन से 8 कि॰मी॰ दूर पेहोवा मार्ग पर सरस्वती नदी के किनारे स्थित है। यहाँ पर एक सरोवर है। जिसमें यात्रियों के स्नान करने के लिए नरवाना नहर से निरन्तर शुद्ध व ताजा जल उपलब्ध होता रहता है। यहाँ पर पर्यटकों की सुविधा के लिए कमरों, लॉन व रेस्टोरेंट आदि की सुविधा भी है।

पैराकीटः हरियाणा पर्यटन विभाग ने कुरुक्षेत्र में पर्यटकों की सुविधा के लिए पिपली नगर के मुख्य केन्द्र तथा कुरुक्षेत्र जाने वाले मार्ग पर "पैराकीट" नामक पर्यटन स्थल का निर्माण किया है। यहाँ पर पर्यटकों की सुविधा के लिए मोटल, रेस्टोरेंट, गिफ्ट शॉप तथा लॉन आदि की सुविधा उपलब्ध है।

शमाः पर्यटकों की सुविधा के लिए गुरुग्राम नगर में हरियाणा पर्यटक निगम की ओर से सभी आधुनिक सुविधाओं से युक्त "शमा" पर्यटक केन्द्र स्थापित किया गया है।

सुल्तानपुर पक्षी विहारः राजधानी दिल्ली से मात्र 46 कि॰मी॰ दूर गुरुग्राम-फरुखनगर सड़क पर हरियाणा का अति सुरम्य सुल्तानपुर पक्षी विहार स्थल है। इस पक्षी विहार की खोज का श्रेय पीटर जैक्सन नामक एक पक्षी प्रेमी को जाता है। 265 एकड़ भूमि में फैली इस विशाल प्राकृतिक झील में लगभग एक सौ प्रजातियों के पक्षी पानी में किलोल करते आसानी से नज़र आ जाते हैं। इन पक्षियों के अतिरिक्त अक्तूबर से फरवरी के दौरान यूरोप तथा साइबेरिया से आने वाले असंख्य प्रवासी पक्षी पर्यटकों का मन मोह लेते हैं।

सोहनाः दिल्ली-अलवर मार्ग पर अरावली पर्वतों की खूबसूरत पहाड़ियों के मध्य यह केन्द्र स्थित है। दिल्ली से अलवर व जयपुर जाने वाले यात्रियों के लिए यह एक आदर्श पर्यटक स्थल है। यहाँ पर आधुनिक सुविधाओं से युक्त बारबेट हट, सोना बाथ कॉम्पलैक्स तथा वातानुकूलित कमरों की सुविधा वाला होटल भी है, जहाँ पर्यटक अपने लम्बे सफर की थकान को कम करते हैं।

दमदमा झीलः सोहना से मात्र 8 कि॰मी॰ की दूरी पर प्राकृतिक सौन्दर्य से भरपूर दमदमा झील है। मछली शिकार के शैकीन पर्यटकों के लिए यह एक रमणीय स्थान है। इसी कारण यहाँ पर हरियाणा पर्यटक निगम ने ''पर्यटक केन्द्र दमदमा'' का निर्माण किया। यत्रियों की सुविधा के लिए यहाँ पर रेस्टोरेंट तथा वातानुकूलित कमरों की सुविधा वाले मोटल का निर्माण भी करवाया गया है।

बड़खल झीलः फरीदाबाद के पश्चिम में फैले विशाल चट्टानी क्षेत्र के मध्य स्थित बड़खल झील दिल्ली-मथुरा राष्ट्रीय राजमार्ग से मात्र तीन कि॰मी॰ की दूरी पर स्थित है। वर्ष 1947 में सिंचाई परियोजना के अन्तर्गत इसका निर्माण किया गया था।

सूरजकुण्डः यह पर्यटक स्थल दिल्ली से लगभग 20 कि॰मी॰ दूर चट्टानी क्षेत्र में स्थित है। बताया जाता है कि इस कुण्ड का निर्माण तोमर वंश के राजा सूरजमल ने करवाया था। सूरजकुण्ड की आकृति उदय होते सूर्य जैसी है। वर्षा का पानी रोकने के लिए इसके तट पर सीढ़ीनुमा अर्द्ध-मण्डलाकृति का बाँध बना हुआ है। इस सरोवर के तल का व्यास लगभग 130 मीटर है। बताया जाता है कि पहले यहाँ सूर्य मन्दिर था, जिसके कुछ अवशेष भी दिखाई पड़ते हैं। सूरजकुण्ड के साथ ही एक ताल है जो पहाड़ियों से घिरा है। यह मयूर झील के नाम से जाना जाता है।

डबचिकः दिल्ली-आगरा राष्ट्रीय राजमार्ग पर स्थित डबचिक पर्यटन कॉम्पलैक्स सैलानियों के लिए आकर्षण का केन्द्र है। यहाँ एक रेस्तरां, बार, पर्यटक कुटीर और बैठने तथा विश्राम करने के लिए सुन्दर मैदान है। देश-विदेश से आने वाले सैलानी फरीदाबाद के इन पर्यटक स्थलों को देखने में बड़ी रुचि रखते हैं।

अरावली का गोल्फ मैदानः फरीदाबाद जिले में स्थित, ये बहुत ही सुसज्जित गोल्फ मैदान है। इसका डिजाइन अमेरिका के स्टीफन के गोल्फ मैदान की भाँति बनाया गया

है। ये अच्छे खिलाड़ियों के लिए खेलने का अच्छा मैदान है। ये गोल्फ मैदान 9 होल वाला है। यहाँ पर एक क्लब भी है। यहाँ पर एक रेस्टोरेंट, एक बार की सुविधा भी है। यहाँ पर पर्यटकों के लिए झोंपड़ीनुमा सुविधा भी प्रदान की गई है। ये गोल्फ मैदान मैगामी की थोड़ी दूरी पर स्थित है और नेशनल हाइवे न॰ 2 से सटा हुआ है।

किंग फिशरः हरियाणा का अम्बाला नगर अपने वैज्ञानिक उपकरणों के लिए प्रसिद्ध है ये वो स्थान है जहाँ पर कभी ब्रिटिश राज्य की घुड़साल और कैन्ट ऐरिया हुआ करता था। किंग फिशर बहुत ही आकर्षण और सुन्दर स्थान है, जो दिल्ली-अम्बाला-अमृतसर हाइवे पर स्थित है।

ऑसिसः यह एक अत्यन्त आधुनिक पर्यटन स्थल है, जो उचाना में स्थित है। यह इस नमूने के आधार पर बनाया गया है जैसे सभ्यता आगे बढ़ रही है। यहाँ पर दक्षिणी भारतीय व्यंजन सुविधा, फास्टफूड काउन्टर आदि की सुविधा है। साथ ही जूस के काउन्टर, फ्रूट जूस, गिफ्ट शॉप, डिस्पेंसरी तथा ठहरने के लिए कॉटेज की सुविधा भी है। ऑसिस में आकर्षक हरे मैदान व बच्चों के लिए आधुनिक झूलों की व्यवस्था भी की गई है।

रैड रोबिनः पर्यटन विभाग द्वारा जिले भिवानी में लोक निर्माण विभाग विश्राम गृह के साथ ''रैड रोबिन'' नाम से एक होटल तथा रेस्टोरेंट स्थापित किया गया है ताकि बाहर से आने वाले पर्यटकों को खाने-पीने तथा ठहरने का उपयुक्त स्थान मिल सके।

डैरंगोंः दादरी उपमण्डल पर स्थानीय मार्किट कमेटी परिसर में पर्यटन विभाग की ओर से डैरंगों नाम से एक होटल तथा रेस्टोरेंट की व्यवस्था भी की गई है। जहाँ बाहर से आने वाले सैलानियों के लिए खाने-पीने तथा ठहरने की व्यवस्था है।

जल तरंगः लोहारू उपमण्डल पर नगरपालिका की ओर से ''जल तरंग'' नाम से एक होटल तथा रेस्टोरेंट की सेवायें उपलब्ध करवाई जा रही हैं। नगरपालिका द्वारा संचालित हरियाणा प्रदेश में यह अपनी किस्म का प्रथम होटल तथा रेस्टोरेंट है।

गोरैया पर्यटक स्थलः राष्ट्रीय राजमार्ग नं॰ 10, जो दिल्ली से हिसार फाजिल्का को जाता है, लगभग 90 कि॰मी॰ रोहतक जिले से होकर गुजरता है। इस पर चलने वाले पर्यटकों व दिल्ली से आने वाले पर्यटकों की अवकाश के दिनों में काफी तादाद होती है। उनकी सुविधा को ध्यान में रखते हुए पर्यटन निगम हरियाणा द्वारा बहादुरगढ़ में गोरैया पर्यटक स्थल स्थापित किया गया है, जिसमें 11 वातानुकूलित कमरों के अतिरिक्त रेस्टोरेंट व बार भी हैं।

यमुनानगर का पर्यटन केन्द्रः यमुनानगर में आने वाले पर्यटकों की सुविधा के लिए एक पर्यटन केन्द्र की स्थापना वर्ष 1985 में नहर विभाग के पुराने विश्राम गृह को परिवर्तित करके की गई। इस पर्यटन केन्द्र में रेस्टोरेंट, बार तथा मोटल की सुविधाएँ उपलब्ध हैं।

ताजेवाला/हथनीकुण्ड/कलेसर कॉम्पलैक्सः यमुनानगर जिले में जगाधरी-पोंटा सड़क पर ताजेवाला, हथनीकुण्ड तथा क्लेसर वास्तव में रमणीय स्थल ही हैं जो एक-दूसरे से 5 कि॰मी॰ की दूरी पर स्थित हैं। इनमें ताजेवाला हैडवर्क्स बहुत प्रसिद्ध पर्यटक स्थल है। यहीं से यमुना नदी से पश्चिमी यमुना नहर तथा पूर्वी यमुना नहर निकलती है। यह स्थान मछली पकड़ने के लिए आदर्श स्थान है। ताजेवाला से लगभग 5 कि॰मी॰ की दूरी पर हथनीकुण्ड है जो मछियारों का स्वर्ग माना जाता है। नदी में बड़ी मात्रा में महासीर मछली पाई जाती है। इससे आगे कलेसर है जो अपार शान्ति का प्रतीक है।

तिलियर पर्यटक स्थलः जिला रोहतक में 123 एकड़ में फैला हुआ तिलियर पर्यटक स्थल है। यहाँ पर टाईलों से निर्मित तिलियर झील है। इसके अतिरिक्त इस पर्यटक स्थल के साथ एक लघु चिड़ियाघर, पैट्रोल पम्प, फॉस्ट फूड कॉर्नर, बार, वातानुकूलित कमरों के अतिरिक्त बच्चों के मनोरंजन के लिए झूले व मेंहदी की बाड़ से भूल-भुलैइया विशेष आकर्षण का केन्द्र है।

मैना रेस्टोरेंटः रोहतक में मैना रेस्टोरेंट नामक पर्यटक स्थल है। यहाँ भी ठहरने की व्यवस्था के अतिरिक्त कॉन्फ्रेंस हॉल व बार की व्यवस्था है।

नौरंग पर्यटक स्थलः राष्ट्रीय राज मार्ग नं॰ 10 पर हरियाणा का ऐतिहासिक नगर महम है। इस नगर में महम चौबीसी चबूतरा स्थित है जहाँ पर 24 गाँवों का किसी भी कार्य का फैसला लिया जाता है। इसी के साथ ''नौरंग'' नामक पर्यटक स्थल भी हरियाणा पर्यटन विभाग द्वारा बनाया गया है।

पिंजौर का यादवेन्द्र उद्यानः चण्डीगढ़-शिमला राजमार्ग पर अम्बाला से लगभग 70 कि॰मी॰ दूर स्थित पिंजौर के यादवेन्द्र उद्यान को उत्तरी भारत का नन्दन वन कहा जाये तो कोई अतिशयोक्ति नहीं होगी। यह भव्य उद्यान चार तलों में बाँटा गया है।

मोरनी हिल्सः जिला अम्बाला के शिवालिक गिरीमाला की गोद में स्थित मोरनी हिल्स एक भव्य पर्यटक स्थल है। यहाँ पर बच्चों के मनोरंजन के लिए छोटे-छोटे खेल मैदान बनाये गये हैं। रोलरस्केटिंग रिंग व स्विमिंग पूल की सुविधाएँ उपलब्ध हैं। भीड-भाड़ से बचने व प्राकृतिक सौन्दर्य के पिपासु पर्यटकों के लिए यह एक आदर्श पर्यटन स्थल है।

समाज कल्याण

- हरियाणा देश का पहला राज्य है, जहाँ वृद्धों, विधवाओं, बेसहारा और दिव्यांग लोगों को हर महीने की 7 तारीख तक नियमित रूप से पेंशन दी जाती है।

- प्रदेश में दिसम्बर 2018 तक 15,54,177 वृद्ध नागरिकों को प्रति माह ₹ 2000 वृद्धावस्था पेंशन दी जा रही है।

- 6,89,588 लाभपात्रों को ₹ 2000 प्रतिमाह विधवा पेंशन दी जा रही है।

- दिव्यांगों को पहले ₹ 1800 प्रतिमाह पेंशन मिलती थी। इसे बढ़ाकर अब ₹ 2000 प्रतिमाह कर दिया गया है। इससे 1,58,857 दिव्यांगों को लाभ हो रहा है।

- 60 वर्ष से ऊपर के कलाकारों (गायक, नृत्य कलाकार, संगीतकार, अभिनेता) के लिए नई पेंशन योजना शुरू की गई है।

- महिला आश्रम तथा राजकीय उत्तर रक्षा गृहों में रह रही लड़कियों के विवाह पर ₹ 10,000 की राशि खर्च की जाती थी जो अब बढ़ाकर ₹ 15,000 कर दी गई है।

- सभी सरकारी संस्थाओं में रह रहे संवासियों को राशन मनी दी जाती है।

- 'विधवा पेंशन योजना' के अंतर्गत 18 वर्ष या इससे ऊपर की विधवा और परित्यक्त महिलाओं को ₹ 2000 प्रतिमाह पेंशन प्रदान की जा रही है।

- 'चिल्ड्रन-इन-नीड ऑफ केयर एण्ड प्रोटेक्शन' स्कीम के अन्तर्गत स्वैच्छिक संस्थाओं के माध्यम से बच्चों के पालन-पोषण हेतु दी जाने वाली राशि ₹ 350 से बढ़ाकर अब ₹ 600 प्रतिमास प्रति संवासी कर दी गई है।

शराबबन्दी

शराब के प्रचलन पर रोक लगाना किसी भी सरकार के लिए चुनौतीपूर्ण कार्य होता है क्योंकि इसके लिए सरकार के साथ-साथ लोगों के सामूहिक और निरन्तर प्रयासों की जरूरत है। इसके लिए दण्डात्मक कार्यवाही पर्याप्त नहीं है बल्कि शराबबन्दी नियमों का कड़ाई से पालन किया जाना जरूरी है। इस समस्या को जड़ से हल करने के लिए लोगों के नजरिये और उनकी सोच में परिवर्तन लाना सबसे महत्त्वपूर्ण कदम है। विकास के हर क्षेत्र में अग्रणी रहने वाले हरियाणा ने इस दिशा में, पहली जुलाई, 1996 से शराबबंदी का कानून लागू कर, अनुकरणीय

कदम बढ़ाये थे। शराबबंदी कानून के कारण राज्य में किसी भी प्रकार की शराब बनाने, बेचने, अपने पास रखने, पीने व लाने ले जाने पर पूर्ण प्रतिबन्ध लगा दिया गया था।

परन्तु मार्च 1998 के लोकसभा के आम चुनावों के परिणाम आने के बाद मुख्यमंत्री बंसीलाल द्वारा 17 मार्च, 1998 को यह निर्णय लिया गया कि 1 अप्रैल, 1998 से राज्य में शराब बंदी समाप्त कर दी जाये और 1 अप्रैल, 1998 से शराब बन्दी समाप्त कर दी गई जिससे कि 600 करोड़ सालाना घाटा की रकम को बचाया जा सके।

स्वतंत्रता सेनानियों का कल्याण

हरियाणा राज्य में जब भी किसी स्वतंत्रता सेनानी की मृत्यु हो जाती है, तो सम्बन्धित जिलों के उपमंडल अधिकारी (नागरिक) या सिटी मजिस्ट्रेट द्वारा उसके दाह संस्कार के समय राज्य सरकार की ओर से सम्मान के तौर पर ''रीथ'' अर्पित की जाती है। साथ में सम्बन्धित उपायुक्त द्वारा 5000 रुपये का अनुदान दाह-संस्कार हेतु स्वतंत्रता सेनानी के निकट सम्बन्धियों को उसी समय प्रदान किया जाता है।

हरियाणा राज्य के स्वतंत्रता सेनानियों तथा आई॰एन॰ए॰ के सदस्यों के विधवाओं को उनकी लड़की तथा आश्रित बहन की शादी हेतु 51,000 रुपये की राशि अनुदान के रूप में प्रदान की जाती है।

प्रोफेशनल कोर्सों, मेडिकल (आयुर्वेदिक) सहित इंजीनियरिंग और आई॰टी॰आई॰ में स्वतंत्रता सेनानियों के लड़कों, लड़कियों, पोते-पोतियों, दोहते व दोहतियों के लिए 2 प्रतिशत का आरक्षण इस शर्त पर किया गया है कि भूतपूर्व सैनिकों या पिछड़े वर्ग की जाति के लिए जो कोटे हैं, में पात्र उम्मीदवार के उपलब्ध न होने पर इनमें से भर्ती किया जाए।

हरियाणा राज्य के उन कर्मचारियों, जिन्होंने स्वतंत्रता संग्राम आन्दोलन में भाग लिया है और अब राज्य की सेवा में कार्यरत हैं, को 60 वर्ष की आयु तक लोकहित में सरकारी सेवा में बनाये रखा जाता है।

हरियाणा राज्य के किसी स्वतंत्रता सेनानी की मृत्यु हो जाती है तो उसकी दी जा रही सम्मान पेंशन तथा बकाया आदि, यदि कुछ भी हो तो वह उसकी विधवा के नाम स्थानांतरण कर दिया जाता है।

हरियाणा राज्य के स्वतंत्रता सेनानियों, आजाद हिन्द फौज के सेनानियों एवं उनकी विधवाओं को मिलने वाली सम्मान पेंशन की राशि 1 अप्रैल, 2014 से 20,000 प्रति माह से बढ़ाकर 25000 प्रति माह कर दी गई है। इसमें मासिक 750 रु. चिकित्सा सुविधा के लिए भुगतान भी शामिल है।

स्वतंत्रता सेनानी एवं उनकी विधवाओं को मिलने वाली सम्मान पेंशन की राशि उनकी मृत्यु के बाद उनकी अविवाहित, बेरोजगार लड़की और अपंग, अविवाहित, बेरोजगार लड़के (75%) को हस्तांतरित किए जाने का प्रावधान है।

भूतपूर्व सैनिकों का कल्याण

हरियाणा में परमवीर चक्र विजेता को ₹ 2 करोड़, महावीर चक्र विजेता को ₹ 1 करोड़, वीर चक्र विजेता को ₹ 50 लाख तथा थल सेना, वायु सेना व नौ सेना मेडल विजेता को ₹ 21 लाख, अशोक चक्र विजेता को ₹ 1 करोड़, कीर्ति चक्र विजेता को ₹ 51 लाख तथा शौर्य चक्र विजेता को ₹ 31 लाख की राशि एकमुश्त प्रदान की जाती है।

विक्टोरिया क्रास विजेता को दी जाने वाली पेंशन बढ़ाकर ₹ 15,000 कर दी गई है।

नेत्रहीन भूतपूर्व सैनिकों को दी जाने वाली आर्थिक सहायता बढ़ाकर ₹ 1000 प्रतिमास कर दी गई है।

भूतपूर्व सैनिकों के अनाथ बच्चों को दी जाने वाली आर्थिक सहायता भी बढ़ाकर ₹ 2000 प्रतिमास कर दी गई है। भूतपूर्व सैनिकों की विधवाओं को उनकी लड़कियों की शादी के लिए दी जाने वाली आर्थिक सहायता भी बढ़ा दी गई है।

जुलाई, 1998 से ब्याज में छूट स्कीम के अन्तर्गत भूतपूर्व सैनिकों को दी जा रही ऋण की सीमा व्यक्तिगत मामलों में ₹ 50,000 से बढ़ाकर ₹ 2 लाख तथा सहकारी समितियों के मामलों में ₹ 2 लाख से बढ़ाकर ₹ 5 लाख कर दी गई है।

सैनिकों, भूतपूर्व सैनिकों तथा उनके आश्रित के कल्याण के लिए चलाई जा रही विभिन्न योजनाओं की सरकार समय-समय पर समीक्षा करती रहती है तथा उन्हें उपयोगी बनाने के लिए उसमें संशोधन भी करती रहती है।

गरीबी उन्मूलन एवं कल्याणकारी योजनाएं

1. अन्त्योदय अन्न योजना
2. ग्रामीण रोजगार गारंटी योजना
3. स्वर्ण जयन्ती ग्राम स्वरोजगार योजना
4. इन्दिरा आवास योजना
5. स्वर्ण जयन्ती शहरी रोजगार योजना
6. राष्ट्रीय समविकास योजना
7. सांसद क्षेत्र विकास योजना
8. राष्ट्रीय मलिन बस्ती विकास कार्यक्रम
9. वृद्धावस्था पेंशन योजना
10. विधवा पेंशन योजना
11. जनसुरक्षा बीमा योजना
12. लाडली सामाजिक सुरक्षा योजना
13. शिक्षित बेरोज़गारों हेतु बेरोजगारी भत्ता योजना
14. सम्मान पेंशन
15. डॉ॰ अम्बेडकर मेधावी छात्र योजना
16. नवजात एवं बालक स्तनपान वृद्धि योजना

पुरस्कार व सम्मान

हरियाणा सरकार द्वारा विभिन्न क्षेत्रों में दिए जाने वाले पुरस्कार निम्नलिखित हैं–

साहित्य पुरस्कार

सूर सम्मानः सूर सम्मान सन्त कवि सूरदास के नाम पर दिया जाता है। 1.50 लाख रुपए का यह हरियाणा का सर्वोच्च साहित्य सम्मान है जो प्रतिवर्ष प्रदान किया जाता है। महर्षि वेद व्यास पुरस्कार, बाबू बालमुकुन्द पुरस्कार, महान लोककवि 'पंडित लख्मीचन्द पुरस्कार' एवं 'पंडित माधव प्रसाद मिश्र पुरस्कार' आदि अन्य महत्वपूर्ण साहित्यक पुरस्कार हैं।

महर्षि वाल्मीकि पुरस्कारः यह पुरस्कार प्रतिवर्ष संस्कृति अकादमी प्रदान करती है। इसके अन्तर्गत एक संस्कृत विद्वान को प्रतिवर्ष एक लाख रुपए के पुरस्कार से सम्मानित किया जाता है।

हाली पुरस्कारः हरियाणा उर्दू साहित्य अकादमी राष्ट्रीय स्तर पर एक लाख रुपए का 'हाली पुरस्कार' व दो अन्य महत्वपूर्ण क्षेत्रीय पुरस्कार प्रदान करती है।

शिक्षा पुरस्कार

राज्य शिक्षक पुरस्कारः राज्य सरकार उत्कृष्ट प्रदर्शन करने वाले शिक्षकों को प्रतिवर्ष 'राज्य शिक्षक पुरस्कार' प्रदान करती है।

खेल पुरस्कार

भीम पुरस्कारः 'भीम अवार्ड' हरियाणा का सर्वोच्च खेल पुरस्कार है। इस पुरस्कार के अन्तर्गत 5 लाख रुपए नकद, प्रशस्ति प्रमाण-पत्र, रॉल ऑफ ऑनर आदि प्रदान किए जाते हैं।

कृषि पुरस्कार

जननायक देवीलाल पुरस्कारः यह पुरस्कार कृषि क्षेत्र का सबसे महत्वपूर्ण पुरस्कार है। कृषि पैदावार के क्षेत्र में जिला स्तर पर उत्कृष्ट स्थान प्राप्त करने वाले किसान को 25 हजार रुपए और राज्य स्तर पर उत्कृष्ट स्थान प्राप्त करने वाले किसान को एक लाख रुपए के 'जननायक चौधरी देवीलाल पुरस्कार' से पुरस्कृत किया जाता है।

उद्योग पुरस्कार

मुख्यमंत्री पुरस्कारः राज्य श्रम कल्याण बोर्ड द्वारा प्रतिवर्ष कर्मठ एवं प्रवीण श्रमिकों को राज्य स्तर पर एक लाख रुपए की राशि का 'मुख्यमंत्री रत्न अवार्ड' और 1 लाख रुपए के दो 'मुख्यमंत्री भूषण अवार्ड' दिए जाते हैं। प्रत्येक जिले में 25,000 रुपए का 'मुख्यमंत्री श्रम वीर अवार्ड' तथा 20-20 हजार रुपए के 'मुख्यमंत्री श्रम देवी/श्रम वीर अवार्ड दिए जाते हैं।

पशु सम्पदा

- एशिया का सबसे बड़ा पशु फार्म हरियाणा में हिसार में स्थित है।
- भिवानी में 1972 में सघन पशु विकास परियोजना आरम्भ की गई थी।
- राज्य में पाँच सहकारी दूध संयन्त्र अम्बाला, जींद, रोहतक, बल्लभगढ़ और भिवानी में स्थित हैं।

- महेन्द्रगढ़ के मुख्यालय नारनौल में एक वीर्य बैंक स्थित है जहाँ पर तरल नाइट्रोजन प्लांट लगा हुआ है।
- हरियाणा को 'दूध-दही का प्रदेश' कहा जाता है।
- कुरुक्षेत्र के थानेसर नगर में कुक्कुट रोग जांच प्रयोगशाला स्थित है।
- हरियाणा की मुर्रा नस्ल की भैंसें सम्पूर्ण भारत में प्रसिद्ध हैं।
- फतेहाबाद जिले के टोहाना में अश्व स्टेलियन केन्द्र कार्यरत् है।
- पोल्ट्री विस्तार कार्यक्रम को बढ़ावा देने के लिए नीलोखेड़ी व करनाल में पोल्ट्री का प्रशिक्षण दिया जाता है।
- शूकर व्यवसाय को बढ़ावा देने के लिए वस्ताड़ा गाँव (करनाल) में विस्तार केन्द्र खोला गया है।
- हरियाणा में वर्ष 2017-18 में प्रतिव्यक्ति प्रतिदिन दूध की उपलब्धता 1005 ग्राम तक पहुँच गई है।
- नेशनल डेयरी रिसर्च इंस्टीट्यूट, करनाल इंडियन कांउसिल ऑफ एग्रीकल्चरल रिसर्च (आई.सी.ए.आर.) के अधीन है। यहाँ डेयरी के क्षेत्र में अनुसंधान, शिक्षण और प्रशिक्षण का कार्य होता है।
- राज्य में महिलाओं की आर्थिक स्थिति सुदृढ़ करने के लिए केन्द्र सरकार द्वारा 'हरियाणा महिला डेरी परियोजना' शुरू की गई है।
- पशुधन विकास के लिए 'हरियाणा पशुधन विकास बोर्ड' का गठन किया गया है।
- राज्य में पशु बीमा योजना शुरू की गई है।

हरियाणा : महान् व्यक्तित्व

- **ऐतिहासिक पुरुष :** परीक्षित, जाटवाँ, अनंगपाल-II, हेमचन्द्र (हेमू), हर्षवर्धन, बाणभट्ट, सन्त वीरभान, सन्त गरीबदास, सन्त निश्चलदास, सूरदास, हसन खाँ मेवाती, गोकुल जाट, सूरजमल, गोपाल सिंह, मोहन सिंह मंढार, सर शादीलाल, राव तुलाराम, राय बहादुर लाला मुरलीधर, अल्ताफ हुसैन हाली, पं॰ दीनदयाल शर्मा।
- **स्वतंत्रता सेनानी :** लाला दौलतराम गुप्त, पं॰ नेकीराम शर्मा, लाला श्यामलाल एडवोकेट, पं॰ श्री राम शर्मा, पूर्णचन्द्र आजाद, चौधरी देवीलाल चौटाला, कामरेड लक्ष्मनदास, भगवत दयाल शर्मा, बाबू आनन्द स्वरूप, लाला काकाराम, लाला बान्नूराम, हीरा सिंह चिनारियाँ, डॉक्टर माधो राम, बाबू दयाल शर्मा, लाला सुल्तान सिंह, पं॰ अमीलाल, चौधरी कृपाराम, देवराज सेठी, भरत सिंह, बदलुराम, ठाकुर रामसिंह, बनारसी दास, वैद्य लेखराम, राधाकृष्ण वर्मा, बलदेव सिंह, लाला राम किशन गुप्त, भगवानदास, स्वामी हीरानन्द, ठाकुर फेरु, बाबू बालमुकुन्द गुप्त, डॉ॰ गोपीचन्द भार्गव, लाला हरदेव सहाय, चौ॰ साहबराम चौटाला, सेठ जसवन्त राय, पद्मश्री श्री किशनदास, चौ॰ सुल्तान सिंह, श्रीमती चन्द्रावती, सर छोटूराम, चन्दगीराम, ।
- **अन्य महान व्यक्तित्व :** कपिलदेव, कल्पना चावला, सन्तोष यादव आदि।

21 चण्डीगढ़ : एक दृष्टि में

- केन्द्रशासित प्रदेश : चण्डीगढ़
- स्थापना तिथि : 1 नवम्बर, 1966
- राजधानी : चण्डीगढ़
  (पंजाब एवं हरियाणा की संयुक्त राजधानी)
- क्षेत्रफल : 114 वर्ग किमी
- सीमा : उत्तर और पश्चिम में पंजाब तथा पूर्व और दक्षिण में हरियाणा
- जनसंख्या (2011) : 10,55,450
  पुरुष : 5,80,663
  महिलाएं : 4,74,787
- जनसंख्या के आधार पर राज्यों/ : तीसवां (भारत की कुल जनसंख्या का 0.08%)
  केन्द्रशासित प्रदेशों में स्थान
- दशकीय वृद्धि दर : (2001-2011) : 17.2 प्रतिशत
- लिंगानुपात : 818 महिलाएं प्रति हजार पुरुष
- जनसंख्या घनत्व : 9,258 प्रति वर्ग किमी
- ग्रामीण जनसंख्या (2011) : 28,991
  पुरुष : 17,150
  महिलाएं : 11,841
- नगरीय जनसंख्या (2011) : 10,26,459
  पुरुष : 563,513
  महिलाएं : 462,946
- नगरीय जनसंख्या का प्रतिशत : 97.25
- हवाई अड्डा : चण्डीगढ़
- लोक सभा सदस्यों की संख्या : 1
- पंजाब और हरियाणा उच्च : 1966
  न्यायालय, चण्डीगढ़ की स्थापना
- चण्डीगढ़ का वास्तुकार : फ्रांसीसी वास्तुशिल्पी ला कार्बूजिए
- कृषि-क्षेत्र : 1966 में 5,441 हेक्टेयर था, 2002-03 में घटकर 1,400 हेक्टेयर
- उद्योग धन्धे : बड़े और मंझोले उद्योगों की संख्या 15, छोटे उद्योगों की 3,140

- विश्वविद्यालय : पंजाब विश्वविद्यालय, चण्डीगढ़, पोस्ट ग्रेजुएट इन्सटीट्यूट ऑफ मेडिकल एजुकेशन एण्ड रिसर्च, चण्डीगढ़

- पर्यटन स्थल : रॉक गार्डन, रोज गार्डन, सुखना झील, संग्रहालय तथा कला दीर्घा, नगर संग्रहालय, टावर ऑफ शैडो, ज्यामितीय पहाड़ी संग्रहालय, कला ग्राम, लॉग हट नेपली फारेस्ट, फिटनेस ट्रेल, सेंटर प्लाजा, इंटरनेशनल डॉल्स म्यूजियम तथा स्मृति उद्यान इत्यादि लेजर वैली में, नेशनल गैलरी ऑफ पोट्रेट्स।

चण्डीगढ़ : महत्वपूर्ण तथ्य

- चण्डीगढ़ का शासन प्रशासक द्वारा चलाया जाता है।
- चण्डीगढ़, हरियाणा तथा पंजाब दोनों प्रदेशों की राजधानी है।
- चण्डीगढ़ आधुनिक शिल्पकला के वैभव से सम्पन्न प्रदेश है।
- फ्रांसीसी वास्तुशिल्पी ला कार्बूजिए द्वारा निर्मित यह शहर आधुनिक स्थापत्य कला तथा नगर नियोजन का शानदार उदाहरण है।
- चण्डीगढ़ और उसके आसपास के क्षेत्र को पहली नवम्बर, 1966 को केन्द्रशासित प्रदेश बनाया गया।
- 25 सितम्बर, 2005 का दिन चंडीगढ़ के इतिहास में एक महत्वपूर्ण दिन के रूप में याद किया जाएगा। इस दिन तत्कालीन प्रधानमंत्री डॉ॰ मनमोहन सिंह ने राजीव गांधी चंडीगढ़ टैक्नोलॉजी पार्क का उद्घाटन किया था।
- चण्डीगढ़ में कृषि योग्य भूमि बहुत कम है। चंडीगढ़ के विस्तार के लिए कृषि भूमि धीरे-धीरे अधिग्रहीत की जा रही है और कृषि क्षेत्र, जो 1966 में 5,441 हेक्टेयर था, 2002-03 में घटकर 1,400 हेक्टेयर रह गया।
- सिंचाई का मुख्य स्रोत प्रशासन द्वारा स्थापित गहरे बोर वाले ट्यूबवैल तथा किसानों द्वारा लगाए गए साधारण ट्यूबवैल हैं।
- चण्डीगढ़ की मुख्य फसल गेहूँ है जो 700 हेक्टेयर में बोया जाता है। मक्का, सब्जियाँ और धान यहां की अन्य मुख्य फसलें हैं। फलों में नींबू, आम, सन्तरा, अमरूद, अंगूर आदि उगाए जाते हैं।
- चण्डीगढ़ रेल, सड़क तथा विमान सेवा से अच्छी तरह जुड़ा हुआ है। यहां से होकर गुजरने वाला राष्ट्रीय राजमार्ग कुल 15.275 किलोमीटर लंबा है।
- चण्डीगढ़ में कोई भी राष्ट्रीय उद्यान नहीं है, परन्तु यहाँ 1986 में स्थापित सुखना झील वन्य अभ्यारण है, जो 25.42 वर्ग किमी में फैला है।
- चण्डीगढ़ में बड़े और मंझोले उद्योगों की संख्या 15 और छोटे उद्योगों की संख्या 3,140 है जिनमें 30,000 लोगों को रोजगार मिला हुआ है। इनसे प्रतिवर्ष लगभग 600 करोड़ रुपये की आय होती है।

बजट-2019-2020

हरियाणा में मुख्यमंत्री मनोहर लाल की अगुआई वाली भाजपा सरकार ने 25 फरवरी, 2019 को अपने इस कार्यकाल का आखिरी बजट पेश किया। बजट में हर वर्ग का ख्याल रखा गया है। एक लाख 32 हजार 165.99 करोड़ रुपये का बजट पेश करते हुए वित्त मंत्री कैप्टन अभिमन्यु ने प्रदेश की जनता पर कोई नया टैक्स नहीं लगाया है। मुख्यमंत्री मनोहर लाल की मौजूदगी में वर्ष 2019-20 का वार्षिक बजट पेश करते हुए वित्त मंत्री ने करीब दो दर्जन नई परियोजनाओं की सौगात दी। बजट में किसानों के साथ-साथ श्रमिकों व खेतिहर मजदूरों पर विशेष फोकस रखा गया है। वित्त मंत्री ने कुल बजट का 26.12 प्रतिशत आर्थिक सेवाओं (कृषि, सिंचाई, ग्रामीण विद्युतीकरण, परिवहन, ग्रामीण विकास तथा पंचायत) पर खर्च करने का ऐलान किया है। सामाजिक कल्याण की सेवाओं शिक्षा, स्वास्थ्य और परिवार कल्याण पर 3,069 फीसद बजट खर्च होगा। पिछले वर्ष के एक लाख 15 हजार 198 करोड़ के बजट के मुकाबले इस बार 14.73 प्रतिशत इजाफे के साथ कैप्टन ने एक लाख 32 हजार 165.99 करोड़ रुपये का बजट पेश किया है। बजट में राजस्व घाटा 12 हजार 22 करोड़ रुपये रहने का अनुमान है, जिसे सरकार अगले पांच साल में शून्य पर लाने का लक्ष्य लेकर चल रही है। कैप्टन के अनुसार, किसानों व असंगठित क्षेत्र के मजदूरों पर खर्च होने वाले 1500 करोड़ को किस तरह से खर्च किया जाना है, इसकी अलग से योजना तैयार होगी।

वार्षिक बजट 2019-20 की प्रमुख विशेषताएँ

- 1,32,165.99 करोड़ रुपये के बजट में कृषि विभाग के लिए 3834.33 करोड़ रुपये का प्रस्ताव किया गया है।
- कृषि क्षेत्र के लिए 2210.51 करोड़ रुपये, पशुपालन के लिए 1026.68 करोड़ रुपये, बागवानी के लिए 523.88 करोड़ रुपये मत्स्य पालन के लिए 73.26 करोड़ रुपये का प्रावधान किया है।
- सहकारिता के लिए 1396.21 करोड़ रुपये का प्रावधान किया गया है। वर्ष 2020-21 तक 750 करोड़ की कुल लागत से शाहबाद चीनी मिल में 60 केएलपीडी का एथनोल प्लांट लगाने का प्रावधान है।
- बजट में पीएम किसान सम्मान निधि की तरह किसान पेंशन और अन्य योजनाओं के लिए 1500 करोड़ रुपये का प्रस्ताव किया गया है।
- हरियाणा बजट में राजस्व घाटा 12 हजार 22 करोड़ रुपये रहने का अनुमान है, जिसे सरकार अगले पांच साल में शून्य पर लाने का लक्ष्य लेकर चल रही है।
- सैनिक एवं अर्धसैनिक कल्याण विभाग के बजट में 64% बढ़ोतरी करते हुए इसके लिए 211 करोड़ 30 लाख रुपये का बजट आवंटित हुआ है। पिछले साल इस विभाग को 128 करोड़ 81 लाख रुपये का बजट मिला था।
- खेल और युवा मामले में 401.17 करोड़ रुपये की राशि आवंटित करने का प्रस्ताव रखा गया है।
- तकनीकी शिक्षा के लिए 512.72 करोड़ रुपये का प्रावधान किया है।
- स्वास्थ्य विभाग के लिए 5,040.65 करोड़ रुपये का प्रावधान किया गया है। स्वास्थ्य एवं परिवार कल्याण के लिए 3,126.64 करोड़ रुपये, चिकित्सा शिक्षा व अनुसंधान के लिए 1,358.75 करोड़ रुपये, आयुष के लिए 337.2 करोड़ रुपये का प्रावधान किया गया है।
- भिवानी महेंद्रगढ़ और जींद में मेडिकल कॉलेज के निर्माण के लिए बजट मंजूर किया गया है।
- गुरुग्राम नगर निगम और श्रीमाता शीतला देवी पूजा स्थल बोर्ड मिलकर चौथा मेडिकल कॉलेज बनाएंगे।

हरियाणा सामान्य ज्ञान

वस्तुनिष्ठ प्रश्न

1. प्राचीन काल में हरियाणा राज्य अन्य किस नाम से जाना जाता था?
   A. ब्रह्मावर्त प्रदेश
   B. ब्रह्मर्षि प्रदेश
   C. ब्रह्मा की उत्तरवेदी
   D. सभी से

2. किस भरतवंशी शासक ने हरियाणा प्रदेश से अपना विजय अभियान शुरू किया था?
   A. सुदास
   B. अर्जुन
   C. भरत
   D. भीष्म

3. महाभारत का प्रसिद्ध युद्ध प्रदेश में किस स्थान पर लड़ा गया था?
   A. पानीपत
   B. कुरुक्षेत्र
   C. झज्जर
   D. बल्लभगढ़

4. मुगलकाल में इस प्रदेश में जनपदों का स्थान किसने लिया था?
   A. गण संघ ने
   B. गण-व्यवस्था ने
   C. खापों ने
   D. पंचायत ने

5. बौद्धकाल के किन महाजनपदों में आधुनिक हरियाणा के भाग शामिल थे?
   A. कुरु और पांचाल
   B. कौशल और वज्जी
   C. सूरसेन और अवन्ती
   D. अस्सक और वत्स

6. प्रदेश का कौन-सा स्थान, अग्रेयगण की राजधानी था?
   A. रिवाड़ी
   B. सिरसा
   C. हांसी
   D. अग्रोहा

7. महमूद गजनवी ने थानेश्वर पर कब आक्रमण किया था?
   A. 1013 ई॰ में
   B. 1014 ई॰ में
   C. 1016 ई॰ में
   D. 1017 ई॰ में

8. प्रदेश का थानेश्वर नामक नगर किस प्रसिद्ध राजा की राजधानी था?
   A. हर्षवर्धन
   B. अशोक
   C. चन्द्रगुप्त विक्रमादित्य
   D. कनिष्क

9. बारहवीं शताब्दी में किस चौहान शासक ने हरियाणा प्रदेश पर आक्रमण कर तोमरों को पराजित किया था?
   A. विग्रहराज VI
   B. विग्रहराज II
   C. अर्णोराजा
   D. पृथ्वीराज चौहान

10. गुलाम वंश के शासक बलबन ने हरियाणा के शक्तिशाली मेवों की शक्ति को नष्ट करने का प्रयास कब किया था?
    A. 1260 ई॰ में
    B. 1265 ई॰ में
    C. 1266 ई॰ में
    D. 1267 ई॰ में

1.D	2.A	3.B	4.C	5.A	6.D	7.B	8.A	9.C	10.B

11. तुगलक शासक फिरोज तुगलक ने निम्न में कौन-सा नगर बसाया था?

A. टोहाना

B. हांसी

C. सिवानी

D. फतेहाबाद

12. निम्नलिखित में से प्रदेश के किस नगर पर तैमूर ने आक्रमण किया था?

A. सिरसा

B. फतेहाबाद

C. हिसार

D. सभी पर

13. 1526 ई॰ में हरियाणा में किस स्थान पर बाबर और इब्राहीम लोदी के बीच प्रसिद्ध युद्ध हुआ था?

A. पानीपत

B. कुरुक्षेत्र

C. तावडू

D. जीन्द

14. प्रसिद्ध मुगल शासक अकबर के समय में रिवाड़ी का शासक कौन था?

A. तुलाराम

B. कर्णसिंह

C. हेमचन्द्र (हेमू)

D. फूलसिंह

15. अकबर और हेमचन्द्र (हेमू) के बीच पानीपत का प्रसिद्ध द्वितीय युद्ध कब लड़ा गया था?

A. 1550 ई॰ में

B. 1552 ई॰ में

C. 1554 ई॰ में

D. 1556 ई॰ में

16. मराठों और अहमदशाह अब्दाली के बीच प्रदेश में कौन-सा प्रसिद्ध युद्ध लड़ा गया था?

A. पानीपत का तृतीय युद्ध

B. पानीपत का द्वितीय युद्ध

C. पानीपत का प्रथम युद्ध

D. कोई नहीं

17. प्रदेश के किस स्थान को जार्ज टॉमस ने अपनी राजधानी बनाया था?

A. रानिया

B. टोहाना

C. हांसी का दुर्ग

D. बहरामपुर

18. 1802 ई॰ में जार्ज टॉमस की मृत्यु प्रदेश में किस स्थान पर हुई थी?

A. महेन्द्रगढ़

B. बहरामपुर

C. नारनौल

D. बावल

19. सन् 1809-10 में समस्त हरियाणा किसके अधिकार में था?

A. मराठों के

B. सतनामियों के

C. मुगलों के

D. अंग्रेजों के

20. आधुनिक हरियाणा राज्य का निर्माण कब किया गया था?

A. 1 नवम्बर, 1966

B. 5 जनवरी, 1967

C. 1 नवम्बर, 1958

D. 15 अगस्त, 1947

11.D   12.D   13.A   14.C   15.D   16.A   17.C   18.B   19.D   20.A

21. प्राग्हड़प्पा, हड़प्पा, परवर्ती हड़प्पा आदि संस्कृतियों के प्रमाण हरियाणा में किस स्थान से प्राप्त हुए हैं?

A. वणावली
B. सोसवाल
C. मिर्जापुर
D. सभी से

22. महाभारत-काल से शताब्दियों पूर्व हुए आर्यवंशी कुरुओं ने इस प्रदेश में किस युग का प्रारम्भ किया था?

A. कृषि-युग
B. ताम्र-युग
C. लोह-युग
D. धातु-युग

23. भगवान श्रीकृष्ण द्वारा विश्व प्रसिद्ध गीता का उपदेश हरियाणा में किस स्थान पर दिया गया था?

A. रेवाड़ी
B. पेहवा
C. कुरुक्षेत्र
D. पानीपत

24. यौधेय-काल में हरियाणा प्रदेश को निम्नलिखित में से किस नाम की संज्ञा दी गई?

A. यौधेय गणराज्य
B. बहुधान्यक-प्रदेश
C. मत्स्य प्रदेश
D. गण-प्रदेश

25. प्रसिद्ध चीनी यात्री ह्नेनसांग ने अपनी पुस्तक में हरियाणा के किस नगर के वैभव और समृद्धि का वर्णन किया है?

A. स्थाण्वीश्वर (थानेश्वर)
B. पानीपत
C. रोहतक
D. अम्बाला

26. तोमर शासकों के शासनकाल में हरियाणा में व्यापार, कला व संस्कृति की उन्नति की जानकारी किस ग्रन्थ से मिलती है?

A. तहकीक-ए-हिन्द
B. हर्षचरित
C. कादम्बरी
D. यशस्तिलक चम्पू

27. 1526-27 में बाबर के आक्रमण के समय तावड़ू के परगने का शासक कौन था?

A. हसन खाँ
B. मोहन सिंह मंढार
C. फैजल खाँ
D. जलाल खाँ

28. बाबर कालीन राजपूत शासक मोहन सिंह मंढार की रियासत हरियाणा में कहाँ पर थी?

A. कैथल के परगने मंढार में
B. तावड़ू
C. जीन्द
D. पानीपत

29. 1756-57 में हरियाणा निम्नलिखित में से किसके अधिकार क्षेत्र में रहा?

A. मुगलों के
B. सिक्खों के
C. मराठों के
D. सतनामियों के

30. अहमदशाह अब्दाली ने अपने देश लौटते समय हरियाणा का उत्तरी भाग (अम्बाला, जीन्द, कुरुक्षेत्र, करनाल जिला) किसको सौंप दिया?

A. मुगलों को
B. सिक्खों को
C. सरहिन्द के गवर्नर जैन खाँ को
D. दुर्रानी के गवर्नर गेन खाँ को

21.D   22.A   23.C   24.B   25.A   26.D   27.D   28.A   29.C   30.C

31. 1857 के मेरठ-विद्रोह में जिन सैनिकों ने भाग लिया था उनमें से अधिकतर हरियाणा के किस जिले से सम्बन्धित थे?

A. गुरुग्राम

B. रोहतक

C. हिसार

D. सभी से

32. हरियाणा का कौन वीर सेनानी मेरठ क्रान्ति के समय मेरठ का नायब कोतवाल था?

A. अब्दुस समद खान

B. विक्रमसिंह

C. रावकृष्ण गोपाल

D. रामेश्वर दयाल

33. नारनौल के समीप नसीबपुर नामक गांव में लड़े गये (स्वाधीनता-संग्राम के) युद्ध में अंग्रेजों ने किन तीन शक्तियों को नष्ट किया था?

A. रिवाड़ी, झज्जर और जोधपुर

B. गुरुग्राम, रिवाड़ी और जोधपुर

C. जींद, जगादरी और पेहवा

D. पानीपत, झज्जर और तावड़ू

34. प्रथम स्वाधीनता संग्राम में बल्लभगढ़ के किस राजा ने दिल्ली में क्रान्तिकारी सेनाओं का नेतृत्व किया था?

A. राजा कर्णसिंह

B. राजा नाहन सिंह

C. राजा सूरजभान

D. राजा सत्यपाल

35. निम्नलिखित में से प्रदेश की किस रियासत ने 1857 की जन-क्रान्ति में अंग्रेजों को महत्त्वपूर्ण सहयोग दिया था?

A. बहादुरगढ़

B. तावड़ू

C. झज्जर

D. जींद

36. कांग्रेस के दूसरे 1886 के कलकत्ता अधिवेशन में हरियाणा का प्रतिनिधित्व किसने किया था?

A. पं॰ दीनदयाल शर्मा

B. लाला मुरलीधर

C. बालमुकन्द गुप्त

D. सभी ने

37. लाला लाजपत राय ने हरियाणा के किस स्थान को अपना राजनीतिक और सामाजिक, कार्य-क्षेत्र बनाया था?

A. हिसार

B. सोनीपत

C. गुरुग्राम

D. नूंह

38. सन् 1888 में इलाहाबाद में आयोजित हुए कांग्रेस के चौथे अधिवेशन में किस महत्त्वपूर्ण राष्ट्र नेता ने जिला हिसार के प्रतिनिधि के रूप में भाग लिया था?

A. लाला सुल्तान सिंह

B. बलदेव सिंह

C. लाला लाजपत राय

D. बैनी सिंह

39. 8 अप्रैल, 1919 के दिन गांधी जी हरियाणा में कहां से गिरफ्तार हुए थे?

A. कैथल

B. पलवल

C. गुहला

D. अम्बाला

40. रोहतक में पं॰ रामभजदत्त की अध्यक्षता में सम्मेलन का आयोजन कब हुआ था, जिसमें गांधीजी के असहयोग आन्दोलन को कार्यरूप देने का निर्णय लिया गया था?

A. जनवरी, 1919 में

B. नवम्बर, 1919 में

C. नवम्बर, 1920 में

D. सितम्बर, 1921 में

31.D   **32.C**   **33.A**   **34.B**   **35.D**   **36.D**   **37.A**   **38.C**   **39.B**   **40.C**

41. कांग्रेस के नागपुर में हुए वार्षिक अधिवेशन में हरियाणा प्रान्त का प्रतिनिधित्व किसने किया था?

A. सरदार बूटा सिंह   B. लाला उग्रसेन

C. बाबू श्याम लाल   D. पं॰ नेकीराम शर्मा

42. पंजाब प्रदेश-कांग्रेस के आदेश पर पूरे हरियाणा में स्वतंत्रता दिवस कब मनाया गया?

A. 12 जनवरी, 1932   B. 10 दिसम्बर, 1932

C. 15 अगस्त, 1935   D. 26 जनवरी, 1932

43. हरियाणा में कांग्रेस की स्वर्ण-जयन्ती कब मनाई गई थी?

A. 18 अगस्त, 1930 को   B. 30 जनवरी, 1935 को

C. 28 दिसम्बर, 1935 को   D. 10 दिसम्बर, 1936 को

44. आजाद हिन्द फौज से सम्बन्धित हरियाणा का वह शूरवीर कौन था, जिसने मणिपुर की भूमि पर सबसे पहले तिरंगा फहराया था?

A. मेजर प्रतापसिंह   B. मेजर सूरजमल

C. दरबारा सिंह   D. भजनलाल

45. हरियाणवी क्षेत्रों में यूनियनिस्ट पार्टी को लोकप्रिय बनाने के लिए चौधरी छोटूराम ने जोरदार अभियान चलाया। प्रदेश में इसे किस नाम से पुकारा जाता था?

A. 'जमींदारी लीग'   B. जमींदारी प्रथा

C. हिन्दू-मुस्लिम   D. कोई नहीं

46. सन् 1916 में चौधरी छोटूराम ने रोहतक में किस साप्ताहिक का संपादन शुरू किया था?

A. हिन्दू गजट   B. सिख गजट

C. जाट गजट   D. कोई नहीं

47. श्री फजली हुसैन के साथ मिलकर चौधरी छोटूराम ने पंजाब में यूनियनिस्ट पार्टी की स्थापना कब की थी?

A. 1919 में   B. 1921 में

C. 1922 में   D. 1923 में

48. पटियाला, जींद और नाभा रियासतों में राजनैतिक गतिविधियों पर अंकुश रखने के लिए संवत् 1988 विक्रमी में एक कानून लागू किया गया था, उसका नाम क्या रखा गया था?

A. हिदायत संवत   B. हिजरी संवत

C. विक्रम संवत   D. शक संवत

49. सन् 1938 में जींद प्रजामण्डल की नींव जींद की राजधानी संगरूर में किस प्रसिद्ध देशभक्त ने डाली थी?

A. राजेन्द्र कुमार जैन ने   B. साधूराम ने

C. हंसराज रहबर ने   D. नन्दकिशोर ने

50. गांधी जी पलवल में कब गिरफ्तार हुए थे?

A. 5 जनवरी, 1919 में   B. 8 मई, 1920 में

C. 8 अप्रैल, 1919 में   D. 17 अप्रैल, 1921 में

41.D   42.A   43.C   44.B   45.A   46.C   47.D   48.A   49.C   50.C

51. सनातन धर्म को पूरे उत्तर भारत में लोकप्रिय बनाने में महत्त्वपूर्ण योगदान देने वाले पं॰ दीनदयाल शर्मा हरियाणा में कहाँ के रहने वाले थे?

    A. झज्जर   B. कैथल

    C. हिसार   D. जीन्द

52. सन् 1892 के लाहौर अधिवेशन में हिसार का प्रतिनिधित्व किस प्रसिद्ध जन नेता ने किया था?

    A. बालमुकुन्द गुप्त   B. लाला मुरलीधर

    C. लाला लाजपत राय   D. पं॰ दीनदयाल शर्मा

53. लाला लाजपतराय और सरदार अजीतसिंह को ब्रिटिश सरकार द्वारा गिरफ्तार करके मांडले जेल में कब भेजा गया था?

    A. सन् 1907 में   B. सन् 1895 में

    C. सन् 1902 में   D. सन् 1896 में

54. महात्मा गांधी, मुहम्मद अली तथा शौकत अली के साथ रोहतक कब आये थे?

    A. 10 जनवरी, 1919 को   B. 8 अक्टूबर, 1920 को

    C. 1 अक्टूबर, 1920 को   D. 18 मार्च, 1920 को

55. अम्बाला मण्डल की डिवीजनल पोलिटिकल कान्फ्रेंस, जिसमें महात्मा गांधी अली भाइयों के साथ आये थे, भिवानी में कब हुई थी?

    A. मार्च 1918 में   B. जून 1920 में

    C. अक्टूबर 1919 में   D. अक्टूबर 1920 में

56. 1947 में भारत के स्वतन्त्र होने के पश्चात तक हरियाणा किस प्रान्त का भाग था?

    A. दिल्ली   B. पंजाब

    C. उत्तर प्रदेश   D. राजस्थान

57. 1955 में भारत सरकार द्वारा गठित राज्य पुनर्गठन आयोग ने किन दो स्थानों को हरियाणा क्षेत्र में शामिल करने की सिफारिश की थी?

    A. महेन्द्रगढ़ व जीन्द   B.   पटियाला व हिसार

    C. पानीपत व कैथल   D.   रोहतक व गुडगांव

58. हरियाणा राज्य की स्थापना कब हुई?

    A. 10 नवम्बर, 1966 में

    B. 26 जनवरी, 1966 में

    C. 1 नवम्बर, 1966 में

    D. 5 जून, 1966 में

59. हरियाणा के प्रथम राज्यपाल कौन बनाये गये?

    A. श्री सत्यपाल   B. श्री धर्मवीर

    C. श्री देवीलाल   D. श्री बंसीलाल

60. 24 मार्च, 1967 को हरियाणा के प्रथम गैर-कांग्रेसी मुख्यमंत्री का नाम बताइये।

    A. चौधरी भजनलाल   B. देवीलाल

    C. बंसीलाल   D. राव वीरेन्द्र सिंह

51.A   52.C   53.A   54.B   55.D   56.B   57.A   58.C   59.B   60.D

61. प्रदेश के किस प्रसिद्ध प्राचीन नगर की विस्तार से जानकारी चीनी यात्री ह्यूनसांग के वृत्तान्त से मिलती है?

A. रोहतक
C. थानेश्वर
B. अम्बाला
D. भिवानी

62. प्रदेश के थानेश्वर नगर की प्रसिद्धि निम्नलिखित में से किस काल में सर्वाधिक थी?

A. वर्धनकाल में
C. शुंगकाल में
B. गुप्तकाल में
D. मौर्यकाल में

63. 1526 ई॰ में बाबर और इब्राहिम लोदी के बीच युद्ध हरियाणा में किस स्थान पर लड़ा गया था?

A. झज्जर
C. रोहतक
B. कुरुक्षेत्र
D. पानीपत

64. पानीपत नगर को जिले का दर्जा कब मिला था?

A. 1 जनवरी, 1988 को
C. 1 दिसम्बर, 1990 को
B. 1 नवम्बर, 1989 को
D. 1 अगस्त, 1991 को

65. रेवाड़ी जिला कब बना था?

A. 10 जून, 1977 को
C. 1 नवम्बर, 1989 को
B. 5 फरवरी, 1979 को
D. 17 जून, 1980 को

66. हिसार नगर निम्नलिखित में से किस प्रसिद्ध शासक की जन्मभूमि है?

A. शेरशाह सूरी
C. मुहम्मद तुगलक
B. अकबर
D. फिरोज तुगलक

67. वर्तमान समय में प्रदेश के किस नगर में एशिया का सबसे बड़ा पशुधन फार्म स्थित है?

A. नारनौल
C. पानीपत
B. हिसार
D. करनाल

68. सन् 1354 में किस प्रसिद्ध मध्यकालीन शासक ने हिसार की एक दुर्ग के रूप में स्थापना की थी?

A. मुहम्मद तुगलक
C. फिरोज तुगलक
B. बलबन
D. अलाउद्दीन खिलजी

69. प्रदेश का महेन्द्रगढ़ नामक नगर प्राचीन काल में निम्नलिखित में से किस नाम से जाना जाता था?

A. जानोवा
C. महिपगढ़
B. कर्णपुर
D. कानौड

70. बल्लभगढ़ के अन्तिम राजा का नाम बताइये जो कि सन् 1857 के स्वतंत्रता संग्राम में शहीद हुआ था?

A. नाहर सिंह
C. प्रताप सिंह
B. विजय सिंह
D. महर सिंह

61.C   62.A   63.D   64.B   65.C   66.A   67.B   68.C   69.D   70.A

71. बल्लभगढ़ नामक नगर प्रदेश के किस जिले के अंतर्गत आता है?

A. रोहतक

B. फरीदाबाद

C. गुड़गांव

D. करनाल

72. पलवल किस जिले से अलग होकर नया जिला बना है?

A. जींद

B. हिसार

C. फरीदाबाद

D. करनाल

73. प्रसिद्ध गुलाम शासिका रज़िया सुल्ताना की कब्र प्रदेश के किस जिले में स्थित है?

A. कैथल

B. गुरुग्राम

C. अम्बाला

D. फरीदाबाद

74. प्रदेश का कौन-सा नगर विश्व के मानचित्र में ''धान का कटोरा'' तथा ''हरियाणा का पैरिस'' जैसे उपमानों से जाना जाता है?

A. रोहतक

B. सोनीपत

C. फरीदाबाद

D. करनाल

75. 1607 ई॰ में फरीदाबाद नगर की स्थापना किसके द्वारा की गई थी?

A. फिरोजशाह

B. मुबारकशाह

C. बाबा फरीद

D. मनसूब अली

76. महाभारत काल में सिरसा किस नाम से जाना जाता था?

A. शिषिरा

B. शैरीषकम

C. सोरीश

D. सिरसा

77. गोहाना नगर प्राचीनकाल में किस नाम से जाना जाता था?

A. गवभभवाना

B. गढ़ना

C. गपत जमाना

D. इनमें से कोई नहीं

78. प्राचीनकाल में बहादुरगढ़ नामक नगर किस नाम से जाना जाता था?

A. बहावलगढ़

B. शफीराबाद

C. शरफाबाद

D. बलरामगढ़

79. अंग्रेजों ने बहादुरगढ़ को सिन्धिया राजा से छीन कर झज्जर के नवाब के भाई को कब जागीर के रूप में दिया था?

A. 1800 ई॰ में

B. 1801 ई॰ में

C. 1805 ई॰ में

D. 1803 ई॰ में

80. प्रदेश के किस नगर की स्थापना 14वीं शताब्दी में अम्बा नामक राजपूत द्वारा की गई थी?

A. झज्जर

B. रोहतक

C. अम्बाला

D. भिवानी

71.B 72.C 73.A 74.D 75.C 76.B 77.A 78.C 79.D 80.C

81. अब्दुररहमान खाँ, जिसने अंग्रेजों से टक्कर लेते हुए देश प्रेम के लिए अपना बलिदान दिया था, हरियाणा में किस नगर का नवाब था?
    A. कुरुक्षेत्र
    B. झज्जर
    C. फर्रुखनगर
    D. रेवाड़ी

82. फर्रुखनगर की स्थापना किस बिलोच शासक द्वारा की गई थी?
    A. दलेल खाँ (फौजदार खाँ)
    B. शफूद्दीन खाँ
    C. बदरखाँ
    D. जमालुद्दीन खाँ

83. बिलोच शासक दलेल खां (फौजदार खां) ने किस बादशाह के नाम पर फर्रुखनगर नगर बसाया था?
    A. फखरुद्दीन अहमद
    B. फारूख अली
    C. फिरोजशाह तुगलक
    D. फर्रुखसीयर

84. महर्षि वेदव्यास द्वारा अमर काव्य ''महाभारत'' की रचना हरियाणा के किस नगर में की गई थी?
    A. पानीपत
    B. रेवाड़ी
    C. कुरुक्षेत्र
    D. हिसार

85. शक्तिशाली वर्धन वंश का उदय हरियाणा में कहां पर हुआ था?
    A. थानेसर (स्थाण्वीश्वर)
    B. रोहतक
    C. पानीपत
    D. कुरुक्षेत्र

86. 1556 ई॰ में अकबर और रेवाड़ी के हेमचन्द्र (हेमू) के मध्य हरियाणा में किस स्थान पर प्रसिद्ध युद्ध हुआ था?
    A. रेवाड़ी
    B. जीन्द
    C. कुरुक्षेत्र
    D. पानीपत

87. 1761 ई॰ में पानीपत का तीसरा युद्ध किनके मध्य हुआ था?
    A. बाबर और इब्राहिम लोदी के मध्य
    B. अकबर और हेमचन्द्र (हेमू) के मध्य
    C. अहमदशाह अब्दाली और मराठों के मध्य
    D. अंग्रेजों और सिक्खों के मध्य

88. पानीपत नगर 31 अक्टूबर, 1989 तक हरियाणा के किस जिले के अन्तर्गत था?
    A. रेवाड़ी
    B. अम्बाला
    C. करनाल
    D. हिसार

89. निम्नलिखित में से प्रदेश का कौन-सा जिला 1989 से पूर्व गुरुग्राम और महेन्द्रगढ़ जिलों के अन्तर्गत था?
    A. महेन्द्रगढ़
    B. फरीदाबाद
    C. जीन्द
    D. रेवाड़ी

90. जीन्द को जिले का दर्जा कब मिला?
    A. 1966 में
    B. 1972 में
    C. 1968 में
    D. 1975 में

81.B 82.A 83.D 84.C 85.A 86.D 87.C 88.C 89.D 90.A

91. हरियाणा का ऐसा कौन-सा जिला है जिसका जिला मुख्यालय नारनौल नगर में स्थित है?

A. हिसार
B. फरीदाबाद
C. महेन्द्रगढ़
D. करनाल

92. सन् 1818 में राजा अनुरूप सिंह की विधवा ने अपने पति की स्मृति में कहाँ पर एक छतरी व पक्के तालाब का निर्माण करवाया था?

A. करनाल
B. बल्लभगढ़
C. सोनीपत
D. कैथल

93. पलवल को जिले का दर्जा किस वर्ष मिला?

A. 2006 में
B. 2005 में
C. 2008 में
D. 2007 में

94. महाभारत काल में राजा युधिष्ठिर द्वारा निम्नलिखित में से कौन-सा स्थान अपने धर्मगुरु द्रोणाचार्य को उपहार स्वरूप दिया गया था?

A. गुरुग्राम गांव
B. कैथल
C. होडल
D. सिरसा

95. 1857 के स्वतंत्रता संग्राम के समय गुरुग्राम के कलेक्टर का नाम क्या था?

A. हेनरी
B. सर हेली
C. जान मार्शल
D. श्री फोर्ड

96. 1858 ई॰ में हरियाणा का कौन-सा जिला पंजाब प्रान्त में सम्मिलित कर दिया गया था?

A. फरीदाबाद
B. गुरुग्राम
C. हिसार
D. महेन्द्रगढ़

97. फरीदाबाद हरियाणा के 12वें जिले के रूप में कब अस्तित्व में आया?

A. 15 अगस्त, 1970 को
B. 2 अगस्त, 1979 को
C. 26 जनवरी, 1979 को
D. 8 मार्च, 1982 को

98. बहादुरगढ़ नगर हरियाणा के किस जिले के अन्तर्गत आता है?

A. झज्जर
B. करनाल
C. यमुनानगर
D. फरीदाबाद

99. गोहाना नामक ऐतिहासिक कस्बा हरियाणा के किस जिले में स्थित है?

A. पानीपत
B. सिरसा
C. सोनीपत
D. रेवाड़ी

100. किस जिले से अलग होकर चरखी दादरी नया जिला बना है?

A. गुरुग्राम
B. भिवानी
C. रोहतक
D. पानीपत

91.C **92.**B **93.**C **94.**A **95.**D **96.**B **97.**B **98.**A **99.**C **100.**B

भौगोलिक स्थिति पर आधारित प्रश्न

101. चरखी दादरी को जिले का दर्जा किस वर्ष मिला है?

A. सन् 2017 में   B. सन् 2015 में

C. सन् 2016 में   D. सन् 2014 में

102. जिला भिवानी में स्थित तोशाम नामक कस्बे को उपमण्डल का दर्जा कब मिला?

A. 27 अप्रैल, 1993 को   B. 10 जून, 1995 को

C. 5 मार्च, 1997 को   D. 27 अप्रैल, 1998 को

103. पूर्वी हरियाणा और उत्तर प्रदेश की सीमा पर निम्न में से कौन-सी नदी बहती है?

A. गंगा नदी   B. सरस्वती नदी

C. घग्घर नदी   D. यमुना नदी

104. हरियाणा प्रदेश भारत के उत्तर-पश्चिम में 27° 39' से 30° 55' उत्तर अक्षांश पर स्थित है। बताइये कि वह कितने पूर्व रेखांश के बीच स्थित है?

A. 74° 28' से 77° 36'   B. 65° 33' से 77° 28'

C. 50° 28' से 64° 36'   D. 84° 42' से 89° 41'

105. हरियाणा के उत्तर में निम्नलिखित में से कौन-सा प्रदेश स्थित है?

A. उत्तर प्रदेश   B. पंजाब

C. हिमाचल प्रदेश   D. राजस्थान

106. हरियाणा के पश्चिम में निम्नलिखित में से कौन-सा प्रदेश स्थित है?

A. पंजाब   B. राजस्थान

C. उत्तर प्रदेश   D. हिमाचल प्रदेश

107. हरियाणा में 1 नवम्बर किस रूप में मनाया जाता है?

A. गरीबी उन्मूलन दिवस   B. हरियाणा दिवस

C. हरियाणा स्वतंत्रता दिवस   D. हरियाणा पर्यावरण दिवस

108. निम्नलिखित प्रदेशों में से कौन-सा प्रदेश क्षेत्रफल की दृष्टि से हरियाणा से बड़ा नहीं है?

A. मेघालय   B. बिहार

C. हिमाचल प्रदेश   D. पंजाब

109. हरियाणा की आबादी निम्नलिखित में से किस प्रदेश से अधिक है?

A. अरुणाचल प्रदेश   B. सिक्किम

C. नगालैंड   D. सभी से

110. हरियाणा का मैदानी भाग समुद्रतल से कितनी ऊँचाई पर स्थित है?

A. 700 से 900 फीट   B. 750 से 880 फीट

C. 800 से 1000 फीट   D. 900 से 1100 फीट

101.C   102.A   103.D   104.A   105.C   106.A   107.B   108.A   109.D   110.A

111. हरियाणा के किस भाग में शिवालिक पर्वत श्रेणियां स्थित हैं?

A. उत्तर-पश्चिमी   B. उत्तरी-पूर्वी

C. दक्षिणी-पश्चिमी   D. दक्षिणी-पूर्वी

112. शिवालिक की पहाड़ियों से हरियाणा प्रदेश की कौन-सी नदी निकलती है?

A. घग्घर   B. मारकण्डा

C. टांगरी   D. सभी

113. हरियाणा का निम्नलिखित में से कौन-सा प्राकृतिक भाग सबसे बड़ा है?

A. शिवालिक का पहाड़ी भाग

B. रेतीला भाग

C. मैदानी भाग

D. अरावली की पहाड़ियों का शुष्क मैदानी भाग

114. प्रसिद्ध वीवीपुर व नजफगढ़ नामक झीलें हरियाणा के किस प्राकृतिक क्षेत्र में स्थित हैं?

A. मैदानी क्षेत्र

B. रेतीला क्षेत्र

C. शिवालिक का पहाड़ी क्षेत्र

D. अरावली की पहाड़ियों का शुष्क मैदानी क्षेत्र

115. हरियाणा प्रदेश में वर्षा का वार्षिक औसत कितना है?

A. 40 से॰मी॰   B. 42 से॰मी॰

C. 45 से॰मी॰   D. 55 से॰मी॰

116. हरियाणा के किस भाग में वर्षा अधिक होती है?

A. दक्षिण-पश्चिमी भाग   B. उत्तरी-पूर्वी भाग

C. उत्तरी-पश्चिमी भाग   D. दक्षिणी-पूर्वी भाग

117. प्रदेश के किस भाग में वर्षा कम होती है?

A. उत्तरी-पूर्वी भाग   B. दक्षिणी-पूर्वी भाग

C. उत्तरी-पश्चिमी भाग   D. दक्षिणी-पश्चिमी भाग

118. प्रदेश में मोरनी की पहाड़ियों पर किस प्रकार की मिट्टी पाई जाती है?

A. रेतीली मिट्टी   B. भूरे रंग की मिट्टी

C. पथरीली मिट्टी   D. बलुई दोमट मिट्टी

119. हरियाणा के मैदानी भाग में अधिकांशतः किस प्रकार की मिट्टी पाई जाती है?

A. पीले भूरे रंग की उपजाऊ मिट्टी   B. पथरीली मिट्टी

C. रेतीली मिट्टी   D. बलुई दोमट मिट्टी

120. हरियाणा के निम्नलिखित में से किस जिले में लाल चैसटनट मिट्टी पाई जाती है?

A. रोहतक जिले में   B. सिरसा जिले में

C. यमुनानगर जिले में   D. भिवानी जिले में

111.B   112.D   113.C   114.A   115.C   116.B   117.D   118.C   119.A   120.C

121. प्रदेश की कौन-सी नदी मुलाना के समीप मारकण्डा नदी में मिलती है?
    A. साहिबी नदी
    B. टांगरी नदी
    C. कृष्णावती नदी
    D. दोहन नदी

122. हरियाणा की सबसे प्राचीन व प्रमुख नहर कौन-सी है?
    A. गुड़गांव नहर
    B. भिवानी नहर
    C. भाखड़ा नहर
    D. पश्चिमी यमुना नहर

123. प्रदेश की कौन-सी नहर जगाधरी-पोंटा सड़क पर स्थित ताजेवाला नामक स्थान से यमुना नदी से निकलती है?
    A. भाखड़ा नहर
    B. पश्चिमी व पूर्वी यमुना नहर
    C. जवाहर लाल नेहरू नहर
    D. कोई नहीं

124. हरियाणा की जवाहर लाल नेहरू नहर किस नहर से निकाली गई है?
    A. भाखड़ा नहर से
    B. भिवानी नहर से
    C. गुड़गांव नहर से
    D. यमुना नहर से

125. निम्नलिखित में से कौन-सी झील हरियाणा में स्थित है?
    A. दमदमा झील
    B. कोटला झील
    C. खलीलपुर झील
    D. सभी

126. प्रदेश के फरुखनगर खण्ड में निम्नलिखित में से कौन-सी झील स्थित है?
    A. सुल्तानपुर झील
    B. दमदमा झील
    C. खलीलपुर झील
    D. कोटला झील

127. प्रसिद्ध बड़खल झील हरियाणा के किस जिले में स्थित है?
    A. गुरुग्राम
    B. भिवानी
    C. फरीदाबाद
    D. रोहतक

128. हरियाणा की कौन-सी नहर दिल्ली में ओखला नामक स्थान से यमुना नदी से निकाली गई है?
    A. भाखड़ा नहर
    B. गुड़गांव नहर
    C. पूर्वी यमुना नहर
    D. कोई नहीं

129. भाखड़ा नहर द्वारा प्रदेश के किस जिले में सिंचाई कार्य किया जाता है?
    A. सिरसा
    B. हिसार
    C. रोहतक
    D. सभी में

130. जवाहर लाल नेहरू नहर द्वारा प्रदेश के किस जिले में सिंचाई की जाती है?
    A. सिरसा जिले में
    B. रोहतक जिले में
    C. महेन्द्रगढ़ जिले में
    D. जीन्द जिले में

121.B 122.D 123.B 124.A 125.D 126.A 127.C 128.B 129.D 130.C

131. प्रदेश में भिवानी नहर किस नहर से निकाली गई है?

    A. भाखड़ा नहर से   B. गुड़गांव नहर से

    C. पश्चिमी यमुना नहर से   D. पूर्वी यमुना नहर से

132. हरियाणा की प्रसिद्ध बड़खल झील का निर्माण कब किया गया था?

    A. वर्ष 1940 में   B. वर्ष 1950 में

    C. वर्ष 1974 में   D. वर्ष 1947 में

133. हरियाणा का कुल क्षेत्रफल कितने वर्ग कि॰मी॰ है?

    A. 38,150 वर्ग कि॰मी॰   B. 44,212 वर्ग कि॰मी॰

    C. 50,210 वर्ग कि॰मी॰   D. 52,300 वर्ग कि॰मी॰

134. हरियाणा को कुल कितने मण्डलों में बांटा गया है?

    A. 6   B. 5

    C. 4   D. 8

135. हरियाणा प्रदेश में वर्तमान समय में कुल उप-मण्डल कितने हैं?

    A. 35   B. 37

    C. 40   D. 73

136. हरियाणा में वर्तमान समय में कुल कितनी तहसीलें हैं?

    A. 93   B. 68

    C. 77   D. 90

137. हरियाणा प्रदेश में वर्तमान समय में उप-तहसीलों की कुल संख्या कितनी है?

    A. 30   B. 31

    C. 49   D. 40

138. हरियाणा प्रदेश में कुल कितने खण्ड हैं?

    A. 95   B. 140

    C. 115   D. 145

139. सम्पूर्ण हरियाणा में कुल कितने गाँव हैं?

    A. 4,390   B. 4,950

    C. 5,845   D. 6,841

140. 2011 की जनगणना के अनुसार हरियाणा की कुल जनसंख्या कितनी है?

    A. 2,53,51,462   B. 2,40,55,400

    C. 2,25,83,912   D. 2,62,27,650

131.A   132.D   133.B   134.A   135.D   136.A   137.C   138.B   139.D   140.A

141. हरियाणा में वर्ष 2017-18 में प्रति व्यक्ति प्रतिदिन दूध की उपलब्धता कितनी तक पहुँच गई थी?

A. 400 ग्राम
B. 600 ग्राम
C. 1005 ग्राम
D. 900 ग्राम

142. हरियाणा के किस जिले में तेल शोधक कारखाना स्थित है?

A. रोहतक
B. पानीपत
C. रेवाड़ी
D. अम्बाला

143. जिला महेन्द्रगढ़ में निम्नलिखित में से कौन-सा खनिज पदार्थ अधिक मात्रा में मिलता है?

A. चूने का पत्थर
B. चीनी मिट्टी
C. तांबा
D. उपरोक्त सभी

144. जिला रेवाड़ी में किस स्थान पर स्लेट-पत्थर बहुत मात्रा में मिलता है?

A. कुण्ड नामक स्थान पर
B. बावल नामक स्थान पर
C. कुसल नामक स्थान पर
D. खोल नामक स्थान पर

145. वह कौन-सा खनिज पदार्थ है जो भारत में सिर्फ जिला चरखी दादरी के गांव कलियाणा में उपलब्ध होता है?

A. स्लेट का पत्थर
B. रेत
C. हिलना पत्थर
D. क्वार्ट्ज

146. जिला भिवानी में किस स्थान पर 'ग्रेनाइट' नामक पत्थर मिलता है?

A. गांव निगाणाकलां
B. देल्हेड़ी
C. रिवासा
D. उपरोक्त सभी में

147. जिला भिवानी में किस स्थान पर भारत की 'हिन्दुस्तान जिंक लि.' नामक कम्पनी किसी बहुमूल्य खनिज की खोज में काम कर रही है?

A. तोशाम में
B. कैरू में
C. लोहारु में
D. बवानी खेड़ा में

148. हरियाणा के कितने प्रतिशत भू-भाग में वन क्षेत्र हैं?

A. 2.5 प्रतिशत
B. 3.59 प्रतिशत
C. 5 प्रतिशत
D. 6.5 प्रतिशत

149. किस वर्ष मॉडल के रूप में हरियाणा प्रदेश में "ग्रीनिंग ऑफ हरियाणा" नाम से वृक्षारोपण की व्यापक योजना शुरू की गई थी?

A. वर्ष 1982-83 में
B. वर्ष 1985-86 में
C. वर्ष 1989-90 में
D. वर्ष 1994-95 में

150. हरियाणा प्रदेश के किस जिले में सबसे ज्यादा वन हैं?

A. पंचकुला
B. हिसार
C. रोहतक
D. जीन्द

141.C 142.B 143.D 144.A 145.C 146.D 147.A 148.B 149.C 150.A

151. प्रदेश के किस जिले में 'चौधरी देवीलाल प्राकृतिक पार्क' विकसित किया गया है?

A. भिवानी
B. रोहतक
C. पानीपत
D. यमुनानगर

152. प्रदेश के किन जिलों में दो विशेष पर्यावरण न्यायालयों की स्थापना की गई है?

A. फरीदाबाद व हिसार
B. रेवाड़ी व महेन्द्रगढ़
C. सिरसा व जीन्द
D. भिवानी व यमुनानगर

153. हरियाणा में औषधि वृक्षों के रोपण हेतु 'वनस्पति वन योजना' कब लागू की गई?

A. 1 नवम्बर, 2002
B. 1 सितम्बर, 2005
C. 1 नवम्बर, 2003
D. 1 जून, 2005

154. हरियाणा में राष्ट्रीय खाद्य सुरक्षा योजना के तहत 'दाल-रोटी' योजना की शुरुआत किस वर्ष की गई?

A. वर्ष 2011 में
B. वर्ष 2013 में
C. वर्ष 2010 में
D. वर्ष 2012 में

155. जिला हिसार व करनाल में निम्नलिखित में से कौन-सा खनिज पदार्थ उपलब्ध होता है?

A. कच्चा लोहा
B. अभ्रक
C. शोरा
D. संगमरमर

156. जिला रोहतक में निम्नलिखित में से कौन-सा खनिज पदार्थ पाया जाता है?

A. चूना
B. तांबा
C. मैंगनीज़
D. अभ्रक

157. हरियाणा के जीन्द जिले में निम्नलिखित में से कौन-से वृक्ष अधिक मात्रा में पाये जाते हैं?

A. शीशम
B. कीकर
C. सफेदा
D. उपरोक्त सभी

158. हरियाणा प्रदेश के कृषि विश्वविद्यालय हिसार में 'धान' पर शोधकार्य कब शुरू किया गया?

A. 1966 में
B. 1970 में
C. 1974 में
D. 1989 में

159. हरियाणा में प्रमुख रूप से किस खाद्यान्न की कृषि की जाती है?

A. गेहूँ
B. चना
C. चावल
D. उपरोक्त सभी की

160. हरियाणा का कौन-सा जिला खुम्बी की फसल के उत्पादन में भारत में अग्रणी है?

A. अम्बाला
B. सिरसा
C. सोनीपत
D. यमुनानगर

151.D 152.A 153.C 154.B 155.C 156.A 157.D 158.B 159.D 160.C

161. जिला रोहतक में प्रमुख रूप से किस चीज की खेती की जाती है?

A. बाजरा
B. ज्वार
C. गन्ना
D. उपरोक्त सभी की

162. कुरुक्षेत्र में किस स्थान पर गन्ना मिल है?

A. पेहवा
B. शाहबाद मारकण्डा
C. लाडवा
D. बबैन

163. हरियाणा के किस जिले को बासमती चावल के उत्पादन में विश्व प्रसिद्ध होने के कारण ''धान का कटोरा'' नाम से जाना जाता है?

A. हिसार
B. कुरुक्षेत्र
C. करनाल
D. जीन्द

164. हरियाणा को उन्नत किस्म के प्रमाणित बीजों के प्रयोग करने में भारत भर में कौन सा स्थान प्राप्त है?

A. प्रथम
B. द्वितीय
C. तृतीय
D. चतुर्थ

165. फव्वारा सिंचाई तकनीक को अपनाने में हरियाणा का भारत में कौन-सा स्थान है?

A. प्रथम
B. द्वितीय
C. तृतीय
D. चतुर्थ

166. हरियाणा में किस फसल का उत्पादन सबसे ज्यादा होता है?

A. चावल
B. गेहूँ
C. चना
D. सरसों

167. हरियाणा में किस जिले के शिवालिक क्षेत्र में होने वाले भूमि कटाव को रोकने के लिए विश्व बैंक सहायता से समन्वित जलागम विकास (कान्डी) परियोजना चलाई जा रही है?

A. अम्बाला
B. पंचकूला
C. यमुनानगर
D. उपरोक्त सभी जिलों में

168. हरियाणा प्रदेश में निम्नलिखित में से किस साधन द्वारा सिंचाई की जाती है?

A. नहरों द्वारा
B. कुओं द्वारा
C. नलकूपों द्वारा
D. उपरोक्त सभी के द्वारा

169. प्रदेश में जिला अम्बाला में नहरी सिंचाई सुविधा किस सिंचाई परियोजना के बनने से उपलब्ध हुई है?

A. नंगल उठान सिंचाई परियोजना
B. हथनी कुण्ड बैराज परियोजना
C. जवाहरलाल नेहरू सिंचाई परियोजना
D. सेवानी लिफ्ट सिंचाई परियोजना

170. हरियाणा के रेतीले भाग में सिंचाई का साधन क्या है?

A. नहरों द्वारा
B. कुओं द्वारा
C. नलकूप की सहायता से फव्वारों द्वारा
D. वर्षा द्वारा

161.A 162.B 163.C 164.A 165.A 166.B 167.D 168.D 169.A 170.C

171. पश्चिमी यमुना नहर द्वारा हरियाणा के निम्नलिखित में से किस जिले में सिंचाई की जाती है?
     A. करनाल
     B. सोनीपत
     C. रोहतक
     D. उपरोक्त सभी जिलों में

172. गुरुग्राम के अतिरिक्त किस जिले में "गुड़गांव नहर" द्वारा सिंचाई की जाती है?
     A. पानीपत
     B. फरीदाबाद
     C. सोनीपत
     D. कैथल

173. हथनी कुण्ड बैराज परियोजना हरियाणा के किस जिले से सम्बन्धित है?
     A. यमुनानगर
     B. गुरुग्राम
     C. रोहतक
     D. फरीदाबाद

174. महेन्द्रगढ़ जिले में कृषि की उन्नति के लिए कौन-सी सिंचाई परियोजना चलाई गई?
     A. लोहारू लिफ्ट सिंचाई परियोजना
     B. पश्चिमी यमुना नहर योजना
     C. जे॰एल॰एन॰उठान सिंचाई परियोजना
     D. हथनी कुण्ड बैराज परियोजना

175. हरियाणा की कौन-सी नहर दिल्ली में ओखला नामक स्थान से यमुना नदी से निकाली गई है?
     A. गुड़गाँव नहर
     B. भाखड़ा नहर
     C. पूर्वी यमुना नहर
     D. इनमें से कोई नहीं

176. हरियाणा की किस सिंचाई योजना द्वारा स्वरूप कलौदा, खुर्ल कलां, भीखेवाला, खरडवाला नेहरा, फुलिया कलां आदि गांवों को सिंचाई सुविधा प्राप्त हुई थी?
     A. झज्जर उत्थान सिंचाई योजना
     B. नखाना की सिंचाई परियोजना
     C. नंगल उठान सिंचाई परियोजना
     D. जवाहरलाल नेहरू सिंचाई योजना

177. हरियाणा के अहिरवाल क्षेत्र में सिंचाई सुविधा के अन्तर्गत निम्न में कौन-सी सिंचाई स्कीम प्रारम्भ की गई है?
     A. रेवाड़ी लिफ्ट सिंचाई स्कीम
     B. हथनी-कुण्ड बैराज सिंचाई स्कीम
     C. मेवात उठान सिंचाई स्कीम
     D. भाखड़ा नहर सिंचाई स्कीम

178. हरियाणा का सबसे बड़ा पशु-फॉर्म कहाँ पर स्थित है?
     A. रोहतक
     B. हिसार
     C. पंचकुला
     D. जीन्द

179. हरियाणा की किस नस्ल की भैंसे सारे भारत में प्रसिद्ध हैं?
     A. मुर्रा
     B. तुरा
     C. पुस्प
     D. चस्सा

180. हरियाणा में निम्नलिखित में से किस स्थान पर सहकारी दूध संयन्त्र खुले हुए हैं?
     A. अम्बाला
     B. भिवानी
     C. जीन्द
     D. उपरोक्त सभी स्थानों पर

171.D 172.B 173.A 174.C 175.A 176.B 177.A 178.B 179.A 180.D

181. जिला कुरुक्षेत्र के थानेसर नगर में कुक्कुट रोग जांच प्रयोगशाला के भवन का निर्माण कब किया गया?

A. 1980-81

B. 1984-85

C. 1988-89

D. 1995-96

182. हरियाणा में नीलोखेड़ी के अतिरिक्त निम्नलिखित में से किस स्थान पर पोल्ट्री का प्रशिक्षण दिया जाता है?

A. अम्बाला

B. करनाल

C. हिसार

D. कैथल

183. जिला फतेहाबाद में कहाँ पर अश्व स्टेलियन केन्द्र कार्यरत है?

A. टोहाना

B. रतिया

C. भूना

D. जाखल

184. जिला भिवानी में सघन पशु विकास परियोजना कब आरम्भ की गई थी?

A. वर्ष 1966 में

B. वर्ष 1970 में

C. वर्ष 1972 में

D. वर्ष 1978 में

185. जिला महेन्द्रगढ़ में किस स्थान पर एक वीर्य बैंक स्थित है जहाँ पर तरल नाइट्रोजन प्लांट लगा हुआ है?

A. अटेली

B. नारनौल

C. नांगल चौधरी

D. कनीना

186. जिला भिवानी में पशु रोगों के निदान हेतु, जिला ग्रामीण विकास निकाय द्वारा, ''पशु रोग निदान प्रयोगशाला' की स्थापना कब की गई?

A. 1978 में

B. 1980 में

C. 1984 में

D. 1990 में

187. हरियाणा का पहला मॉडर्न आंगनवाड़ी केन्द्र 'नंद घर' वर्ष 2015 में किस जिले में खुला है?

A. गुरुग्राम

B. पानीपत

C. कैथल

D. सोनीपत

188. निम्न में से कौन गुरुग्राम की तहसील नहीं है?

A. पिंजौर

B. पटौदी

C. सोहना

D. मानेसर

189. वर्ष 1975 में जिला सिरसा के गठन के समय लघु औद्योगिक इकाइयों की संख्या कितनी थी?

A. 355

B. 395

C. 445

D. 483

190. जिला यमुनानगर की औद्योगिक इकाइयों द्वारा बनाया गया माल निम्नलिखित में से किस देश में निर्यात किया जाता है?

A. दुबई

B. जर्मनी

C. दक्षिण अफ्रीका

D. उपरोक्त सभी देशों में

181.C 182.B 183.A 184.C 185.B 186.A 187.D 188.A 189.D 190.D

191. सरस्वती शुगर मिल, हरियाणा के किस जिले में स्थित है?

A. रोहतक

B. पानीपत

C. यमुनानगर

D. फरीदाबाद

192. यमुनानगर में यमुना गैसेस लि॰ की स्थापना कब की गई?

A. 1973 में

B. 1975 में

C. 1980 में

D. 1981 में

193. यमुनानगर में यमुना गैसेस लि॰ कम्पनी को गैसों के उत्पादन में अग्रणी स्थान प्राप्त करने का गौरव कब मिला?

A. वर्ष 1969 में

B. वर्ष 1973 में

C. वर्ष 1972 में

D. वर्ष 1975 में

194. भारत स्टॉर्च कैमिकल लि॰ की स्थापना यमुनानगर में कब हुई थी?

A. 1929 में

B. 1932 में

C. 1938 में

D. 1948 में

195. यमुनानगर की टिम्बर मार्किट (मण्डी) वर्ष 1947 से पूर्व किस नाम से प्रसिद्ध थी?

A. अब्दुल्लापुर मण्डी

B. सादापुर मण्डी

C. यमुनानगर मण्डी

D. यमुनापुर मण्डी

196. जिला सोनीपत का एटलस साइकिल उद्योग विश्व के कितने प्रमुख साइकिल निर्माण प्रतिष्ठानों में से एक है?

A. तीन

B. पाँच

C. सात

D. नौ

197. हरियाणा में ''भिवानी टैक्सटाइल मिल'' की स्थापना कब हुई थी?

A. 1930 में

B. 1937 में

C. 1942 में

D. 1950 में

198. भिवानी में स्थित टैक्सटाइल मिल में तैयार किया गया कपड़ा और धागा निम्नलिखित में से किन देशों में निर्यात किया जाता है?

A. अरब देशों में

B. फ्रांस में

C. इटली में

D. उपरोक्त सभी में

199. 1943 में जिला भिवानी स्थापित टी॰आई॰ मिल में तैयार माल भारत के अतिरिक्त किस देश में भेजा जाता है?

A. बंग्लादेश

B. तुर्की

C. बेल्जियम

D. उपरोक्त सभी देशों में

200. हरियाणा की सन् 1939 में चरखी दादरी स्थित सीमेंट फैक्टरी का निर्माण जर्मन-इंजीनियरों के सहयोग से किसके द्वारा किया गया था?

A. सेठ सिंघानिया

B. सेठ करोड़ीमल

C. सेठ रामकृष्ण डालमिया

D. सेठ रामकुमार बिड़ला

191.C 192.A 193.D 194.C 195.A 196.A 197.B 198.A 199.D 200.C

201. हरियाणा के चरखी दादरी स्थित, सीमेंट फैक्टरी को भारत सरकार के उपक्रम भारतीय सीमेंट निगम ने अपने अधिकार में कब लिया था?
  A. 5 अप्रैल, 1980 को
  B. 23 जून, 1981 को
  C. 10 जून, 1984 को
  D. 23 जून, 1988 को

202. जिला पानीपत में उत्पादित बासमती चावल किस देश में निर्यात किया जाता है?
  A. कनाडा
  B. आस्ट्रेलिया
  C. अरेबियन देशों में
  D. उपरोक्त सभी देशों में

203. हरियाणा के निम्नलिखित में से किस जिले में कैप्टिव विद्युत संयंत्र की स्थापना की गई है?
  A. पानीपत में
  B. हिसार में
  C. रोहतक में
  D. करनाल में

204. जिला पानीपत के बाहौली क्षेत्र में कौन-सा कारखाना स्थापित किया गया है?
  A. कपड़े बनाने का कारखाना
  B. कृषि यन्त्र बनाने का कारखाना
  C. तेल शोधक कारखाना
  D. हवाई चप्पल बनाने का कारखाना

205. हरियाणा के निम्नलिखित में से किस जिले में ''अमोनिया प्लांट'' स्थापित है?
  A. पानीपत
  B. कैथल
  C. गुरुग्राम
  D. करनाल

206. जिला महेन्द्रगढ़ का किस चीज के उत्पादन में हरियाणा राज्य में प्रथम स्थान है?
  A. चावल के उत्पादन में
  B. बर्तनों के उत्पादन में
  C. सरसों के उत्पादन में
  D. साइकिलों के उत्पादन में

207. हरियाणा के किस जिले की सीमा अन्य राज्यों से नहीं लगती?
  A. रेवाड़ी
  B. रोहतक
  C. अम्बाला
  D. फरीदाबाद

208. रेवाड़ी जिले का निम्नलिखित में से कौन-सा उद्योग भारत भर में प्रसिद्ध है?
  A. तिल्ला जूती उद्योग
  B. पीतल बर्तन उद्योग
  C. हीरो होण्डा मोटर साइकिल फैक्टरी
  D. उपरोक्त सभी

209. जीन्द जिले में साइकिल बनाने के अतिरिक्त अन्य किस चीज का कारखाना स्थित है?
  A. बर्तन बनाने का कारखाना
  B. कपड़ों का कारखाना
  C. चीनी बनाने का कारखाना
  D. चमड़े के जूते बनाने का कारखाना

210. हरियाणा शब्द किस कृति में प्राप्त हुआ है?
  A. पासणा हचरिउ
  B. महापुराण
  C. A और B
  D. इनमें से कोई नहीं

201.B 202.D 203.A 204.C 205.A 206.C 207.B 208.D 209.C 210.A

211. जिला फतेहाबाद में लकड़ी का विकल्प तैयार करने वाला, ''न्यूवुड लकड़ी उद्योग'' कहाँ पर स्थापित है?

    A. फतेहाबाद उपमण्डल में   B. टोहाना उपमण्डल में

    C. रतिया उपमण्डल में   D. सिवानी उपमण्डल में

212. करनाल जिले में निर्मित किस वस्तु का विदेशों में भी निर्यात किया जाता है

    A. लिबर्टी जूतों का   B. पेंट का

    C. लकड़ी के फर्नीचर का   D. स्टील के फर्नीचर का

213. जिला कुरुक्षेत्र की शाहबाद सहकारी चीनी मिल की स्थापना कब की गई थी?

    A. 1976-77 में   B. 1984-85 में

    C. 1991-92 में   D. 1994-95 में

214. जिला फरीदाबाद में निम्नलिखित में से किस चीज का कारखाना स्थापित है?

    A. ट्रैक्टर   B. रेफ्रीजरेटर

    C. रबड़ टायर   D. उपरोक्त सभी

215. राजदूत मोटर साइकिल बनाने की फैक्टरी हरियाणा के किस जिले में स्थित है?

    A. फरीदाबाद   B. पानीपत

    C. रोहतक   D. करनाल

216. मारुति कारों का निर्माण कार्य हरियाणा में कहां पर होता है?

    A. गुरुग्राम   B. अम्बाला

    C. फरीदाबाद   D. हिसार

217. दिव्यावदान में किन नगरों का उल्लेख हुआ है?

    A. रोहतक   B. अग्रोहा

    C. A और B   D. सोनीपत

218. हरियाणा सरकार द्वारा स्वतंत्रता सेनानियों को सम्मानित करने का निर्णय किस वर्ष लिया गया था?

    A. वर्ष 1980 में   B. वर्ष 1981 में

    C. वर्ष 1985 में   D. वर्ष 1997 में

219. हरियाणा राज्य में स्वतंत्रता सेनानियों तथा आई॰एन॰ए॰ के सदस्यों की विधवाओं को उनकी लड़की तथा आश्रित बहन की शादी हेतु कितनी धनराशि अनुदान के रूप में दी जाती है?

    A. ₹ 51,000   B. ₹ 15,000

    C. ₹ 20,000   D. ₹ 5,000

220. प्रदेश में परमवीर चक्र प्राप्त सैनिकों को कितनी धनराशि एकमुश्त प्रदान की जाती है?

    A. ₹ 1 करोड़   B. ₹ 3 करोड़

    C. ₹ 2 करोड़   D. ₹ 5 करोड़

211.B   212.A   213.B   214.D   215.A   216.A   217.C   218.B   219.A   220.C

221. युद्ध सेवा मैडल प्राप्त करने वाले सैनिकों को नकद राशि, वार्षिकी और भूमि के बदले नकद राशि देने की स्कीम 1988 में बंद कर दी गई थी, उसे बंसी लाल की सरकार द्वारा पुनः कब चालू किया गया?

A. अप्रैल, 1995 में   B. अप्रैल 1997 में

C. अप्रैल, 1996 में   D. अप्रैल, 1998 में

222. किस वेद में हरियाणा की दो प्राचीन नदियों का उल्लेख है जो आज लुप्त हैं?

A. सामवेद   B. यजुर्वेद

C. अथर्ववेद   D. ऋग्वेद

223. अशोक का तोपरा स्तम्भ किस जिले में प्राप्त हुआ है?

A. अम्बाला   B. रोहतक

C. सोनीपत   D. हिसार

224. हरियाणा में दिसम्बर 2018 तक कितने वृद्ध नागरिकों को वृद्धावस्था पेंशन दी जा रही है?

A. लगभग 10 लाख   B. लगभग 20 लाख

C. लगभग 15.54 लाख   D. लगभग 18.5 लाख

225. प्रदेश के महिला आश्रम तथा राजकीय उत्तर रक्षा गृहों में रह रही लड़कियों के विवाह पर खर्च की जाने वाली वर्तमान धन राशि कितनी है?

A. ₹ 15,000   B. ₹ 13,000

C. ₹ 20,000   D. ₹ 33,000

226. प्रदेश में अस्वच्छ व्यवसाय में लगे अनुसूचित जाति के बच्चों के लिए किस स्थान पर छात्रावास है?

A. करनाल   B. फरीदाबाद

C. अम्बाला   D. सभी में

227. विमुक्त जाति के बच्चों के लिए प्रदेश में किस स्थान पर छात्रावास खोला गया है?

A. रोहतक   B. जीन्द

C. फरीदाबाद   D. गुरुग्राम

228. हरियाणा में शराबबन्दी कानून कब लागू किया गया था?

A. 1 दिसम्बर, 1991 में   B. 1 जून, 1993 में

C. 1 जुलाई, 1996 में   D. 1 मई, 1997 में

229. प्रदेश सरकार द्वारा शराबबन्दी कानून कब समाप्त किया गया?

A. 1 मार्च, 1996 में   B. 1 मई, 1997 में

C. 1 फरवरी, 1996 में   D. 1 अप्रैल, 1998 में

230. निम्नलिखित में से कौन-सी बाल विकास परियोजना हरियाणा राज्य से सम्बन्धित है?

A. समेकित बाल विकास परियोजना   B. बाल स्वास्थ्य परियोजना

C. शिशु पोषण परियोजना   D. असहाय बाल विकास परियोजना

221.B   222.D   223.A   224.C   225.A   226.D   227.B   228.C   229.D   230.A

231. हरियाणा में गरीब लड़कियों के कल्याण हेतु निम्नलिखित में से कौन-सी परियोजना चलाई जा रही है?

    A. पराया धन पराई बेटी   B. अपनी बेटी पराया धन

    C. अपनी बेटी अपना धन   D. कोई नहीं

232. हरियाणा में रैपिड मेट्रो की शुरुआत सर्वप्रथम किस शहर में हुई?

    A. फरीदाबाद   B. गुरुग्राम

    C. पानीपत   D. सोनीपत

233. हरियाणा राज्य में प्रत्येक गांव में बिजली पहुँचाने का कार्य कब पूर्ण किया गया?

    A. 10 जून, 1966 को   B. 25 मार्च, 1971 को

    C. 15 अप्रैल, 1968 को   D. 29 नवम्बर, 1970 को

234. हरियाणा में विद्युत उपभोक्ताओं की कुल संख्या 2017-18 तक कितनी है?

    A. 62.24 लाख   B. 75 लाख

    C. 65 लाख   D. 70 लाख

235. अशोक के स्तम्भ लेख की लिपि कौन-सी थी?

    A. फारसी   B. देवनागरी

    C. ब्राह्मी   D. इनमें से कोई नहीं

236. दक्षिणी हरियाणा में बिजली की उपलब्धता में सुधार लाने के लिए कहाँ से कहाँ तक 220 के॰वी॰ की 50 कि॰मी॰ लम्बी नई सिंगल सर्किट लाइन बिछाई गई है?

    A. गुरुग्राम से बादशाहपुर तक   B. बादशाहपुर से रेवाड़ी तक

    C. फरीदाबाद से रेवाड़ी तक   D. जीन्द से कैथल तक

237. हरियाणा में निम्नलिखित में से किस तरल स्थान पर आधारित 25-25 मैगावाट के बिजली संयन्त्र की स्थापना की गई है।

    A. गुरुग्राम में   B. फरीदाबाद में

    C. करनाल में   D. रोहतक में

238. हरियाणा में अपने बिजली उत्पादन संयन्त्रों से बिजली का उत्पादन 2017-18 तक कितने मेगावाट है?

    A. 1500 मेगावाट   B. 1800 मेगावाट

    C. 2792.4 मेगावाट   D. 3000 मेगावाट

239. किसानों की मांग पर नलकूपों की गहराई के आधार पर बिजली की कौन-सी प्रणाली पूरे प्रदेश में लागू की गई है?

    A. स्टैव प्रणाली   B. विद्युत नापन प्रणाली

    C. टैस्ट प्रणाली   D. इनमें से कोई नहीं

240. हरियाणा में निम्नलिखित में से किस स्थान पर ताप बिजलीघर स्थित है?

    A. हिसार   B. कैथल

    C. जीन्द   D. फरीदाबाद

231.C   232.B   233.D   234.A   235.C   236.B   237.A   238.C   239.A   240.D

241. प्रदेश में एन॰टी॰पी॰सी॰ द्वारा गैस पर आधारित 432 मैगावाट का पावर प्लान्ट कहाँ पर लगाया गया?

   A. गुरुग्राम   B. फरीदाबाद

   C. पानीपत   D. करनाल

242. हरियाणा में नवम्बर 2018 तक सड़कों की कुल लम्बाई किलोमीटर में कितनी है?

   A. 26,431 कि॰मी॰   B. 28,065 कि॰मी॰

   C. 25,074 कि॰मी॰   D. 30,817 कि॰मी॰

243. प्रदेश में बड़े परिवहन बस डिपो की संख्या कितनी है?

   A. 12   B. 13

   C. 24   D. 30

244. हरियाणा के राष्ट्रीय राजमार्ग नं 1 को करनाल से शाहबाद तक यातायात के लिए कब खोल दिया गया?

   A. दिसम्बर, 1991 में   B. अक्टूबर, 1996 में

   C. सितम्बर, 1998 में   D. सितम्बर, 1999 में

245. हरियाणा सरकार द्वारा यात्री-परिवहन का सम्पूर्ण राष्ट्रीयकरण कब किया गया?

   A. सन् 1972 में   B. सन् 1976 में

   C. सन् 1980 में   D. सन् 1985 में

246. हरियाणा को किस साल खुले में शौच मुक्त घोषित किया गया?

   A. 2014   B. 2015

   C. 2016   D. 2017

247. दिल्ली से अमृतसर जाने वाला राष्ट्रीय राजमार्ग नं. 1 किसके द्वारा बनवाया गया था?

   A. शेरशाह सूरी द्वारा   B. शाहजहाँ द्वारा

   C. फिरोज तुगलक द्वारा   D. बाबर द्वारा

248. दिल्ली से फिरोजपुर राष्ट्रीय मार्ग पर यात्रा करने पर हरियाणा का कौन-सा प्रमुख नगर पड़ता है?

   A. रोहतक   B. सिरसा

   C. हिसार   D. उपरोक्त सभी

249. हरियाणा में राष्ट्रीय राजमार्गों की कुल लम्बाई कितने किमी है?

   A. 900 किमी   B. 1200 किमी

   C. 1600 किमी   D. 2,535 किमी

250. हरियाणा में वर्तमान समय में कितने असैनिक हवाई अड्डे हैं?

   A. 2   B. 4

   C. 6   D. 8

241.B 242.A 243.C 244.C 245.A 246.D 247.A 248.D 249.D 250.C

251. हरियाणा में हिसार, करनाल, भिवानी, नारनौल व जीन्द के अतिरिक्त निम्नलिखित में से किस स्थान पर पक्का रन-वे है?

A. पानीपत
B. पिंजौर
C. फरीदाबाद
D. रेवाड़ी

252. हरियाणा के राष्ट्रीय राजमार्ग नं. 2 को बल्लभगढ़ से किस प्रदेश की सीमा तक चार मार्गी बनाया गया है?

A. उत्तर प्रदेश
B. पंजाब
C. हिमाचल प्रदेश
D. राजस्थान

253. हरियाणा में भारी वाहन चालक प्रशिक्षण संस्थान निम्नलिखित में से किस स्थान पर स्थित है?

A. मुरथल
B. चरखी दादरी
C. अम्बाला
D. तावड़ू

254. हरियाणा की शिवालिक पहाड़ियों में पिंजौर-कालका के निकट किस काल के उपकरण प्राप्त हुए हैं?

A. पाषाण काल
B. उत्तरवैदिक काल
C. हड़प्पा काल
D. पूर्ववैदिक काल

255. मानव-जाति के जनक माने जाने वाले वैवस्त मनु को ''अवन्ति सुन्दरी कथा'' नामक ग्रन्थ में, किस स्थान का निवासी माना गया है?

A. पानीपत
B. रोहतक
C. स्थाण्वीश्वर
D. पंचकुला

256. हरियाणा के वणावली, सीसवाल, कुणाल, मिर्जापुर, दौलतपुर और भगवानपुरा नामक स्थानों के उत्खननों से किस काल की संस्कृतियों के प्रमाण मिले हैं?

A. आद्यैतिहासकालीन-प्राग्हड़प्पा
B. हड़प्पा
C. परवर्ती हड़प्पा
D. उपरोक्त सभी कालों के

257. हरियाणा में पुरातात्विक अन्वेषण, सर्वप्रथम किसने आरम्भ किया था?

A. जॉनसर
B. एलेक्जेण्डर कनिंघम
C. लार्ड मुनरो
D. जॉन मार्शल

258. हरियाणा में पुरातात्विक अन्वेषण का आरम्भ कब हुआ?

A. 1862 ई. में
B. 1892 ई. में
C. 1900 ई. में
D. 1905 ई. में

259. डॉ सूरजभान के निर्देशन में हरियाणा में किस स्थान की खुदाई से महत्त्वपूर्ण ऐतिहासिक सामग्री प्राप्त हुई है?

A. मिथाथल (जिला भिवानी)
B. दादरी (जिला चरखी दादरी)
C. ऐलनाबाद (जिला सिरसा)
D. सफीदों (जिला जीन्द)

260. हरियाणा में हड़प्पा परवर्ती संस्कृति व चित्रित स्लेटी पात्र सभयताओं के लोगों के साथ-साथ रहने का सर्वप्रथम प्रमाण कहाँ मिला है?

A. नारनौल
B. भगवानपुरा
C. सिरसा
D. महेन्द्रगढ़

251.B 252.A 253.A 254.A 255.C 256.D 257.B 258.A 259.A 260.B

261. हरियाणा में हड़प्पा संस्कृति का एक विराट टीला जीन्द के समीप किस स्थान पर है?
   A. सफीदों
   B. उचाना
   C. नरवाना
   D. राखीगढ़ी

262. जगाधरी से तीन कि.मी. पूर्व की ओर चनेती में एक स्तूप के अवशेष मिले हैं, इस स्तूप की ऊँचाई 8 मीटर है। बताइये इसकी परिधि कितने मीटर है?
   A. 20 मीटर
   B. 30 मीटर
   C. 45 मीटर
   D. 50 मीटर

263. अमीन जिला कुरुक्षेत्र से प्राप्त दो स्तम्भ किस काल की कला को दर्शाते हैं?
   A. मौर्यकाल
   B. वर्धनकाल
   C. गुप्तकाल
   D. शुंगकाल

264. समुद्रगुप्त का एक परशु प्रकार का सोने का सिक्का हरियाणा में कहाँ पर मिला है?
   A. कोसली (रेवाड़ी)
   B. टोहाना (फतेहाबाद)
   C. मिथाथल (भिवानी)
   D. रानिया (सिरसा)

265. हरियाणा के किस इलाके में तीसरी शताब्दी में यौधेयों का बोलबाला था?
   A. पानीपत के इलाके में
   B. रोहतक के इलाके में
   C. हिसार के इलाके में
   D. अम्बाला के इलाके में

266. जगाधरी से किस शासक की सोने की मुद्रा प्राप्त हुई है?
   A. कनिष्क
   B. कुमारगुप्त
   C. पुष्यमित्रशुंग
   D. समुद्रगुप्त

267. हरियाणा के किस स्थान से हर्षवर्धन की तांबे की मुद्रा मिली है जिसमें थानेश्वर के पुष्पमूर्ति वंशावली का वृत्तान्त मिलता है?
   A. सोनीपत
   B. सिरसा
   C. गुरुग्राम
   D. कैथल

268. भारतीय पुरातत्व सर्वेक्षण के एच.एल. श्रीवास्तव द्वारा हिसार में किस स्थान पर खुदाई कार्य करवाया गया था?
   A. उकलाना
   B. हांसी
   C. अग्रोहा
   D. आदमपुर

269. हरियाणा प्रदेश में वर्ष 2017-18 तक मान्यता प्राप्त प्राथमिक/पूर्व प्राथमिक विद्यालयों की संख्या कितनी है?
   A. 9,974
   B. 10,605
   C. 11,582
   D. 8,780

270. प्रदेश में वर्ष 2017-18 तक मान्यता प्राप्त माध्यमिक विद्यालयों की संख्या कितनी है?
   A. 1,215
   B. 2,312
   C. 5,228
   D. 3,850

261.D 262.A 263.D 264.C 265.B 266.D 267.A 268.C 269.A 270.C

271. हरियाणा में वर्ष 2017-18 तक मान्यता प्राप्त उच्च/वरिष्ठ माध्यमिक विद्यालयों की संख्या कितनी है?

A. 6,460
B. 8,024
C. 5,870
D. 4,960

272. हरियाणा में वर्ष 2017-18 तक मान्यता प्राप्त इन्जीनियरिंग महाविद्यालयों की संख्या कितनी है?

A. 127
B. 250
C. 305
D. 274

273. प्रदेश में वर्ष 2017-18 तक मान्यता प्राप्त कला तथा विज्ञान महाविद्यालयों की संख्या कितनी है?

A. 190
B. 200
C. 400
D. 297

274. हरियाणा प्रदेश में वर्ष 2017-18 तक मान्यता प्राप्त कितने अध्यापक प्रशिक्षण महाविद्यालय हैं?

A. 491
B. 400
C. 300
D. 350

275. प्रदेश में कुल साक्षर जनसंख्या कितनी है?

A. 1,66,25,728
B. 1,65,98,988
C. 78,10,882
D. 1,32,58,652

276. प्रदेश में वर्ष 2017-18 तक कितने मान्यता प्राप्त विश्वविद्यालय हैं?

A. 46
B. 40
C. 35
D. 38

277. प्रदेश में निम्नलिखित में से किस स्थान पर नवोदय विद्यालय स्थित है?

A. तितरम
B. ओढ़ा
C. देवराला
D. उपरोक्त सभी में

278. हरियाणा सरकार द्वारा किस वर्ष 10+2+3 शिक्षा प्रणाली लागू की गई?

A. 1980-81 में
B. 1976-77 में
C. 1988-89 में
D. 1985-86 में

279. ''महर्षि दयानन्द विश्वविद्यालय'' हरियाणा के किस नगर में स्थित है?

A. रोहतक
B. हिसार
C. फरीदाबाद
D. रेवाड़ी

280. ''चौधरी चरणसिंह कृषि विश्वविद्यालय'' प्रदेश के किस नगर में स्थित है?

A. जीन्द
B. गुरुग्राम
C. हिसार
D. कुरुक्षेत्र

271.B 272.A 273.D 274.A 275.B 276.A 277.D 278.D 279.A 280.C

281. हरियाणा में पंजाबी भाषा को बढ़ावा देने के उद्देश्य से पंजाबी भाषा को किस स्थान पर रखा गया है?

A. प्रथम
B. द्वितीय
C. तृतीय
D. चतुर्थ

282. हरियाणा में चौधरी देवीलाल विश्वविद्यालय निम्नलिखित में से किस स्थान पर स्थित है?

A. कुरुक्षेत्र
B. हिसार
C. रोहतक
D. सिरसा

283. हरियाणा में खेलों को बढ़ावा देने के उद्देश्य से प्रदेश सरकार द्वारा कौन-सी महत्त्वपूर्ण योजना चलाई जा रही है?

A. खेल संस्थाओं को अनुदान
B. प्रशिक्षण योजना
C. खेल स्टेडियम
D. उपरोक्त सभी

284. खिलाड़ियों को आधुनिक और वैज्ञानिक ढंग से प्रशिक्षण देने के लिए हरियाणा में किस स्थान पर खेल छात्रावास की स्थापना की गई है?

A. गुरुग्राम में
B. रोहतक में
C. फरीदाबाद में
D. पानीपत में

285. हरियाणा के सोनीपत जिले के राई नामक स्थान पर एक खेलकूद स्कूल है, उसका नाम बताइये?

A. जवाहरलाल नेहरू खेलकूद स्कूल
B. इन्दिरा गांधी खेलकूद स्कूल
C. मोतीलाल नेहरू खेलकूद स्कूल
D. राजीव गांधी खेलकूद स्कूल

286. सोनीपत जिले के राई नामक स्थान पर स्थित मोतीलाल नेहरू खेलकूद स्कूल में स्थित कमला नेहरू नामक स्कूल की स्थापना कब की गई थी?

A. वर्ष 1970 में
B. वर्ष 1974 में
C. वर्ष 1982 में
D. वर्ष 1986 में

287. अगस्त–सितम्बर 2018 में इंडोनेशिया के जकार्ता में हुए 18वें एशियाई खेलों में हरियाणा के निम्न में से किस खिलाड़ी ने कुश्ती में स्वर्ण पदक प्राप्त किया था?

A. योगेश्वर दत्त
B. बबिता कुमारी
C. गीता फोगाट
D. बजरंग पुनिया

288. वर्ष 2008 में हुए बीजिंग ओलंपिक खेलों में हरियाणा के किस मुक्केबाज ने कांस्य पदक प्राप्त किया था?

A. जितेन्द्र कुमार
B. अखिल कुमार
C. विजेन्द्र कुमार
D. दिनेश कुमार

289. अक्टूबर, 2010 में दिल्ली में हुए 19वें राष्ट्रमंडल खेलों में हरियाणा के खिलाड़ियों ने कितने स्वर्ण पदक प्राप्त किए थे?

A. 14
B. 16
C. 18
D. 20

290. हरियाणा की प्रसिद्ध खिलाड़ी गीता जुत्शी किस खेल से सम्बन्धित हैं?

A. जिमनास्टिक
B. दौड़
C. बैडमिंटन
D. टेनिस

281.B **282.**D **283.**D **284.**A **285.**C **286.**B **287.**D **288.**C **289.**A **290.**B

291. हरियाणा की प्रसिद्ध महिला खिलाड़ी ममता खरब का सम्बन्ध किस खेल से है?
A. हॉकी
B. कबड्डी
C. जूडो
D. हैंडबाल

292. हिन्दी के प्रसिद्ध कहानीकार श्री विशम्भरनाथ कौशिक का जन्म हरियाणा में कहां पर हुआ था?
A. अम्बाला छावनी में
B. सिरसा में
C. पंचकूला में
D. रोहतक में

293. हरियाणा के प्रसिद्ध लेखक पं॰ नेकीराम शर्मा ने भिवानी से कौन-सा पत्र हिन्दी में प्रकाशित किया था?
A. संवाहक
B. सन्देश
C. निवारण
D. वाणी

294. निम्नलिखित में से भारतीय क्रिकेट का कौन-सा पूर्व खिलाड़ी हरियाणा से सम्बन्धित है?
A. कपिल देव
B. सुनील गावस्कर
C. अजय जडेजा
D. अजहरुद्दीन

295. 35वें राष्ट्रीय खेलों (2015) में हरियाणा को देशभर में कौन–सा स्थान प्राप्त हुआ था?
A. पहला
B. दूसरा
C. तीसरा
D. चौथा

296. रियो ओलंपिक 2016 में कांस्य पदक विजेता साक्षी मलिक का संबंध किस खेल से है?
A. बैडमिंटन
B. कुश्ती
C. जूडो
D. भारोत्तोलन

297. हरियाणा का निम्नलिखित में से कौन-सा खिलाड़ी जिमनास्टिक से सम्बन्धित नहीं है?
A. सुनीता शर्मा
B. संध्या
C. निर्मला गुलिया
D. गीता जुत्शी

298. निम्नलिखित में से किस प्रमुख आदिकवि को हरियाणा का माना जाता है?
A. गोस्वामी तुलसीदास
B. कबीरदास
C. कवि चन्दबरदाई
D. रहीम दास

299. निम्नलिखित में से हरियाणा के किस मुस्लिम संत ने हिन्दी साहित्य के विकास में महत्त्वपूर्ण योगदान दिया?
A. शेख-यू-अलीशाह कलन्दर
B. सन्त सादुल्ला
C. शेख बहाउद्दीन चिश्ती
D. उपरोक्त सभी ने

300. निम्नलिखित में से कौन-सा प्राचीन कवि हरियाणा से सम्बन्धित नहीं है?
A. वीरभान
B. महात्मा हरिदास
C. बनारसीदास
D. नरोत्तम दास

291.A 292.A 293.B 294.A 295.C 296.B 297.D 298.C 299.D 300.D

301. हरियाणा राज्य को पूर्ण राज्य का दर्जा कब मिला?

A. 1 नवम्बर, 1964 को   B. 10 दिसम्बर, 1965 को

C. 1 नवम्बर, 1966 को   D. 15 जून, 1968 को

302. हरियाणा की राजधानी कौन-सा नगर है?

A. चण्डीगढ़   B. रोहतक

C. करनाल   D. यमुनानगर

303. राज्यपाल जिलाधीश की नियुक्ति करता है–

A. केन्द्रीय सरकार की सलाह पर   B. राज्य की मंत्रिपरिषद की सलाह पर

C. राष्ट्रपति की सलाह पर   D. प्रधानमंत्री की सलाह पर

304. वर्तमान समय में हरियाणा में कितने जिले हैं?

A. 16   B. 17

C. 18   D. 22

305. प्रसिद्ध भोंडसी आश्रम हरियाणा के किस जिले में स्थित है?

A. पानीपत   B. फतेहाबाद

C. गुरुग्राम   D. कैथल

306. 'नरवाना' विधान सभा क्षेत्र किस जिले में स्थित है?

A. जींद   B. फरीदाबाद

C. नूंह   D. गुरुग्राम

307. 'किलोई' विधान सभा क्षेत्र किस जिले में स्थित है?

A. सोनीपत   B. पानीपत

C. रोहतक   D. करनाल

308. हरियाणा का नवगठित 22वाँ जिला कौन सा है?

A. डबवाली   B. चरखी दादरी

C. होडल   D. नरवाना

309. निम्न में से कौन लोकसभा क्षेत्र अनुसूचित जाति के लिए आरक्षित हैं?

A. अम्बाला   B. भिवानी

C. फरीदाबाद   D. हिसार

310. निम्न में से कौन लोकसभा क्षेत्र अनुसूचित जाति के लिए आरक्षित हैं?

A. सोनीपत   B. महेन्द्रगढ़

C. रोहतक   D. सिरसा

301.C   302.A   303.B   304.D   305.C   306.A   307.C   308.B   309.A   310.D

311. हरियाणा प्रदेश में पुरुषों द्वारा पहनी जाने वाली पगड़ी क्या कहलाती है?
- A. खंडवा
- B. पग्गड़
- C. तोडा
- D. पगड़ी

312. प्रदेश में राजपूती ढंग की बड़ी पगड़ी को क्या कहते हैं?
- A. साफा
- B. टोपी
- C. पाग
- D. दोहरा

313. हरियाणा में चार नीले तथा चार लाल धागों की बुनाई वाले खद्दर से बना बिना कली का घाघरा क्या कहलाता है?
- A. धारणा
- B. खारा
- C. थारा
- D. कचारा

314. प्रदेश में प्रचलित निम्नलिखित में से कौन-सा आभूषण गले में नहीं पहना जाता है?
- A. हंसला
- B. फूल
- C. गलश्री
- D. बटन

315. प्रदेश में निम्नलिखित में से कौन-सा आभूषण मुंह और सिर पर पहना जाता है?
- A. सिंगार पट्टी
- B. तग्गा
- C. बेस्सर
- D. उपरोक्त सभी

316. प्रदेश में प्रचलित आभूषणों में निम्नलिखित में से कौन-सा आभूषण नाक में नहीं पहना जाता है?
- A. नांथ
- B. पुरली
- C. ढेंडे
- D. कोक्का

317. प्रदेश में प्रचलित निम्नलिखित में से कौन-सा आभूषण हाथों में नहीं पहना जाता है?
- A. पौहची
- B. कड़ूल्ला
- C. पछेल्ली
- D. बांकड़ी

318. प्रदेश में प्रचलित शकुन-अपशकुनों में निम्नलिखित में से किसे शकुन माना जाता है?
- A. पानी भरा घड़ा
- B. हिरण दर्शन
- C. मेहतर (झाड़ू लिए हुए)
- D. उपरोक्त सभी

319. प्रदेश में प्रचलित शकुन-अपशकुनों में निम्नलिखित में से किसे अपशकुन माना जाता है?
- A. खाली घड़ा
- B. दूब का दर्शन
- C. पैर का खुजाना
- D. भिस्ती का जल लिए मिलना

320. प्रदेश में पारम्परिक आभूषणों में निम्नलिखित में से कौन-सा आभूषण पुरुषों द्वारा पहना जाता है?
- A. गोफ
- B. तागड़ी
- C. नाड़ा
- D. कड़ी

311.A   312.C   313.B   314.B   315.D   316.C   317.D   318.D   319.A   320.A

321. हरियाणा में निम्नलिखित में से किस धार्मिक स्थान पर, सूर्य ग्रहण के अवसर पर भारत भर से लाखों यात्री स्नान व धर्मानुष्ठान के लिए आते हैं?

A. गुरुग्राम
B. कुरुक्षेत्र
C. जगाधरी
D. इनमें से कोई नहीं

322. गुरुग्राम जिले में इस्लामपुर नामक स्थान पर भादों मास के नौवें दिन कौन-सा मेला लगता है?

A. गूगा नौमी
B. नागपूजा
C. यमुना स्नान
D. शिव मेला

323. गुरुग्राम में चैत्र व आषाढ़ मास में प्रत्येक सोमवार व मंगलवार को निम्नलिखित में से कौन सा प्रसिद्ध मेला लगता है?

A. बुद्धो माता का मेला
B. शिवजी का मेला
C. शीतला माता का मेला
D. मेला बाबा बूढ़ा

324. हरियाणा के किस जिले में रामसराय और भूतेश्वर के प्रसिद्ध मेले लगते हैं?

A. फरीदाबाद जिले में
B. जींद जिले में
C. रोहतक जिले में
D. झज्जर जिले में

325. रोहतक के अस्थल बोहर में मठ में फरवरी-मार्च के महीने में कौन-सा मेला लगता है?

A. बाबा मस्तनाथ का मेला
B. कपाल मोचन का मेला
C. देवी मेला
D. पाथरी माता का मेला

326. जगाधरी के समीप बिलासपुर नामक स्थान पर कार्तिक पूर्णिमा के दिन कौन-सा मेला लगता है?

A. आदि बद्री मेला
B. मेला काली माई
C. कपाल मोचन का मेला
D. पंचमुखी मेला

327. रोहतक जिले में लाखन माजरा नामक स्थान पर "मंजी साहब का गुरुद्वारा" स्थित है यहां पर निम्नलिखित में से कौन-सा त्यौहार मनाया जाता है?

A. मेला सत्वा तीज
B. मोहोला हल्ला का त्योहार
C. बावन द्वादशी
D. माणु मेला

328. जिला पानीपत के पाथरी नामक स्थान पर चैत्र व आषाढ़ मास के हर बुधवार को कौन-सा मेला लगता है?

A. माता का मेला
B. शिव मेला
C. मेला देहाती
D. पाथरी माता का मेला

329. जींद जिले के खरक रामजी नामक स्थान पर होली के दिन कौन-सा मेला लगता है?

A. माता का मेला
B. नागदेवता का मेला
C. बाबा भालूनाथ का मेला
D. मेला सच्चा सौदा

330. रोहतक जिले के दुबलधन माजरा नामक स्थान पर फाल्गुन सुदी द्वादशी (फरवरी- मार्च) को कौन-सा मेला लगता है?

A. मेला माता
B. मेला देवी
C. मेला श्यामजी
D. मेला बाबा बूढ़ा

321.B 322.A 323.C 324.B 325.A 326.C 327.B 328.D 329.C 330.C

331. जिला गुरुग्राम के खोरी नामक स्थान पर अप्रैल, मई में कौन-सा मेला लगता है?

A. शाहचोखा खोरी मेला
B. शिव का मेला
C. नागपूजा मेला
D. बाबा मस्तनाथ का मेला

332. जिला सोनीपत में किस स्थान पर फाल्गुन सुदी-9 (फरवरी, मार्च) में डेरा नग्न बालकनाथ का मेला लगता है?

A. बेगा (तहसील सोनीपत)
B. मेहरीपुर (तहसील सोनीपत)
C. रभड़ा (तहसील गोहाना)
D. चुलकाना (तहसील सोनीपत)

333. जिला सोनीपत के खुबडु नामक स्थान पर फाल्गुन की पूर्णमासी (फरवरी, मार्च) को कौन-सा मेला लगता है?

A. सतकुम्भा मेला
B. मेला बाबा शमकशाह
C. मेला सांझी
D. देवी मेला

334. फरीदाबाद जिले के अलावलपुर नामक स्थान पर स्थित बाबा उदासनाथ की समाधि पर मेला कब लगता है?

A. भादों सुदी नवमी को
B. चैत्र बदी दूज को
C. लगते फाल्गुन बदी चौदस को
D. फाल्गुन बदी अमावस्या को

335. जिला भिवानी में किस स्थान पर रक्षा बंधन के दिन बाबा खेडेवाला का मेला लगता है?

A. नौरंगाबाद
B. खरक कलां
C. रिवासा
D. तोशाम

336. हरियाणा प्रदेश में मंगलमय ''पीलिया'' लोकगीत किस अवसर पर गाया जाता है?

A. सावन के महीने पर
B. पुत्र-जन्म के अवसर पर
C. विवाह के अवसर पर
D. फागुन के महीने में

337. हरियाणा प्रदेश में निम्नलिखित में से किस अवसर पर लोकगीत गाये जाते हैं?

A. पुत्र जन्म के समय
B. सावन के महीने में
C. पर्व-त्यौहार के अवसर पर
D. उपरोक्त सभी अवसरों पर

338. प्रदेश में पुरुषों द्वारा बीनों, खंजरी, तुम्बे, बांसुरी, खड़ताल पर, चांदनी रात में खुले मैदान में निम्नलिखित में से कौन-सा नृत्य किया जाता है?

A. धमाल नृत्य
B. मंजीरा नृत्य
C. लूर नृत्य
D. डमरु नृत्य

339. हरियाणा के मेवात क्षेत्र में बड़े-बड़े नक्कारों, डफ और मंजीरों के साथ निम्नलिखित में से कौन-सा नृत्य प्रचलित है?

A. घोड़ा नृत्य
B. धमाल नृत्य
C. मंजीरा नृत्य
D. छठी नृत्य

340. हरियाणा के बागर क्षेत्र में होली के मौसम में निम्नलिखित में से कौन-सा नृत्य किया जाता है?

A. डमरु नृत्य
B. मंजीरा नृत्य
C. घोड़ा नृत्य
D. लूर नृत्य

331.A 332.C 333.B 334.D 335.A 336.B 337.D 338.A 339.C 340.D

341. हरियाणा में प्रचलित घोड़ा लोकनृत्य का आयोजन प्रमुख रुप से किस अवसर पर किया जाता है?

A. विवाह के अवसर पर
B. फागुन माह में
C. पुत्र-जन्म के अवसर पर
D. सावन माह में

342. प्रदेश में भादों के महीने की नौमी के दिन गुग्गापीर की पूजा के बाद निम्नलिखित में से कौन-सा नृत्य किया जाता है?

A. धमाल नृत्य
B. छड़ी नृत्य
C. लूर नृत्य
D. डमरु नृत्य

343. प्रदेश में प्रचलित लोकनृत्यों में से कौन-सा नृत्य स्त्रियों द्वारा किया जाता है?

A. तीज नृत्य
B. धमाल नृत्य
C. डमरु नृत्य
D. मंजीरा नृत्य

344. प्रदेश में प्रचलित लोक नृत्यों में से कौन-सा नृत्य पुरुषों द्वारा किया जाता है?

A. छठी नृत्य
B. तीज का नृत्य
C. डमरु नृत्य
D. खोडिया नृत्य

345. हरियाणा में प्रचलित लोकनृत्यों में से कौन-सा नृत्य स्त्री-पुरुष दोनों के द्वारा किया जाता है?

A. तीज नृत्य
B. लूर नृत्य
C. खोडिया नृत्य
D. फाग नृत्य

346. हरियाणा के कैथल नगर में प्रताप गेट के निकट निम्नलिखित में से कौन-सा गुरुद्वारा स्थित है?

A. गुरुद्वारा नीम साहिब
B. गुरुद्वारा नौवीं पातशाही
C. रागधार गुरुद्वारा
D. गुरुद्वारा छठी पातशाही

347. गुरुद्वारा मंजी साहिब हरियाणा के किस नगर में स्थित है?

A. करनाला
B. पानीपत
C. कैथल
D. अम्बाला

348. हरियाणा में किस स्थान को, ''नवग्रह कुण्डों'' के स्थित होने के कारण ''छोटी काशी'' भी कहा जाता है?

A. नारनौल को
B. कैथल को
C. गुरुग्राम को
D. कुरुक्षेत्र को

349. हरियाणा में कैथल से कुछ दूरी पर किस महापुरुष की समाधि स्थित है, जिस पर प्रत्येक वर्ष दशहरे से अगले दिन भारी मेला लगता है?

A. बाबा काली कमली वाले की
B. बाबा हरिदास की
C. बाबा लदाना की
D. बाबा रामदास की

350. कुरुक्षेत्र में थानेसर सिटी स्टेशन के समीप निम्नलिखित में से कौन-सा प्रसिद्ध तीर्थ स्थल है?

A. ब्रह्म सरोवर
B. हटकेश्वर
C. ढोसी तीर्थ स्थल
D. पूण्डरीक सरोवर

341.A   342.B   343.A   344.C   345.D   346.A   347.C   348.B   349.C   350.A

351. कुरुक्षेत्र रेलवे स्टेशन के समीप कुरुक्षेत्र-पेहवा रोड पर निम्नलिखित में से कौन-सा तीर्थ स्थल स्थित है, जिसे भगवान विष्णु का स्थाई निवास स्थल माना जाता है?

    A. ब्रह्म सरोवर   B. कालेश्वर तीर्थ

    C. सन्निहित तीर्थ   D. मारकाण्डेय तीर्थ

352. जिला कुरुक्षेत्र में किस तीर्थ स्थान पर श्रीकृष्ण ने अर्जुन को गीता का उपदेश दिया था?

    A. ब्रह्म सरोवर   B. कमल नाभ तीर्थ

    C. प्राचीतीर्थ   D. ज्योतिसर सरोवर

353. जिला कुरुक्षेत्र में स्थित ज्योतिसर सरोवर के समीप स्थित अक्षयवट के चारों ओर पक्के चबूतरे का निर्माण महाराज दरभंगा द्वारा कब करवाया गया था?

    A. सन् 1924 में   B. सन् 1930 में

    C. सन् 1932 में   D. सन् 1949 में

354. जिला कुरुक्षेत्र में स्थित ज्योतिसर सरोवर के निकट एक कृष्ण-अर्जुन रथ तथा शंकराचार्य के मन्दिर का निर्माण किसने करवाया था?

    A. महाराज दरभंगा ने   B. कामकोटि पीठ के शंकराचार्य ने

    C. कश्मीर के राजा ने   D. स्वामी विशुद्धानन्द महाराज ने

355. जिला कुरुक्षेत्र में स्थित प्रसिद्ध तीर्थ ज्योतिसर सरोवर की लम्बाई कितनी है?

    A. 1000 फुट   B. 1500 फुट

    C. 2000 फुट   D. 2500 फुट

356. जिला कुरुक्षेत्र में स्थित ''बाबा काली कमली वाले का डेरा' नामक धार्मिक स्थल के संस्थापक कौन थे?

    A. स्वामी रामतीर्थ   B. श्री स्वामी विशुद्धानन्द महाराज

    C. कामकोटि पीठ के शंकराचार्य   D. स्वामी परमानन्द महाराज

357. भक्तिकाल से सम्बन्धित गौड़ीय मठ नामक धार्मिक स्थल हरियाणा के किस जिले में स्थित है?

    A. अम्बाला जिले में   B. जीन्द जिले में

    C. कुरुक्षेत्र जिले में   D. महेन्द्रगढ़ जिले में

358. कुरुक्षेत्र जिले में वह कौन-सा धार्मिक स्थल है जहां पर बाबा लक्ष्मण गिरि महाराज द्वारा जीवित समाधि ली गई थी?

    A. बाण गंगा   B. प्राची तीर्थ

    C. गौड़ीय मठ   D. बाल्मिकि आश्रम

359. राजघाट गुरुद्वारा हरियाणा में कहाँ पर स्थित है?

    A. कुरुक्षेत्र में   B. यमुनानगर में

    C. कैथल में   D. भिवानी में

360. निम्नलिखित में से कौन-सा तीर्थस्थल हरियाणा के जिला कुरुक्षेत्र में स्थित नहीं है?

    A. कालेश्वर तीर्थ   B. प्राची तीर्थ

    C. ढोसी तीर्थ   D. कुबेर तीर्थ

351.C   352.D   353.A   354.B   355.A   356.B   357.C   358.D   359.A   360.C

361. जिला कुरुक्षेत्र के कुरुक्षेत्र विश्वविद्यालय के उत्तर-पश्चिम में एक कि॰मी॰ की दूरी पर कौन-सा प्राचीन तीर्थ स्थल स्थित है?

A. मारकाण्डेय तीर्थ   B. नरकातारी (अनरक तीर्थ)
C. प्राची तीर्थ   D. कुबेर तीर्थ

362. हरियाणा में थानेसर से 25 कि॰मी॰ पश्चिम में कौन-सा महत्त्वपूर्ण तीर्थ स्थल स्थित है जिसको हरियाणा और उसके समीपवर्ती क्षेत्रों में वही स्थान प्राप्त है जो पूर्व में गया तीर्थ को है?

A. पेहोवा   B. पंचवटी
C. सफीदों   D. पाण्डू-पिण्डारा

363. जिला पलवल के होडल क्षेत्र में निम्नलिखित में से कौन-सा धार्मिक स्थल स्थित है?

A. हटकेश्वर   B. रामराय
C. सती का स्थान   D. कालेश्वर महादेव मठ

364. 'पंचवटी' नामक तीर्थस्थल कहां पर स्थित है?

A. बल्लभगढ़ में   B. हथीन में
C. होडल में   D. पलवल में

365. जिला जीन्द के समीप जीन्द-गोहाना मार्ग पर कौन-सा प्राचीन धर्म-स्थल है जहां पर प्रत्येक वर्ष सोमवती अमावस्या के दिन मेला लगता है?

A. पाण्डू-पिण्डारा   B. सफीदों
C. हंसडैहर   D. उपरोक्त में से कोई नहीं

366. थानेसर नगर से कुछ दूर स्थित स्थानेश्वर महादेव मन्दिर का निर्माण सम्राट हर्षवर्धन के किस पूर्वज राजा द्वारा करवाया गया था?

A. पुष्यभूति   B. आधित्यवर्धन
C. नरवर्धन   D. प्रभाकरवर्धन

367. महमूद गजनवी अपने भारत आक्रमण के दौरान हरियाणा के निम्नलिखित में से किस प्राचीन मन्दिर की मूर्ति को अपने साथ गजनी ले गया था?

A. दुखभंजनेश्वर मन्दिर (कुरुक्षेत्र)   B. भगवान शिव मन्दिर (नारनौल)
C. सर्वेश्वर महादेव मन्दिर (कुरुक्षेत्र)   D. स्थानेश्वर महादेव मन्दिर (थानेसर)

368. हरियाणा के स्थानेश्वर मन्दिर का पुनर्निमाण निम्नलिखित में से किसके द्वारा करवाया गया था?

A. मराठा सदाशिव राव द्वारा   B. चन्द्रगुप्त विक्रमादित्य द्वारा
C. हर्षवर्धन द्वारा   D. नरवर्धन द्वारा

369. देवीकूप (भद्रकाली मन्दिर) भारत के 51 शक्तिपीठों में से एक है, यह मन्दिर प्रदेश में कहाँ पर स्थित है?

A. रोहतक   B. कुरुक्षेत्र
C. पानीपत   D. थानेसर

370. कुरुक्षेत्र में सन्निहित सरोवर के समीप निम्नलिखित में से कौन-सा मन्दिर स्थित नहीं है?

A. नारायण मन्दिर   B. लक्ष्मी नारायण मन्दिर
C. दुखभंजनेश्वर मन्दिर   D. बिरला मन्दिर

361.B   362.A   363.C   364.D   365.A   366.A   367.D   368.A   369.B   370.D

371. कुरुक्षेत्र का निम्नलिखित में से कौन-सा मन्दिर गिरि सम्प्रदाय के सिद्ध फकीर बाबा शिव गिरि महाराज द्वारा बनवाया गया था?
A. सर्वेश्वर महादेव मन्दिर
B. नारायण मन्दिर
C. लक्ष्मी नारायण मन्दिर
D. दुखभंजनेश्वर मन्दिर

372. कुरुक्षेत्र के प्रसिद्ध 'सर्वेश्वर महादेव मन्दिर' को किसने बनवाया था?
A. बाबा श्रवण नाथ ने
B. बाबा शिवगिरि ने
C. बाबा तारकनाथ ने
D. श्री जुगल किशोर बिरला ने

373. कुरुक्षेत्र-पेहोवा मार्ग पर स्थित बिरला मन्दिर को श्री जुगल किशोर बिरला द्वारा कब बनवाया गया था?
A. 1950 में
B. 1955 में
C. 1965 में
D. 1978 में

374. ग्यारह रुद्री शिव मन्दिर हरियाणा के किस नगर में स्थित है?
A. जीन्द
B. पानीपत
C. हिसार
D. कैथल

375. मराठा सरदार मंगल रघुनाथ जी ने पानीपत की तीसरी लड़ाई के बाद पानीपत में निम्नलिखित में से कौन-सा मन्दिर बनवाया था?
A. देवी तालाब का शिव मन्दिर
B. हनुमान मन्दिर
C. देवी मन्दिर
D. रुद्र मन्दिर

376. अमीन नामक गांव में निम्नलिखित में से कौन-सा प्राचीन मन्दिर स्थित है?
A. पंचवटी मन्दिर
B. शिव मन्दिर
C. अदिति का मन्दिर
D. दाऊ जी का मन्दिर

377. फरीदाबाद से लगभग 55 कि.मी. की दूरी पर स्थित वंचारी गांव में निम्नलिखित में से कौन-सा प्राचीन मन्दिर स्थित है?
A. दाऊजी का मन्दिर
B. अदिति का मन्दिर
C. पंचवटी मन्दिर
D. चामुण्डा देवी का मन्दिर

378. माता शीतला देवी का प्रसिद्ध और प्राचीन मन्दिर हरियाणा में कहां पर स्थित है?
A. रेवाड़ी में
B. गुरुग्राम में
C. नारनौल में
D. जीन्द में

379. गुरुग्राम में स्थित माता शीतला देवी का मन्दिर महाराज भरतपुर द्वारा कब बनवाया गया था?
A. सन् 1620 में
B. सन् 1645 में
C. सन् 1648 में
D. सन् 1650 में

380. प्राचीन शिव मन्दिर जहां पर बाबा ठण्डीपुरी की समाधि भी है प्रदेश में कहां स्थित है?
A. पूण्डरीक तीर्थ
B. गुरुग्राम
C. हिसार
D. रोहतक

371.C 372.A 373.B 374.D 375.A 376.C 377.A 378.B 379.D 380.A

381. निम्नलिखित में से कौन-सा प्राचीन मन्दिर झज्जर जिले के बेरी गांव में स्थित है?
- A. पुराना शिव पार्वती मन्दिर
- B. माता शीतला देवी का मन्दिर
- C. लाल रूढ़मल मन्दिर
- D. दाऊजी का मन्दिर

382. झज्जर जिले में स्थित बेरी गांव के रूढ़मल मन्दिर में स्थित शिवालय की ऊँचाई कितनी है?
- A. 116 फुट
- B. 122 फुट
- C. 132 फुट
- D. 140 फुट

383. झज्जर जिले के बेरी गांव के रूढ़मल मन्दिर में स्थित शिवालय का निर्माण कब करवाया गया था?
- A. सन् 1842 में
- B. सन् 1850 में
- C. सन् 1892 में
- D. सन् 1899 में

384. झज्जर जिले में स्थित बेरी गांव के रूढ़मल मन्दिर के शिवालय का पहली बार जीर्णोद्धार कब करवाया गया था?
- A. सन् 1943 में
- B. सन् 1945 में
- C. सन् 1950 में
- D. सन् 1953 में

385. नारनौल नगर में स्थित चामुण्डा देवी के मन्दिर का निर्माण व जीर्णोद्धार किसके द्वारा करवाया गया था?
- A. राजा परीक्षित द्वारा
- B. राजा दिलीप द्वारा
- C. राजा नूरकरण द्वारा
- D. पांडवों द्वारा

386. हरियाणा में चिश्ती सम्प्रदाय की स्थापना किसके द्वारा की गई थी?
- A. बू अलीशाह कलंदर
- B. शेख फरीद (फरीदुद्दीन शकरगंज)
- C. अल्ताफ हुसैन
- D. इब्राहिम अबीदुल्ला

387. चिश्ती सम्प्रदाय के प्रमुख सूफी संत बू अलीशाह कलंदर ने प्रदेश में किस स्थान को अपनी साधना का प्रमुख केन्द्र बनाया था?
- A. पानीपत
- B. रोहतक
- C. सोनीपत
- D. गुरुग्राम

388. सूफी संत अल्ताफ हुसैन हाली की दरगाह हरियाणा में कहां पर स्थित है?
- A. झज्जर
- B. रेवाड़ी
- C. पानीपत
- D. रोहतक

389. पानीपत की किस दरगाह पर श्रद्धालुओं द्वारा माथा टेकने पर ही अजमेर के ख्वाजा का उर्स पूरा होता है? ऐसी धारणा है–
- A. ख्वाजा शम्सुद्दीन मख्दूम जलालुद्दीन की दरगाह
- B. शेख उसमान जिंदापीर की दरगाह
- C. गौस अलीशाह की दरगाह
- D. बू अलीशाह कलंदर की दरगाह

390. नारनौल से करीब दस कि॰मी॰ दूर गांव धरसूं में किस प्रसिद्ध संत की दरगाह स्थित है?
- A. हजरत शाह कलमुद्दीन हमज़ापीर हुसैन
- B. मीर शाह (बाबा शाहखान)
- C. शेख निजामुद्दीन
- D. शेख जुनैद

381.C 382.A 383.C 384.D 385.C 386.B 387.A 388.C 389.D 390.A

391. फतेहाबाद में स्थित किस सूफी संत की मज़ार के प्रांगण में एक पत्थर पर बादशाह हुमायूं का अभिलेख उत्कीर्ण है?

A. मीरतकी खान

B. मीर जुनैदी

C. शेख निज़ामुद्दीन

D. मीरशाह (बाबा शाहखान)

392. हरियाणा के किस मकबरे को पुरातत्त्वीय स्थल और अवशेष अधिनियम, 1958 के अधीन राष्ट्रीय महत्त्व का स्मारक घोषित किया गया है?

A. शेख चेहली

B. बू अलीशाह कलंदर

C. शेख फरीद (फरीदुद्दीन शकरगंज)

D. पीर जमाल

393. बाबा शाह कमाल की मज़ार प्रदेश में कहां पर स्थित है?

A. गोहाना में

B. फतेहाबाद में

C. कैथल में

D. रोहतक में

394. प्रदेश में किस स्थान पर निम्नलिखित चार सूफी संतों (कुतुबशेख जमालुद्दीन अहमद, कुतुब मौलाना, बसोहद्दीन सूफी कुतुबद्दीन मन्नवर, कुतुब नुरुद्दीन) की मज़ार एक स्थान पर स्थित है?

A. करनाल में

B. नूंह में

C. पलवल में

D. हांसी में

395. शाहाबाद और अम्बाला के बीच किसकी मज़ार है, जिस पर मनोकामना पूरी होने पर घड़ी चढ़ाई जाती है?

A. पीर नागौजी

B. हमज़ा पीर

C. पीर नौगज़ा

D. इब्राहिम अबीदुल्ला

396. रोहतक में स्थित किस मस्जिद को, जो पहले मन्दिर था, औरंगजेब के शासनकाल में मस्जिद का रूप दिया गया था?

A. काज़ी की मस्जिद

B. दीनी मस्जिद

C. लाल मस्जिद

D. इनमें कोई नहीं

397. रोहतक में स्थित लाल मस्जिद को प्रसिद्ध व्यापारी हाजी आशिक अली द्वारा कब बनवाया गया था?

A. सन् 1930 में

B. सन् 1931 में

C. सन् 1935 में

D. सन् 1939 में

398. गुरुग्राम जिले में स्थित सराय अलावरदी गांव की मस्जिद किस शासक के काल में बनवायी गई थी?

A. बाबर

B. जहाँगीर

C. शाहजहाँ

D. अलाउद्दीन खिलजी

399. झज्जर जिले के गांव दुजाना में कौन-सी प्राचीन, ऐतिहासिक मस्जिद स्थित है?

A. लाल मस्जिद

B. काजी की मस्जिद

C. करीम जी की मस्जिद

D. जामा मस्जिद

400. रेवाड़ी की प्रसिद्ध ऐतिहासिक लाल मस्जिद किस मुगल शासक के काल में बनवाई गई थी?

A. बाबर

B. हुमायूं

C. अकबर

D. जहाँगीर

391.D 392.A 393.C 394.D 395.C 396.B 397.D 398.D 399.B 400.C

401. नारनौल, पानीपत, अम्बाला के अतिरिक्त सूफी संतों ने हरियाणा के किस नगर को सूफी विचारधारा का इस्लाम प्रचार केन्द्र बनाया?
- A. कैथल
- B. थानेसर
- C. करनाल
- D. सोनीपत

402. हरियाणा में रहकर सूफी मत का प्रचार करने वाले अधिकांश सूफी संत निम्नलिखित में से किस सम्प्रदाय के थे?
- A. चिश्ती
- B. नक्शबंदी
- C. कादरी
- D. उपरोक्त सभी सम्प्रदाय के

403. हरियाणा का ताजमहल कहा जाने वाला, प्रसिद्ध सूफी संत शेख चेहली का मकबरा किस नगर में स्थित है?
- A. हिसार
- B. फतेहाबाद
- C. थानेसर
- D. पानीपत

404. चरखी दादरी जिले के कलियाणा गांव में किस संत की दरगाह स्थित है, जिस पर प्रत्येक बुधवार को मेला लगता है?
- A. पीर मुबारकशाह
- B. शेख उसमान जिंदापीर
- C. शेख निज़ामुद्दीन
- D. मुहम्मद अफज़ल

405. मीरां साहब का मकबरा हरियाणा के किस नगर में स्थित है?
- A. अम्बाला
- B. पानीपत
- C. करनाल
- D. कैथल

406. भगवान कृष्ण ने अर्जुन को गीता का प्रेरणादायक संदेश हरियाणा में किस स्थान पर दिया था?
- A. पानीपत
- B. कुरुक्षेत्र
- C. होडल
- D. थानेश्वर

407. प्रदेश का निम्नलिखित में से कौन-सा नगर प्राचीन काल में श्रीकंठ जनपद की राजधानी था?
- A. थानेश्वर
- B. चण्डीगढ़
- C. रोहतक
- D. गुरुग्राम

408. यमुनानगर जिले में स्थित 'सढौरा' नामक ऐतिहासिक कस्बे में निम्नलिखित में से कौन-सा प्रसिद्ध मन्दिर है?
- A. मनोकामना
- B. गागरवाला
- C. तोरांवाला
- D. उपरोक्त तीनों मन्दिर

409. जिला यमुनानगर के किस ऐतिहासिक कस्बे में 'पीर बुद्धुशाह' का गुरुद्वारा है, जिन्होंने भागनी युद्ध में गुरु गोविन्द सिंह की सहायता की थी?
- A. सढौरा
- B. रादौर
- C. बिलासपुर
- D. छछरौली

410. हरियाणा के बहादुरगढ़ नामक ऐतिहासिक कस्बे का प्राचीन नाम क्या था?
- A. चरखाबाद
- B. हसीनपुर
- C. शरफाबाद
- D. बेतवाबाद

401.B 402.D 403.C 404.A 405.C 406.B 407.A 408.D 409.A 410.C

411. महम नामक ऐतिहासिक कस्बा प्रदेश के किस जिले में स्थित है?
- A. भिवानी जिले में
- B. रोहतक जिले में
- C. यमुनानगर जिले में
- D. झज्जर जिले में

412. जिला रोहतक में स्थित महम नामक कस्बे का पुनः निर्माण बनिया जाति के पेशोरा नामक व्यक्ति द्वारा कब करवाया गया था?
- A. सन् 1266 में
- B. सन् 1295 में
- C. सन् 1298 में
- D. सन् 1299 में

413. जिला सिरसा में स्थित ऐलनाबाद नामक कस्बा पहले किस नाम से जाना जाता था?
- A. एलिसाबाद
- B. चाविपुर
- C. कलिसाबाद
- D. खड़ियल

414. सिरसा जिले में स्थित 'रानियां' नामक ऐतिहासिक कस्बे का प्राचीन नाम क्या था?
- A. राजबपुर
- B. साजूपुर
- C. रजिपुर
- D. रतिपुर

415. जिला अम्बाला में स्थित किस कस्बे को सिरमौर (हिमाचल प्रदेश) के राजा लक्ष्मी नारायण ने बसाया था?
- A. बराड़ा
- B. मुलाना
- C. नारायणगढ़
- D. रायपुर रानी

416. सोनीपत जिले में स्थित किस प्राचीन ऐतिहासिक कस्बे में की गई खुदाई से महाभारत कालीन मिट्टी के बर्तन प्राप्त हुए हैं?
- A. राई
- B. खेड़ी गुज्जर
- C. गन्कौर
- D. गोहाना

417. आदि बद्री नामक पौराणिक गांव किस जिले में स्थित है?
- A. यमुनानगर
- B. भिवानी
- C. सिरसा
- D. रेवाड़ी

418. जिला यमुनानगर में स्थित किस ऐतिहासिक गांव का सम्बन्ध महाभारत कालीन राजा शान्तनु से माना जाता है?
- A. छछरौली
- B. आदिबद्री
- C. बसन्तर
- D. किसी का नहीं

419. 'जननायक देवीलाल पुरस्कार' का संबंध है—
- A. पशुधन विकास
- B. कृषि पैदावार
- C. उद्योग
- D. शिक्षा

420. जिला करनाल के अन्तर्गत आने वाले किस स्थान को पानीपत के तीसरे युद्ध से पूर्व अहमदशाह अब्दाली ने अपने सरदारों के लिए एक शक्तिशाली केन्द्र बनाया था?
- A. घरौडा
- B. नील्पेखेड़ी
- C. असन्ध
- D. कुन्जपुरा

411.B 412.A 413.D 414.A 415.C 416.B 417.A 418.C 419.B 420.D

421. जिला करनाल में स्थित किस स्थान पर मध्यकाल में सन् 1191 व 1192 में मुहम्मद गौरी व पृथ्वीराज चौहान के बीच युद्ध हुआ था?

A. तरावड़ी
B. निसिंग
C. असन्ध
D. घरौंडा

422. फरीदाबाद के निकट स्थित 'गांव सीही' किस प्रसिद्ध भक्त कवि की जन्म स्थली माना जाता है?

A. रामदास
B. रैदास
C. सूरदास
D. तुलसीदास

423. गुरुग्राम के समीप स्थित 'सराय अलावरदी' नामक गांव में किस मुस्लिम शासक के काल की मस्जिद विद्यमान है?

A. अलाउद्दीन खिलजी
B. बाबर
C. फिरोजतुगलक
D. हुमायूं

424. यमुनानगर से 12 कि॰मी॰ की दूरी पर स्थित बूड़िया नामक ऐतिहासिक कस्बे की नींव किस मुगल शासक के काल में रखी गई थी?

A. बाबर
B. हुमायूं
C. अकबर
D. जहाँगीर

425. यमुनानगर के समीप स्थित बूड़िया नामक प्राचीन कस्बे का सम्बन्ध अकबर कालीन किस प्रसिद्ध व्यक्ति से माना जाता है?

A. बीरबल
B. टोडरमल
C. मानसिंह
D. तानसेन

426. 35वें राष्ट्रीय खेलों (2015) में हरियाणा को कितने स्वर्ण पदक प्राप्त हुए थे?

A. 25
B. 40
C. 35
D. 45

427. बेरी नामक प्राचीन कस्बा हरियाणा के किस जिले में स्थित है?

A. यमुनानगर
B. कुरुक्षेत्र
C. झज्जर
D. करनाल

428. महाभारत काल से सम्बन्धित अमीन नामक प्राचीन गांव किस जिले में स्थित है?

A. फरीदाबाद जिले में
B. पानीपत जिले में
C. सोनीपत जिले में
D. कुरुक्षेत्र जिले में

429. हरियाणा के किस नगर में इब्राहिम लोदी का मकबरा स्थित है?

A. गुरुग्राम
B. पानीपत
C. जीन्द
D. फरीदाबाद

430. पानीपत में इब्राहिम लोदी और बाबर के बीच प्रसिद्ध युद्ध कब हुआ था जिसमें इब्राहिम लोदी पराजित होकर मारा गया था?

A. 1526
B. 1527
C. 1528
D. 1530

421.A 422.C 423.A 424.B 425.A 426.B 427.C 428.D 429.B 430.A

431. पानीपत के समीप वह कौन-सा स्थान है जहाँ पर सन् 1761 ई॰ में पानीपत का तीसरा युद्ध हुआ था?

    A. समालखा   B. बापौली

    C. काला अम्ब   D. इसराना

432. पानीपत के समीप किस स्थान को 'वार-हीरो मैमोरियल' के रूप में विकसित किया गया है?

    A. इसराना   B. काला अम्ब

    C. मडलौडा   D. समालखा

433. पानीपत के निकट बाबर ने अपनी प्रिय रानी मुसम्मत काबुली बेगम की याद में और पानीपत के प्रथम युद्ध में विजय की खुशी में किस चीज का निर्माण करवाया था?

    A. काबुली बाग   B. मदरसा

    C. मस्जिद   D. किला

434. सलारगंज गेट हरियाणा के किस नगर में स्थित है?

    A. रोहतक   B. पानीपत

    C. हिसार   D. अम्बाला

435. होडल में भरतपुर के राजा सूरजमल ने निम्नलिखित में से किस चीज का निर्माण करवाया था?

    A. तालाब   B. सराय

    C. बावड़ी   D. उपरोक्त सभी का

436. मुगलकालीन 'मटिया किला' हरियाणा में कहाँ पर स्थित है?

    A. पलवल   B. होडल

    C. बल्लभगढ़   D. फरीदाबाद

437. पलवल जिले के गांव मूलवाना में स्थित 'मीनार' किस प्रसिद्ध मुस्लिम शासक के काल में बनवाई गई थी?

    A. बाबर   B. हुमायूं

    C. शेरशाह सूरी   D. मुहम्मद तुगलक

438. बल्लभगढ़ के राजा अनुरूप सिंह की विधवा ने अपने पति की स्मृति में एक तालाब व छतरी का निर्माण कब करवाया था?

    A. सन् 1810 में   B. सन् 1818 में

    C. सन् 1824 में   D. सन् 1835 में

439. फरीदाबाद जिले में किस स्थान पर तीन सौ वर्ष पुरानी एक सराय स्थित है?

    A. गांव सराय ख्वाजा   B. हसनपुर

    C. हथीन   D. बल्लभगढ़

440. जिला पलवल के किस नगर में किशोरी महल स्थित है, जिसका निर्माण 1754 से 1764 में कराया गया था?

    A. बल्लभगढ़   B. हसनपुर

    C. होडल   D. हथीन

431.C   432.B   433.A   434.B   435.D   436.A   437.C   438.B   439.A   440.C

441. जिला करनाल में किस स्थान पर छोटी-छोटी ईंटों से बना हुआ एक किला है जहां पर अब सैनिक स्कूल चल रहा है?
    A. कुन्जपुरा   B. इन्द्री
    C. नीलोखेड़ी   D. चीड़ाओं

442. जिला गुरुग्राम में स्थित सोहना नगर 18वीं शताब्दी में किसके द्वारा बसाया गया था?
    A. गजपत सिंह द्वारा   B. राजा सूरजमल द्वारा
    C. शेरशाह सूरी द्वारा   D. राजा सोहनसिंह द्वारा

443. हरियाणा के जीन्द नगर को जीतकर गजपत सिंह द्वारा एक विशाल किले का निर्माण कब करवाया गया?
    A. सन् 1725 में   B. सन् 1775 में
    C. सन् 1788 में   D. सन् 1995 में

444. पुरानी तहसील कार्यालय रेवाड़ी के समीप स्थित बांगवाला तालाब का निर्माण किसने करवाया था?
    A. राव गूजरमल के पुत्र नन्दराम अहीर ने   B. रावतेज सिंह ने
    C. सोहन सिंह ने   D. गजपत सिंह ने

445. रेवाड़ी के पुराने टाऊन हॉल के समीप स्थित 'राव तेज सिंह तालाब' का निर्माण कब करवाया गया था?
    A. सन् 1802 से 1805 के बीच   B. सन् 1825 से 1830 के बीच
    C. सन् 1810 से 1815 के बीच   D. सन् 1840 से 1845 के बीच

446. कैथल नगर के निकट बाबालदाना रोड पर गुलामवंश के किस प्रसिद्ध शासक का मकबरा स्थित है?
    A. रजिया सुल्तान   B. इल्तुतमिश
    C. बलवन   D. रूकनुद्दीन

447. नारनौल नगर के समीप जलमहल नामक ऐतिहासिक स्मारक का निर्माण नारनौल के जागीरदार शाह कुली खान द्वारा कब करवाया गया था?
    A. सन् 1530 में   B. सन् 1591 में
    C. सन् 1598 में   D. सन् 1600 में

448. रायमुकन्द दास का छत्ता (बीरबल का छत्ता) नामक ऐतिहासिक स्मारक का निर्माण दीवान राय मुकन्द दास ने हरियाणा के किस नगर में करवाया?
    A. पानीपत   B. करनाल
    C. कैथल   D. नारनौल

449. श्रीकृष्ण संग्रहालय हरियाणा में कहाँ पर स्थित है?
    A. कुरुक्षेत्र में   B. रोहतक में
    C. पानीपत में   D. फरीदाबाद में

450. श्रीकृष्ण संग्रहालय की स्थापना कुरुक्षेत्र में कब की गई थी?
    A. सन् 1970 में   B. सन् 1987 में
    C. सन् 1989 में   D. सन् 1995 में

441.A   442.D   443.B   444.A   445.C   446.A   447.B   448.D   449.A   450.B

451. श्रीकृष्ण संग्रहालय भवन का कुल क्षेत्रफल कितने वर्गमीटर है?

A. 8764 वर्ग मीटर
B. 8129 वर्ग मीटर
C. 8885 वर्ग मीटर
D. 8649 वर्ग मीटर

452. राजा नाहर सिंह का किला हरियाणा में कहां पर स्थित है?

A. महेन्द्रगढ़ में
B. रोहतक में
C. यमुनानगर में
D. बल्लभगढ़ में

453. गऊकर्ण नामक तालाब किस जिले में स्थित है?

A. रोहतक जिले में
B. झज्जर जिले में
C. सोनीपत जिले में
D. रेवाड़ी जिले में

454. पानीपत से 18 कि॰मी॰ की दूरी पर समालखा नगर में कौन-सा पर्यटक स्थल स्थित है?

A. ब्लूजे
B. स्काई लॉर्क
C. पैराकीट
D. शमा

455. पानीपत के समीप सनौली रोड पर कौन-सा पर्यटक स्थल स्थित है?

A. ज्योतिसर
B. दमदमा झील
C. काला अम्ब
D. किंग फिशर

456. कर्णझील तथा ओयसिस नामक पर्यटक स्थल प्रदेश के किस जिले में स्थित हैं?

A. जिला पानीपत
B. जिला करनाल
C. जिला रोनीपत
D. जिला रेवाड़ी

457. कुरुक्षेत्र रेलवे स्टेशन से कुछ दूर पेहोवा मार्ग पर निम्नलिखित में से कौन-सा पर्यटक स्थल स्थित है?

A. ज्योतिसर
B. कर्णझील
C. ब्लूजे
D. ऑसिस

458. पिपली नगर के मुख्य केन्द्र तथा कुरुक्षेत्र जाने वाले मार्ग पर कौन-सा पर्यटक स्थल है?

A. दमदमा झील
B. ऑसिस
C. किंग फिशर
D. पैराकीट

459. 'शमां' नामक पर्यटक केन्द्र हरियाणा के किस नगर में स्थित है?

A. फरीदाबाद
B. कैथल
C. गुरुग्राम
D. जीन्द

460. गुरुग्राम-फरुखनगर मार्ग पर हरियाणा का कौन-सा पर्यटक स्थल स्थित है?

A. डबबिच
B. सुल्तानपुर पक्षी विहार
C. ऑसिस
D. रैड रोबिन

451.C 452.D 453.A 454.A 455.C 456.B 457.A 458.D 459.C 460.B

461. गुरुग्राम-फरुखनगर मार्ग पर स्थित हरियाणा के सुल्तानपुर पक्षी विहार की खोज किसने की थी?

A. पीटर जैक्सन
B. थामस रो
C. सर जॉन मार्शन
D. रोबिन हुड

462. दिल्ली-अलवर मार्ग पर अरावली की पहाड़ियों के मध्य हरियाणा का कौन-सा प्रसिद्ध पर्यटक स्थल है?

A. शमा
B. ब्लूज़े
C. सोहना
D. डैरंगों

463. फरीदाबाद के पश्चिम में फैले विशाल चट्टानी क्षेत्र के मध्य दिल्ली-मथुरा राष्ट्रीय राजमार्ग के समीप कौन-सा पर्यटक स्थल है?

A. दमदमा झील
B. बड़खल झील
C. किंग फिशर
D. डबचिक

464. दिल्ली से लगभग 20 कि॰मी॰ की दूरी पर हरियाणा का कौन-सा प्रसिद्ध पर्यटक स्थल स्थित है?

A. सूरजकुण्ड
B. रैड रोबिन
C. पैराकोट
D. दमदमा झील

465. ऑसिस नामक पर्यटक स्थल हरियाणा में कहाँ पर स्थित है?

A. फरीदाबाद
B. भिवानी
C. उच्छाना
D. रेवाड़ी

466. हरियाणा के बहादुरगढ़ नामक कस्बे में निम्नलिखित में से कौन-सा पर्यटक स्थल स्थित है?

A. डैरंगों पर्यटक स्थल
B. गोरैया पर्यटक स्थल
C. जल तरंग
D. तिलियर पर्यटक स्थल

467. 'ताजेवाला हैडवर्क्स' नामक प्रसिद्ध पर्यटक स्थल हरियाणा के किस जिले में स्थित है?

A. रोहतक जिले में
B. फरीदाबाद जिले में
C. गुरुग्राम जिले में
D. यमुनानगर जिले में

468. तिलियर नामक पर्यटक स्थल हरियाणा के किस जिले में स्थित है?

A. जिला जीन्द
B. जिला महेन्द्रगढ़
C. जिला रोहतक
D. जिला कैथल

469. श्रीकंठ जनपद किस जिले को कहा जाता था?

A. अम्बाला
B. महेन्द्रगढ़
C. कुरुक्षेत्र
D. सोनीपत

470. सतनामियों का विद्रोह कब हुआ था?

A. 1672 ई. में
B. 1675 ई. में
C. 1680 ई. में
D. 1690 ई. में

461.A 462.C 463.B 464.A 465.C 466.B 467.D 468.C 469.C 470.A

471. पानीपत की तीसरी लड़ाई में किसकी जीत हुई थी?

    A. जाट   B. मराठे

    C. अहमदशाह अब्दाली   D. इनमें से कोई नहीं

472. राज्य सरकार का संवैधानिक प्रधान होता है–

    A. राज्यपाल   B. मुख्यमंत्री

    C. मुख्यन्यायाधीश   D. इनमें से कोई नहीं

473. प्राचीन कला केन्द्र नामक संस्था कहाँ पर है?

    A. चण्डीगढ़   B. अम्बाला

    C. हिसार   D. यमुनानगर

474. जीन्द का प्राचीन नाम क्या था?

    A. जीन नगर   B. जयन्तपुरी

    C. जयन्तीगढ़   D. इनमें से कोई नहीं।

475. गुड़गांव का नाम बदलकर क्या रख दिया गया है?

    A. गुड़पुर   B. गुरुपुर

    C. गुरुनगर   D. गुरुग्राम

476. हरियाणा में किस धर्म के लोग सबसे ज्यादा रहते हैं?

    A. हिन्दू   B. मुस्लिम

    C. सिख   D. ईसाई

477. हरियाणा विधान सभा का प्रथम अध्यक्ष कौन था?

    A. शन्नो देवी   B. राव वीरेन्द्र सिंह

    C. श्रीचन्द   D. मनफूल सिंह

478. हरियाणा का सर्वोच्च पुरस्कार कौन-सा है?

    A. सूर पुरस्कार   B. हंस पुरस्कार

    C. व्यास पुरस्कार   D. ज्ञान पुरस्कार

479. हरियाणा के राज्य पक्षी का क्या नाम है?

    A. तोता   B. मोर

    C. काला तीतर   D. कौआ

480. कैथल का प्राचीन नाम क्या था ?

    A. कलासल   B. कलायत

    C. कपिलस्थल   D. कपिलभूमि

471.C   472.A   473.A   474.B   475.D   476.A   477.A   478.A   479.C   480.C

481. वह नगर कौन-सा है जिसका नामकरण फकीर पर हुआ है ?

   A. महेन्द्रगढ़   B. झज्जर

   C. दुजाना   D. फर्रुखनगर

482. अग्रोहा का संबंध किस जाति से है?

   A. गुर्जर   B. जाट

   C. ब्राह्मण   D. अग्रवाल

483. भारतीय संविधान के किस अनुच्छेद में प्रान्तीय लोक सेवा आयोग की व्यवस्था का प्रावधान है?

   A. अनुच्छेद 317   B. अनुच्छेद 315

   C. अनुच्छेद 319   D. अनुच्छेद 323

484. हरियाणा के प्रथम हिन्दी समाचार-पत्र का क्या नाम है?

   A. जाट समाचार   B. जैन प्रकाश

   C. हरियाणा तिलक   D. संदेश

485. हरियाणा के प्रथम हिंदी संपादक व पत्रकार कौन थे?

   A. नेकीराम   B. कन्हैया लाल

   C. जियालाल जैन   D. श्रीराम शर्मा

486. हरियाणा साहित्य अकादमी की मुख्य पत्रिका कौन-सी है?

   A. हरियाणा निधि   B. हरिभूमि

   C. हरिगन्धा   D. हरियाणा सन्देश

487. हरियाणा की प्रथम महिला अन्तरिक्ष यात्री का क्या नाम है?

   A. कल्पना चावला   B. सुनीता देवी

   C. दीपिका चौहान   D. इनमें से कोई नहीं

488. राज्य विधान मण्डल में अगले वर्ष का बजट किसके नाम से पेश किया जाता है?

   A. मुख्यमंत्री   B. विधानसभा अध्यक्ष

   C. राज्यपाल   D. इनमें से कोई नहीं

489. हरियाणा में पहली बार राष्ट्रपति शासन कब लागू हुआ?

   A. 21 नवम्बर, 1967 को   B. 30 अप्रैल, 1977 को

   C. 2 दिसम्बर, 1989 को   D. 6 अप्रैल, 1991 को

490. हरियाणा विधान सभा में कुल कितनी सीटें हैं?

   A. 70   B. 80

   C. 90   D. 100

481.C   482.D   483.B   484.B   485.C   486.C   487.A   488.C   489.A   490.C

491. हरियाणा में लोक सभा में कुल कितनी सीटें आवंटित हैं?
    A. 5
    B. 10
    C. 15
    D. 20

492. हरियाणा में राज्य सभा में कुल कितनी सीटें आवंटित है?
    A. 5
    B. 7
    C. 2
    D. 4

493. राज्यपाल निम्न में से किसकी नियुक्ति नहीं कर सकता है?
    A. महाधिवक्ता
    B. राज्य उच्च न्यायालय के न्यायाधीश
    C. राज्य लोक सेवा आयोग के सदस्य
    D. मुख्यमंत्री

494. हरियाणवी भाषा में लिखा गया प्रथम उपन्यास कौन-सा है?
    A. झाड़ूफिरी
    B. सुरही गइया
    C. हीरू के कहिनी
    D. दानलीला

495. राज्य लोक सेवा आयोग के अध्यक्ष की नियुक्ति कौन करता है?
    A. राज्यपाल
    B. मुख्यमंत्री
    C. राष्ट्रपति
    D. प्रधानमंत्री

496. हरियाणा का जनसंख्या की दृष्टि से भारत में कौन-सा स्थान है?
    A. 13वाँ
    B. 14वाँ
    C. 15वाँ
    D. 18वाँ

497. हरियाणा की सीमा किस केन्द्रशासित राज्य की सीमाओं को स्पर्श करती है?
    A. नई दिल्ली
    B. लक्षद्वीप
    C. पुडूचेरी
    D. इनमें से कोई नहीं

498. हरियाणा राज्य भारत का
    A. दक्षिणी-पूर्वी राज्य है
    B. पूर्वी राज्य है
    C. उत्तर-पश्चिमी राज्य है
    D. दक्षिणी राज्य है

499. 2011 की जनसंख्या के अनुसार हरियाणा के किस जिले की जनसंख्या का घनत्व सर्वाधिक है?
    A. फरीदाबाद
    B. गुरुग्राम
    C. पानीपत
    D. पंचकुला

500. 2011 की जनगणना के अनुसार हरियाणा के किस जिले की जनसंख्या का घनत्व सबसे कम है?
    A. रेवाड़ी
    B. झज्जर
    C. सिरसा
    D. करनाल

491.B 492.A 493.B 494.A 495.A 496.D 497.A 498.C 499.A 500.C

501. हरियाणा के किस शहर को 'बुनकरों का शहर' कहा जाता है?

    A. पानीपत   B. करनाल

    C. फतेहाबाद   D. महेन्द्रगढ़

502. हरियाणा कितने राज्यों की सीमाओं को स्पर्श करता है?

    A. 2   B. 3

    C. 4   D. 5

503. 33वें राष्ट्रीय खेलों (2007) में हरियाणा को देश भर में कौन-सा स्थान प्राप्त हुआ था?

    A. तीसरा   B. चौथा

    C. पांचवाँ   D. छठा

504. हरियाणा तिलक का संस्थापक कौन था?

    A. सेठ महेश चन्द्र   B. मांगेराम वत्स

    C. पं. श्रीराम शर्मा   D. नेकीराम शर्मा

505. हरियाणा का प्रथम राजकवि होने का श्रेय किसको जाता है?

    A. उदयभानु हंस   B. कृष्ण चन्द्र

    C. धर्मवीर सिंह   D. हेमचन्द निर्मम

506. साप्ताहिक पत्रिका 'भारत निर्माण' के संपादक कौन थे?

    A. छोटूराम   B. चन्द्रभान गुप्ता

    C. पं॰ श्रीराम शर्मा   D. कन्हैया लाल

507. 'ग्रिनिंग ऑफ हरियाणा' के अन्तर्गत क्या किया जा रहा है?

    A. धान लगाना   B. वृक्षारोपण

    C. हरा चारा उत्पादन   D. मछली पालन

508. 'जाट गजट' समाचार-पत्र किसने निकाला था?

    A. कन्हैया लाल   B. पं॰ श्रीराम शर्मा

    C. बालमुकुन्द गुप्त   D. छोटूराम

509. सर छोटूराम को किस वर्ष 'सर' की उपाधि मिली थी?

    A. 1937   B. 1938

    C. 1939   D. 1940

510. हरियाणा में सर्वाधिक जनसंख्या वाला जिला कौन-सा है?

    A. महेन्द्रगढ़   B. हिसार

    C. फरीदाबाद   D. रोहतक

501.A 502.D 503.C 504.C 505.A 506.B 507.B 508.D 509.A 510.C

511. हरियाणा में सबसे कम जनसंख्या वाला जिला कौन-सा है?

    A. पंचकुला   B. फतेहाबाद

    C. कैथल   D. रोहतक

512. 2011 की जनगणना के अनुसार हरियाणा का पुरुष-महिला लिंगानुपात क्या है?

    A. 887   B. 855

    C. 857   D. 879

513. हरियाणा का सर्वाधिक लिंगानुपात वाला जिला कौन-सा है?

    A. महेन्द्रगढ़   B. अम्बाला

    C. फतेहाबाद   D. रेवाड़ी

514. हरियाणा का सबसे कम लिंगानुपात वाला जिला कौन-सा है?

    A. यमुनानगर   B. गुरुग्राम

    C. अम्बाला   D. फतेहाबाद

515. 2011 की जनगणना के अनुसार हरियाणा का सर्वाधिक नगरीय जनसंख्या वाला जिला कौन-सा है?

    A. फतेहाबाद   B. अम्बाला

    C. फरीदाबाद   D. पंचकुला

516. 2011 की जनगणना के अनुसार हरियाणा का सबसे कम नगरीय जनसंख्या वाला जिला कौन-सा है?

    A. नूंह   B. सिरसा

    C. हिसार   D. भिवानी

517. 2011 की जनगणना के अनुसार हरियाणा का जनसंख्या घनत्व कितना है?

    A. 510   B. 590

    C. 573   D. 490

518. हरियाणा की दशकीय वृद्धि दर (2001-2011) कितने प्रतिशत है?

    A. 25.03%   B. 19.90%

    C. 30.41%   D. 35.65%

519. नरवाना तहसील हरियाणा के किस जिले में पड़ती है?

    A. जींद   B. सिरसा

    C. भिवानी   D. फतेहाबाद

520. हरियाणा के दूसरे मुख्यमंत्री कौन थे?

    A. बंसीलाल   B. राव वीरेन्द्र सिंह

    C. बनारसी दास गुप्ता   D. भजनलाल

511.A 512.D 513.A 514.B 515.C 516.A 517.C 518.B 519.A 520.B

521. हरियाणा की एकमात्र बारहमासी (Perennial) नदी है–

A. मारकुण्डा
B. यमुना
C. कौशल्या
D. घग्घर

522. हरियाणा में सिंधु घाटी सभ्यता का सबसे बड़ा स्थल है–

A. कुनाल
B. राखीगढ़ी
C. अगरोहा
D. बनवाली

523. 18वीं शताब्दी में अंग्रेजों को वर्तमान हरियाणा राज्य के किस क्षेत्र में भाटी-राजपूतों के प्रबल विरोधों (Fierce opposition) का सामना करना पड़ा?

A. हरियाणा के दक्षिणी भागों में
B. मध्य भाग मुख्यतः रोहतक एवं भिवानी तथा हिसार जिलों के पूर्वी हिस्सों में
C. हरियाणा के पूर्वी भागों में
D. सिरसा एवं फतेहाबाद जिला में

524. पंजाब राज्य का विभाजन तथा नया राज्य 'हरियाणा' कब सृजित किया गया?

A. 1 नवम्बर, 1961
B. 1 जनवरी, 1966
C. 1 नवम्बर, 1966
D. 1 नवम्बर, 1956

525. हरियाणा के भौतिक विभागों (Geo-physical divisions) की संख्या है–

A. 2
B. 3
C. 4
D. 1

526. हरियाणा की सबसे ऊँची पर्वत श्रेणी 'मोरनी हिल्स' किस जिले में अवस्थित है?

A. अम्बाला
B. भिवानी
C. पलवल
D. पंचकुला

527. चौ॰ चरण सिंह हरियाणा कृषि विश्वविद्यालय स्थित है–

A. गुरुग्राम में
B. हिसार में
C. रोहतक में
D. अम्बाला में

528. 'सूरजकुण्ड क्राफ्ट मेला' आयोजित किया जाता है–

A. जींद में
B. फरीदाबाद में
C. रेवाड़ी में
D. फतेहाबाद में

529. हरियाणा में 'दानवीर कर्ण का शहर' के नाम से प्रसिद्ध शहर है–

A. पानीपत
B. कुरुक्षेत्र
C. रोहतक
D. करनाल

530. वर्ष 2016-17 में हरियाणा की प्रति-व्यक्ति आय (PCI) वर्तमान मूल्यों पर थी–

A. ₹ 1,78,890
B. ₹ 140,291
C. ₹ 1,67,891
D. ₹ 1,35,660

521.B 522.B 523.A 524.C 525.A 526.D 527.B 528.B 529.D 530.A

531. हरियाणा की सर्वाधिक उत्पादन वाली दो कृषि उपजें क्रमशः हैं–

A. गेहूँ एवं कपास   B. गेहूँ एवं चावल

C. गेहूँ एवं तिलहन   D. चावल एवं गेहूँ

532. 24 फरवरी, 1739 को करनाल का युद्ध किन-किन के मध्य हुआ था?

A. नादिरशाह एवं मुगल बादशाह फर्रुखशियर के मध्य

B. मुगल बादशाह मुहम्मद शाह एवं ईरानी आक्रमणकारी नादिरशाह के मध्य

C. मुगल बादशाह फर्रुखशियर एवं हरियाणा के जाट शासकों के मध्य

D. अंग्रेजी सेना एवं सिख जागीरदारों के बीच

533. यमुना नदी हरियाणा में बहने के बाद किस राज्य में प्रवेश करती है?

A. नई दिल्ली   B. राजस्थान

C. उत्तर प्रदेश   D. पंजाब

534. राजीव गांधी रिन्यूएबल एनर्जी पार्क स्थित है–

A. चण्डीगढ़ में   B. सिरसा में

C. पानीपत में   D. गुरुग्राम में

535. निम्नलिखित को सुमेलित करें–

(a) हरियाणा का सर्वाधिक साक्षरता वाला जिला

(b) स्व॰ कल्पना चावला का निवास-स्थान

(c) हरियाणा का क्षेत्रफल में सबसे बड़ा जिला

(d) सर्वाधिक जनसंख्या वृद्धि वाला जिला

(1) सिरसा   (2) गुरुग्राम

(3) गुरुग्राम   (4) करनाल

	(a)	(b)	(c)	(d)
A.	2	4	1	3
B.	2	4	3	1
C.	1	4	3	2
D.	1	2	3	4

531.C   532.B   533.C   534.D   535.A

* 9 7 8 8 1 7 8 1 2 4 7 1 1 *